GELEBTE REVOLUTION
Anarchismus in der Kibbuzbewegung

James Horrox

GELEBTE REVOLUTION

Anarchismus in der Kibbuzbewegung

Verlag Graswurzelrevolution
Heidelberg 2021

Umschlagfoto Vorderseite:
Landarbeiterin Rivka auf Heuwender,
Kibbuz Maabarot, 1. Oktober 1940
(CC BY-SA 3.0; GPO, Israel;
Foto: Zoltan Kluger; rechtefrei)

Umschlagfoto Rückseite:
Kollektiv Kibbuz Merhavia, 1938
(Public Domain, rechtefrei)

Engl. Originaltitel
James Horrox:
A Living Revolution. Anarchism in the Kibbutz Movement
Foreword by Uri Gordon
This edition published by agreement with the author
AK Press, Edinburgh, Oakland, Baltimore 2009

Übersetzung aus dem Englischen und Französischen (Nachwort von 2017): Lou Marin

Wir bedanken uns herzlich bei der französischen Éditions de l'éclat für die kostenlose Überlassung der Übersetzungsrechte für das Nachwort von James Horrox in der französischen Version aus dem Jahre 2017.

Die Drucklegung dieses Buches wurde durch eine finanzielle Unterstützung von Michael Seidman, Universität von Wilmington, North Carolina (USA), ermöglicht.

Textlayout, Umschlaggestaltung und Satz: Peter Weisbrich, Leipzig
Druck und Weiterverarbeitung: BELTZ, Bad Langensalza GmbH, Bad Langensalza

1. Auflage: 700
Sitz: Heidelberg
Guido-Schmitt-Weg 4
69126 Heidelberg
Fax: 0421/620456-9
E-Mail: buchverlag@graswurzel.net

www.graswurzel.net
ISBN: 978-3-939045-46-5

James Horrox ist ein freischaffender Autor, Forscher und Politikwissenschaftler aus Großbritannien. Er lehrte an der Manchester University, der University of Salford und der Open University. Gegenwärtig lebt er in Los Angeles und ist als Policy Analyst u.a. mit Themen rund um Umwelt und Naturschutz befasst.

Editorische Notiz:
Um den Lesefluss zu erleichtern und mehrmaliges Nachschlagen zu vermeiden, sind im Fließtext jeweils zu Beginn eines neuen Kapitels englische, jüdische und hebräische Begriffe und Organisationsnamen bei ihrer Erstnennung kursiv hervorgehoben und übersetzt worden, danach im weiteren Kapitelverlauf nicht mehr. Englische Begriffe werden nur dann übersetzt, wenn sie nicht unmittelbar verständlich sind; englische Buch- und Aufsatztitel werden nur dann in Übersetzung wiedergegeben, wenn eine deutschsprachige Ausgabe veröffentlicht worden ist. Kleinere Zusatzinformationen des Übersetzers erscheinen in eckigen Klammern im Fließtext, einige wenige umfangreichere Zusatzinformationen des Übersetzers finden sich in den Anmerkungen.

INHALT

DANKSAGUNG

Dieses Buch wurde in drei Kontinenten und über einen Zeitraum von zweieinhalb Jahren geschrieben. Die Zahl der Personen, die ihre Gedanken, Kommentare und Meinungen auf dem Entwicklungsweg dieses Buches beigesteuert haben, scheint mir unendlich groß. Mein aufrichtiger Dank geht an alle, die ihr Wissen und ihre Erfahrung mit mir geteilt haben.

Ein großer Teil der Forschungsergebnisse, die Eingang in das Buch *Gelebte Revolution. Anarchismus in der Kibbuzbewegung* fanden, stammt aus Interviews und Gesprächen mit Kibbuzmitgliedern, ehemaligen Mitgliedern, Forscher*innen, Wissenschaftler*innen sowie Aktivist*innen in Israel, Europa und Nord-Amerika. Einige von ihnen wurden direkt zitiert, doch auch diejenigen, die nicht namentlich genannt werden, haben einen enormen Anteil an der Darstellung der Ideengeschichte in diesem Buch. Auch ihnen danke ich sehr.

Ich stehe ganz besonders in der Schuld von David Walker von der Universität Newcastle-upon-Tyne und von Mike Tyldesley von der Metropolitan-Universität in Manchester für ihre Unterstützung in den frühen Phasen des Projekts – ebenso danke ich Uri Gordon, Menachem Rosner, Yuval Achouch, Anton Marks, Duncan Riley, James Wake, Yiftach Goldman, Nomika Zion, Yuvi Taschome, Marianne Enckell, Yaacov Oved und Avraham Yassour, von denen jede*r Einzelne eine eigenständige, unschätzbare Rolle bei der Ausgestaltung der fortlaufenden Forschungsrichtung spielte. Gleichwohl hätte dieses Projekt niemals realisiert werden können ohne das beständige Engagement und die Begeisterung meiner Freundin Rachel Purvis, die mich immer wieder in Erstauen versetzt hat.

Mein Lektor, Joel Schalit, hat einen riesigen Aufwand an Zeit und Energie in dieses Buch gesteckt, indem er aufeinanderfolgende Manuskriptversionen akribisch durchgegangen ist, meine Fehler korrigiert und mich mit wertvollen Kommentaren und Hinweisen versorgt hat.

Ohne Joels Geduldsarbeit und seine Hingabe, hätte das Buch *Gelebte Revolution* nie das Tageslicht erblickt, und ihm gilt gilt meine aufrichtige Dankbarkeit und Wertschätzung.

Bei all meinen Freund*innen, die mir während des schwierigen und zuweilen frustrierenden Prozesses der Abfassung dieses Buches zur Seite standen, bedanke ich mich ebenfalls herzlich. Last not least danke ich zutiefst meinen Eltern, Keith und Maureen Horrox, und meiner Lebenspartnerin, Anna Smith, für ihre bedingungslose Liebe und Unterstützung während dieser gesamten Zeit.

James Horrox, 2009

EINLEITUNG

Wie der Mensch die Gerechtigkeit in der Gleichheit sucht, so sucht die Gesellschaft Ordnung in der Anarchie. Die Anarchie, die Abwesenheit jedes Herrschers, jedes Souveräns, das ist die Regierungsform, der wir uns täglich mehr nähern.
Pierre-Joseph Proudhon: Was ist das Eigentum?, 1840

Von allen „utopischen" Sozialexperimenten in der jüngeren Geschichte ist die Kibbuzbewegung Israels zugleich ein Archetypus und eine einzigartige Ausnahme. Aus einer reizlosen Ansammlung von Lehmhütten am Ufer des Flusses Jordan nahm die nahe liegende Idee einer kommunitären Gesellschaft ohne Ausbeutung und Herrschaft in Palästina schnell Gestalt an und erblühte zu einem landesweiten Netzwerk egalitärer Gemeinschaften. Durch gute (und unglücklicherweise auch schlechte) Zeiten hindurch konnten diese Kommunen nicht nur ihre Existenz aufrechterhalten, sondern dauerten in unterschiedlichen Formen über fast ein Jahrhundert hinweg fort.

Im Unterschied zu anderen „utopischen" Projekten, von denen die meisten nur eine historisch kurze Zeitspanne bestanden oder von der sie umgebenden Mehrheitsgesellschaft mit Argwohn und Misstrauen betrachtet, bisweilen gar verfemt wurden, spielten die Kibbuzim eine zentrale und entscheidende Rolle beim Gründungsprozess einer Nation und der Neuorientierung einer gesamten Bevölkerungsgruppe. Seit den frühesten Tagen ihrer Existenz erfüllten die Kibbuzim eine Vielzahl von Anforderungen, derer die jüdische Renaissance bedurfte: Sie trugen dazu bei, Israels Infrastruktur aufzubauen und bildeten die Grundlagen einer Nationalökonomie; sie übernahmen die Verantwortlichkeit für die massenhafte Aufnahme vieler Tausender von Immigrant*innen; sie schufen eine landesweite Gewerkschaft, der mehr als drei Viertel der gesamten Arbeiterschaft des Landes angehörte;

und sie leisteten einen landwirtschaftlichen und industriellen Beitrag für das Land, der noch immer den Anteil der Bevölkerung, der in ihnen lebt, bei weitem übersteigt.

In keinem anderen Staat haben Kommunen solch eine zentrale Rolle im nationalen Leben gespielt. Doch trotz einer Vielzahl an wissenschaftlichen Studien über die bekannteste aller Kommunebewegungen haben nur wenige von ihnen eine passende Kategorisierung für deren einzigartige Organisationsform gefunden. Meist einigte man sich auf ambivalente Allerwelts-Begriffe wie „Kommunismus“ oder „Sozialismus im Kleinen“. Das System jedoch, das den Kibbuz-Gemeinden über solch lange Zeit hinweg Dienste erwies, ist in Wirklichkeit ebenso weit entfernt vom staatsorientierten Sozialismus wie vom Markt-Kapitalismus. Während nur wenige Beobachter*innen aus dem vorherrschenden Medienbetrieb zugestanden haben, dass die Kibbuzim sogar „ein anarchistisches Element“ enthalten, müsste in viel stärkerem Maße darauf hingewiesen werden, dass die Kibbuzim die ideologischen Abkömmlinge der anarchistischen Tradition sind und nicht der staatssozialistischen Tradition.[1] Der Untersuchung dieser Aufgabe widmet sich dieses Buch.

Die Sozialutopie des Anarchismus

Seit dem Jahre 1840, als Proudhon den Ausdruck „Anarchie“ zum ersten Mal benutzte, um eine positive Sozialphilosophie zu bezeichnen, wurde der Begriff fortwährend entstellt, sodass seine Bedeutung fast vollständig verlorengegangen ist. Zumeist wird unter „Anarchismus“ eher eine Albtraum-Dystopie verstanden, anstatt die utopische Philosophie, die er tatsächlich ist. Im Ergebnis wurde dieser Sozialutopie daher nur selten die Aufmerksamkeit geschenkt, die sie als politische und ökonomische Theorie verdient hätte.

Weit entfernt von der Befürwortung des Chaos, mit der ihn viele identifizieren, ist der Anarchismus im Wesentlichen eine anti-autoritäre Form des Sozialismus. Er gründet auf der Überzeugung, dass hierarchische Politikformen sowohl unnötig als auch nicht wünschenswert sind und schlägt vor, alle autoritären, zwanghaften und ausbeuterischen Institutionen in der Gesellschaft aufzulösen und sie durch alternative Institutionen freiwilliger, nicht über die Regierungsebene organisierter Zusammenarbeit zu ersetzen. Während der Staatssozialismus eine traditionell hierarchische Sozialordnung durch die Mittel zentralisierter, von oben nach unten verlaufender polit-ökonomischer Strukturen und Prozesse aufzwingen will, geht der Anarchismus von der Annahme aus, dass die Menschen dazu fähig sind, sich selbst zu regieren, ohne solche Institutionen und die dafür notwendigen Machtverhältnisse. Unter dem Slogan „Von unten nach oben regieren" verstehen Anarchist*innen, dass sich die Gesellschaft durch selbständige lokale Gemeinden in ein selbstorganisiertes, direktdemokratisches und ökologisch nachhaltiges System transformieren kann. Es ist dann frei von der Ausbeutung und Ungleichheit, die das staatssozialistische Modell kennzeichneten, das für die frühere UdSSR und das heutige China kennzeichnend war und ist, um hierfür nur die bekanntesten Beispiele zu nennen.[2]

Peter Kropotkin

Anarchistische Ideen tauchten zuerst in den frühen Jahrzehnten des 19. Jahrhunderts auf. Durch das gesamte weitere Jahrhundert hindurch fügten sie sich schnell zu einer kohärenten Strömung der Sozialphilosophie zusammen, mit deutlich ausgebildeten Zielvorstellungen. Sie entwickelten ein hohes Niveau, nicht nur hinsichtlich der Kritik des kapitalistischen Staats, sondern auch bei ihrer Konzeption für eine künftige, postkapitalistische Alternative. Dieses Buch konzentriert sich hauptsächlich auf die politische Hinterlassenschaft – in Form der israelischen Kibbuzbewegung – des russischstämmigen Philosophen Peter Kropotkin (1842–1921), einem der einflussreichsten anarchistischen Theoretiker des 19. Jahrhunderts, dessen Theorie des Anarcho-Kommunismus (bekannt auch als kommunistischer Anarchismus, als libertärer Sozialismus oder als *kommunitärer Anarchismus*) vielleicht den größten Beitrag für das nachfolgende anarchistische Gedankengut bildete.

Kropotkins Anarchismus gründete sich auf der Überzeugung, dass der menschliche Fortschritt eher durch gegenseitige Hilfe und Zusammenarbeit bedingt ist als durch den Wettbewerb untereinander. Er beschrieb die Utopie einer künftigen postkapitalistischen Gesellschaft, in welcher die ausbeuterischen Zwangsinstitutionen des zentralisierten kapitalistischen Staats durch ein frei föderiertes Netzwerk freiwilliger, landwirtschaftlich-industrieller Kommunen ersetzt würden, die auf demokratische Weise durch ihre Mitglieder, ohne hierarchisch-autoritäre Strukturen oder irgendeinen Rahmen gesetzlicher Sanktionen verwaltet würden.

Innerhalb dieser dezentralisierten Gemeinschaften würden die Menschen sowohl als Produzent*innen wie als Konsument*innen in Gleichheit leben, wobei die Verteilung der Güter und Ressourcen im Einklang mit dem kommunistischen Prinzip „Jedem nach seinen Fähigkeiten, jedem nach seinen Bedürfnissen" durchgeführt würde. Das Eigentum und die Produktionsmittel sollten in gemeinschaftlichen Besitz übergehen, das Lohnsystem würde abgeschafft und die kapitalistische Arbeitsteilung würde durch die Aufhebung von Hand- und Kopfarbeit mittels systematischer Rotation der Arbeitsaufgaben abgeschafft werden. Dieses Modell würde durch die Selbstverwaltung und direkte Demokratie die zentralisierten Entscheidungsstrukturen ersetzen können und, so glaubte Kropotkin, eine freie und klassenlose Gesellschaft absichern.

Gemäß Kropotkin ist das kapitalistische Wirtschaftsmodell nur dann wirksam und wünschenswert, wenn der persönliche Gewinn und der Mehrwert (d.h. das wirtschaftliche Wachstum, das durch die unbezahlte oder – in marxistischen Begrifflichkeiten ausgedrückt – „ausgebeutete" Arbeitskraft geschaffen wird) zur Grundlage unserer wirtschaftlichen Aktivitäten genommen werden. Wenn dagegen die Bedürfnisse des Individuums als Grundlage genommen würden, könnten wir das Erreichen einer gesellschaftlichen Organisationsform des „Kommunismus" nicht verfehlen, die es uns ermögliche, so sagte er, alle Bedürfnisse in umfassender und ökonomischer Weise zu befriedigen.

Kropotkin betrachtete die Arbeit als eine soziale Aktivität, die eher von einer kollektiven Zusammenarbeit als von den Handlungen einzelner, separater Personen abhängt. Kropotkin vertrat die Position, dass der Wohlstand, der durch diese Arbeit produziert werde, in gemeinschaftlichen Besitz übergehen und für das kollektive Wohl aller benutzt werden sollte. Weil sie durch die kollektiven Handlungen aller produziert worden seien, müssten Eigentum und Produktionsmittel sowie die Mittel zur Befriedigung gesellschaftlicher Bedürfnisse auch allen zur Verfügung stehen.

In Kropotkins Zukunftsgesellschaft sollten alle Formen von Eigentum – die Produktionsmittel eingeschlossen – gemeinschaftlich von allen Mitgliedern des Kollektivs in Besitz genommen werden. Und weil die Produktionsmittel Gemeinschaftsbesitz wären, würden auch die fabrizierten Produkte allen zur Verfügung stehen. Kropotkin glaubte, dass durch die Abschaffung des Privateigentums und den Übergang der Produktionsmittel in Gemeinschaftseigentum das Lohnsystem in keiner

Form mehr aufrechterhalten werden könne. So weit wie möglich sollten alle Güter und Dienstleistungen kostenfrei angeboten werden, wobei die verfügbaren Güter im Überfluss vorhanden und grenzenlos zugänglich wären. Lediglich knappe Güter würden rationiert werden.[3]

Für Kropotkin war die Aufhebung von Hand- und Kopfarbeit entscheidend bei der Schaffung von gesellschaftlichen Bedingungen, unter denen das Individuum nicht zur Arbeit verpflichtet würde, ob nun durch Zwang oder das Versprechen auf Bezahlung. Jenseits der sozialen Schichtung, die sich aus der Arbeitsteilung ergibt (und wo die gesellschaftliche Anerkennung der Arbeit den sozialen Status und das Niveau materieller Vergütung bestimmt), betrachtete Kropotkin den Gedanken, dass wir unser gesamtes Leben in einer einzigen, repetitiven Aktivität verbringen, „ein furchtbares Prinzip, das ebenso schädlich für die Gesellschaft wie abstumpfend für das Individuum ist."[4] Indem der Trennung von Hand- und Kopfarbeit ein Ende gesetzt würde, so argumentierte er weiter, „wird die Arbeit nicht mehr als ein fluchwürdiges Los betrachtet werden: sie wird werden, was sie sein sollte, die freie Betätigung der menschlichen Fähigkeiten."[5]

Obwohl sie eine sich selbst regierende Einheit bleiben solle, würde Kropotkins „freie Kommune" innerhalb eines föderierten Netzwerks ähnlich dezentralisierter Organisationen existieren, in dem jede Kommune eine produktive Einheit innerhalb einer Ökonomie wäre, die auf einer Spezialisierung der Aufgaben basiert. Die vielen und unterschiedlichen Bedürfnisse in einer Gesellschaft würden eine Wechselbeziehung zwischen den Kommunen unvermeidlich machen, wodurch sie zu einer komplexen, fließenden und dezentralisierten Gesellschaft zusammenwachsen, in welcher die freiwilligen Assoziationen innerhalb und zwischen den Föderationen der Gemeinden die hierarchischen und zentralisierten Produktionszentren des kapitalistischen Staates ersetzen würden. Die Macht der Föderation würde auf ein absolutes Minimum reduziert und unter strenger Kontrolle der Delegierten jeder Gemeinde bleiben. Und die Ökonomie würde durch jenes verflochtene Netzwerk lokaler, regionaler und nationaler Gruppen sowie Föderationen koordiniert werden.

Das System ohne Regierung

Wie auch Marx glaubte Kropotkin, dass die Art und Weise, in der die Wirtschaftsaktivitäten organisiert sind, alle anderen Aspekte des sozialen Lebens bestimmen. So würde der „nicht-ökonomische Überbau" einer Gemeinde – ihre sozialen, kulturellen und politischen Normen – den Charakter ihrer ökonomischen Basis widerspiegeln. Das jeweilige besondere Regierungssystem einer gegebenen Gesellschaft sei daher eine Ausdrucksform des ökonomischen Systems, das in dieser Gesellschaft existiere – und umgekehrt. In Kropotkins idealer Gesellschaft, in welcher der Gegensatz zwischen Unternehmer und Arbeiter*in ersetzt würde durch die freiwillige und genossenschaftliche Arbeit, gäbe es keinen Bedarf für irgendeine Regierung. „Das System ohne Kapitalismus", so schrieb er, „bedingt das System ohne Regierung."[6]

Das bedeutet nicht, dass eine anarchistische Gemeinde nicht auch Regeln haben würde, aber diese Regeln und Verhaltensnormen, welche die soziale Harmonie sicherten, würden von den zustimmenden Gruppierungen auf kollektive Weise beschlossen und freiwillig aufrechterhalten, ohne die Mechanismen zwangsweiser Autorität – Polizei, Gerichte, Strafsystem –, durch die sie üblicherweise durchgesetzt werden. Der soziale Zusammenhalt würde gewährleistet, indem die Menschen die Konkurrenz und die Gegensätze, die für die marktdominierten Gesellschaften typisch sind, durch Zusammenarbeit, Solidarität und gegenseitige Hilfe ersetzen.

Wenn einmal die Ungleichheiten, die dem staatlich-kapitalistischen Modell inhärent sind, der Vergangenheit angehörten, dann gelte das auch für die Notwendigkeit, diese Ungleichheiten auszugleichen – und damit würde auch das Verbrechen zu einem Relikt der Vergangenheit. Die Drohung gesetzmäßiger Sanktionen, die von irgendeiner Form von Regierungsautorität durchgesetzt würden, wäre demnach überflüssig geworden. Die ungeschriebenen gesellschaftlichen Normen würden dann das Bedürfnis nach sozialer Harmonie befriedigen. Die Erfüllung individueller Verpflichtungen gegenüber der Gesellschaft würde durch die eigenen sozialen Verhaltensweisen gesichert, sowie „durch das Bedürfnis eines jeden nach Mitarbeit, Hilfe und Zuneigung".[7]

Anarchismus und die Kibbuzbewegung

Kropotkins Einfluss auf die anarchistische Linke des 19. Jahrhunderts war so tiefgreifend, dass seine Theorie der gegenseitigen Hilfe und der dezentralisierten, genossenschaftlich wirtschaftenden Produktion grundlegend für die meisten der nachfolgenden Formen des kommunitären Anarchismus war.[8] In diesen Zusammenhang der Bekanntheit und Rezeptionsbreite seiner Theorien innerhalb der europäischen sozialistischen Zirkel seiner Zeit passt auch widerspruchslos die Tatsache, dass sich viele der einflussreichsten Denker bei der Grundlegung der Philosophie sowie des praktischen Charakters des frühen sozialistischen Zionismus der Kropotkinschen Ideen nicht nur bewusst waren, sondern sie auch als eine wichtige Quelle der Inspiration für die neue Gesellschaft betrachteten, die sie hofften, in Palästina aufbauen zu können.

Kropotkin hat selbst Fälle von Antisemitismus dokumentiert und sympathisierte stark mit den jüdischen Arbeiter*innen während der Jahre, in denen er in England lebte. Er sprach fließend Jiddisch, unterhielt sich mit jüdischen Arbeiter*innen, traf sich und korrespondierte mit vielen, die später zu prägenden Persönlichkeiten werden sollten, was die Pläne für genossenschaftliche Siedlungen in Palästina betraf, zum Beispiel Franz Oppenheimer, dem Architekten der allerersten palästinensisch-jüdischen Genossenschaft in *Merhavia*.[9]

Kropotkins Bücher gehörten zu den ersten, die ins Hebräische übersetzt und in Palästina vertrieben wurden. Und seine Artikel wurden in den Zeitungen vieler Gruppen und Organisationen wiederabgedruckt, die an der frühen jüdischen Arbeiterbewegung beteiligt waren. So meinte der Historiker und gleichzeitige Kibbuznik Avraham Yassour:

> Der Gedanke, die Zukunft auf die Schaffung unabhängiger Kommunen zu bauen, war für viele Pioniere attraktiv. (...) [Kropotkins] Theorie, die hauptsächlich auf der absolut notwendigen Freiheit des Individuums und somit auf der absolut notwendigen Freiwilligkeit innerhalb von Nicht-Regierungs-Organisationen gründete, war durchaus passend für die Realität, die durch die Kibbuzbewegung am Entstehen war.[10]

Die jungen Männer und Frauen, die in Palästina während der ersten drei Jahrzehnte des 20. Jahrhunderts ankamen, stießen auf keinerlei staatliche Strukturen, mit Ausnahme der kolonialen Einrichtungen des Osmanischen Reichs, später dann denen des Britischen Mandats. Sie fanden somit ein beispielloses Vakuum vor, das sie versuchten, mit einer Zusammenfassung verschiedener Ideen zu füllen. Innerhalb dieser ideologischen Gärung übte der Anarchismus einen weitaus dominanteren Einfluss aus, als weithin angenommen wird. Nach Angaben des Kibbuz-Historikers Yaacov Oved waren „anarchistische Einflüsse" in der Gründergeneration der Kommunard*innen „vorherrschend" und jede Strömung innerhalb der Kibbuzbewegung spürte die Wirkung von Kropotkins Anarchismus bis zu einem gewissen Grade.[11]

Gustav Landauer

Die Liste derjenigen, die innerhalb der jüdischen Arbeiterbewegung jener Zeit zu den Bewunderer*innen Kropotkins zählten, beinhaltet einige der bekanntesten Namen in der Geschichte des sozialistischen Zionismus. Derjenige, der vielleicht am bedeutsamsten darin war, dieses Milieu mit Kropotkins Ideen vertraut zu machen, war der deutsche anarchistische Intellektuelle Gustav Landauer (1870-1919). Durch Landauers enge Freundschaft mit dem jüdischen Theologen Martin Buber wurden seine Gedanken über die soziale Transformation prägend für das Denken Vieler aus den Jugendbewegungen, die in den frühen Zwanzigerjahren des 20. Jahrhunderts nach Palästina kamen und dort Kibbuzim aufbauten, besonders aber für *Hashomer Hatzair* (Der junge Wächter), dessen Gemeinschaften sich später zur *Kibbutz-Artzi-Föderation* [Artzi: Hebr. Nachname mit Bedeutung: „Mein Land"; d.Ü.] zusammenschlossen.

Landauer wurde innerhalb der europäischen Linken während der Neunzigerjahre des 19. Jahrhunderts durch die radikale Studentengruppe der *Berliner Jungen* bekannt. Als Redakteur der Zeitung dieser Strömung, *Der Sozialist*, wurde Landauer zu so etwas wie einem Aushängeschild für die jungen Revolutionär*innen aus der Mittelklasse des *fin de siècle* in Berlin und er machte sich schnell einen Namen weit darüber hinaus. Bereits zur Jahrhundertwende hatte Landauer einen europaweiten Ruf als Essayist, Vortragsredner, Dramatiker, Romanschriftsteller, Journalist, Theaterkritiker und politischer Theoretiker. Obwohl ihn seine Verankerung in der Mittelklasse und seine Gegnerschaft zum Klassenkampf oft in Streitereien mit der Mainstream-Arbeiterbewegung verwickelte, war sein Beitrag zur deutschen Kultur des *fin de siècle* so bedeutend, dass einige der angesehensten literarischen und philosophischen Persönlichkeiten Deutschlands zu seinen Bewunderer*innen zählten.

Landauer war beeinflusst durch die Ideen von Friedrich Nietzsche, Peter Kropotkin, Leo Tolstoj und Pierre-Joseph Proudhon, aber auch durch die deutschen Romantiker und die Ikonen der englischsprachigen Literatur, wie etwa Oscar Wilde, Walt Whitman und William Shakespeare. Landauers politische Auffassungen wandten sich entschieden gegen die materialistische Oberflächlichkeit des späten 19. und frühen 20. Jahrhunderts innerhalb der europäischen anarchistischen Linken. Seine pazifistische, nicht-doktrinäre Konzeption des Anarchismus wurde durch seine Vorstellung bestimmt, dass der Staat nicht eine abstrakte Einheit außerhalb der Reichweite menschlicher Wesen sei, also eine Einheit, die durch eine gewaltsame Revolution „zertrümmert" werden könne, sondern dass er ein schwieriger, komplexer und lebendiger Organismus sei, der sich aus einer bunt gemischten Vielfalt direkter, lebendiger, zwischenmenschlicher Beziehungen unter Individuen zusammensetze. Daher rühren die bekannten Sätze Landauers aus dem Jahr 1910:

> Staat ist ein Verhältnis, ist eine Beziehung zwischen den Menschen, ist eine Art, wie die Menschen sich zueinander verhalten; und man zerstört ihn, indem man andre Beziehungen eingeht, indem man sich anders zueinander verhält. (...) Wir sind der Staat – und sind es so lange, als wir nichts anderes sind, als wir die Institutionen nicht geschaffen haben, die eine wirkliche Gemeinschaft und Gesellschaft der Menschen sind.[12]

Für Landauer war es die Korruption des menschlichen *Geistes*, welche die Menschen in wettbewerbsorientierten, antagonistisch zueinander stehenden Beziehungen gefangen hielt und damit die Ursache für das Fortbestehen von Kapitalismus und Staat war. Kapitalismus und Staat könnten dagegen nicht überleben, wenn die Menschen aus diesem künstlichen sozialen Konstrukt ausstiegen, sich durch den Gemeinschaftsgeist wieder verjüngten, der in vormodernen Zeiten die Gesellschaft in einem kohärenten geistigen Ganzen zusammenhielt, und dadurch zu neuen Verhaltensweisen im Umgang miteinander finden würden.

Die Revolution müsse daher als der Prozess einer groß angelegten Regeneration aufgefasst werden, einer gründlichen geistigen Überprüfung, die beim Individuum beginnt und sich auf das gesamte Gesellschaftsleben ausdehnt. Anstatt also die Institutionen des bürgerlichen Staatskapitalismus revolutionär umzustürzen, glaubte Landauer, dass die Individuen zum Zwecke der Überwindung des Kapitalismus und des Staates „zusammenwachsen zu einem Gebilde, zu einer Zusammengehörigkeit, zu einem Organismus mit unzähligen Organen und Gliederungen."[13] Wenn das geschehe, dann könne „die Schaffung und Erneuerung echter organischer Struktur" beginnen und es werde genau dieses organische Wachstum sein, das dann zur rechten Zeit „den

Staat [‚zerstört'], indem es ihn verdrängt."[14] Durch die Verbündung von Individuen zu Familien, von Familien zu Gemeinden und von Gemeinden zu Vereinigungen werde eine umfassende alternative Infrastruktur mitten im Herzen des Staates entstehen und schließlich über die bestehende Ordnung hinauswachsen und sie durch einen voluntaristischen, frei verfassten „Bund von Bünden" ersetzen.

Landauer argumentierte, dass die anarchistische Bewegung ihre Energie deshalb auf die Neustrukturierung der Gesellschaft von unten, auf die konstruktive Selbst-Emanzipation durch die Schaffung von friedfertigen, selbstorganisierten und unabhängigen Genossenschaftsprojekten konzentrieren solle, welche die Keime einer nicht-entfremdeten Zukunft sein würden. Letztlich würden in dieser Zukunftsvision lose verbundene Allianzen und Bündnisse mit landwirtschaftlich-industriellen Gemeinschaften aufblühen, die sich frei zu einem „Bund von Bünden" verknüpfen würden. Innerhalb dieser Kommunen würden die handwerklichen Produktionsformen ebenso wie die ländlichen Gemeinschaftstraditionen vormoderner Gesellschaften wieder erstehen, aber mit einer kleingewerblichen Industrie verbunden und dadurch erst die organische Einheit von Landwirtschaft, Industrie und Handwerk sowie zwischen Hand- und Kopfarbeit wieder hergestellt.

Mit deutlichem Anklang an Kropotkin beschrieb Landauer solch eine Gemeinschaft als

> [d]as sozialistische Dorf, mit Werkstätten und Dorffabriken, mit Wiesen und Äckern und Gärten, mit Großvieh und Kleinvieh und Federvieh – ihr Großstadtproletarier, gewöhnt euch an den Gedanken, so fremd und seltsam er euch im Anfang auch anmuten mag, daß das der einzige Anfang eines Wirklichkeitssozialismus ist, der übriggeblieben ist.[15]

Der Kibbuz

Weil Landauer glaubte, dass die individuelle Selbstverwirklichung als Schlüssel zum menschlichen Fortschritt diene und er gleichzeitig überzeugt davon war, dass dies zu jeder Zeit möglich war, existierte für ihn Utopia viel eher in einer immerwährenden Gegenwart, anstatt in einer zukünftigen Phase der menschlichen Entwicklung. Dieser Gedanke erwies sich für die Generation jüdischer Jugendlicher als äußerst anziehend, die dann die Kibbuzbewegung bilden sollten. So ist es kein Zufall, das ein großer Teil der Sozialtheorie Landauers, die selbst wiederum tief im Gedankengut Kropotkins verwurzelt war, schließlich in den Kibbuzim in die Praxis umgesetzt wurde.

Der Kibbuz ist eine auf Freiwilligkeit basierende, sich selbst regierende Gemeinschaft, die durch ihre Mitglieder demokratisch verwaltet wird, wobei sie weder über juristische Sanktionsmöglichkeiten noch irgendeinen anderen Rahmen von Zwangsautorität verfügt, um eine Anpassung an ihre kollektiv gefällten Verhaltensnormen zu erreichen. Die Quelle der politischen Autorität in der Gemeinschaft ist die Vollversammlung aller Mitglieder (die *asefa*), in der jedes Mitglied gleiches Stimmrecht im Hinblick auf alle Angelegenheiten des Kibbuz-Lebens hat und Entscheidungen durch Abstimmungen per Mehrheitsvotum gefällt werden. Noch vor kurzem hat im Kibbuz kein Privateigentum existiert und alles Eigentum, das der Produktionsmittel mit eingeschlossen, war in gemeinschaftlichem Besitz. Die Produktion wurde kollektiv ausgeübt und ein individuelles Einkommen hat es nicht gegeben.

Das Prinzip der Rotation aller Aufgaben garantierte, dass es keine soziale Differenz zwischen Hand- und Kopfarbeit gab und so eine partizipative Ökonomie aufgebaut werden konnte. Ein Beobachter formulierte es so:

> Die strukturellen Vereinbarungen der Gemeinschaft bestehen ausschließlich zum Wohle der sozialen Mitgliedschaft, der gegenseitigen Hilfe, der wirtschaftlichen Zusammenarbeit, der Zerstreuung von Macht, den Netzwerken zum Austausch von Informationen sowie der sichtbaren und nichtausbeuterischen Arbeit.[16]

Güter und Dienstleistungen innerhalb der Kommune werden auf der Basis der marxistischen Formel „Jedem nach seinen Bedürfnissen“ zur Verfügung gestellt.

Als unabhängige, soziale und ökonomische Einheit ist der Kibbuz das, was Martin Buber eine „Vollgenossenschaft“ nannte. Dies bedeutet, dass im Gegensatz zu traditionellen Genossenschaften – d.h. Organisationen, in denen Menschen aufgrund eines bestimmten spezifischen Zwecks zusammenkamen – der Kibbuz das gesamte Leben der Gemeinschaft umfasst. Als solcher wäre der Kibbuz wohl eher als gemeinschaftsbezogene Gesellschaft zu beschreiben, als eine Gemeinde, die auf starken primären Beziehungen, Normen und einer Sozialkontrolle gründet, in welcher die Individuen im Rahmen einer „alle umfassenden, gegenseitigen sozialen Angleichung“ aufeinander bezogen sind.[17] Aufgrund dessen gründete der Kibbuz auf einer Verschmelzung von Produktion und Konsumption, welche die direkte Miteinbeziehung der Gemeinschaft und ihre Verantwortung für jeden Aspekt des Lebens erfordert, was sowohl die politische als auch die wirtschaftliche, soziale und kulturelle Aktivität betrifft.

Die Mitgliedschaft in den Siedlungen reicht heute von 50 bis zu 2000 Menschen pro Gemeinschaft; die durchschnittliche Einwohnergröße pro Einheit liegt zwischen 400 und 500.[18] Zwar ist jeder Kibbuz eine autonome Einheit und dessen Vollversammlung übt die Souveränität und Autonomie über seine inneren Angelegenheiten sowie die Verantwortung für seine eigene soziale, politische und ökonomische Entwicklung und seine Entscheidungsfindung aus, doch gleichzeitig existiert er als Teil einer föderierten Struktur ganz ähnlicher Kommunen. Die 269 Siedlungen, die derzeit [2009; d.Ü.] bestehen, sind in eine föderative Struktur mit einem Sekretariat in Tel Aviv eingebunden.[19] Wenn eine Entscheidung des Sekretariats von der Vollversammlung eines einzelnen Kibbuz nicht gebilligt wird, hat das Sekretariat wenig bis überhaupt keine Zwangsmittel, um diese Entscheidung zu ändern.

Die Kibbuzim und der Zionismus

In seinem Nachwort zur englischsprachigen Ausgabe von 1974 von Kropotkins Buch *Landwirtschaft, Industrie und Handwerk* erwähnt der britische Anarchist Colin Ward den Kibbuz als eines der wenigen Beispiele in der Geschichte, in denen Kropotkins Sozialtheorie einen wirkungsvollen praktischen Ausdruck gefunden habe. Dieser Feststellung folgt jedoch ein Vorbehalt: „Wenn wir die jüdischen Gemeinschaftssiedlungen als praktische Umsetzung von Kropotkins idealer Kommune bezeichnen“, so schreibt er weiter, „dann müssen wir sie ohne Bezug zur Funktion betrachten, die sie in den letzten Jahrzehnten im Dienste des israelischen Nationalismus und Imperialismus eingenommen haben.“[20]

Einige werden sich deshalb gegen die Anführung der Kibbuzim als beispielhaft verwahren. Die Verbindungen der Kibbuzbewegung nach 1948 zum Staat Israel – einem Land, dessen Name innerhalb der gegenwärtigen globalen Linken zu einem Synonym für Apartheid und zeitgenössischen Kolonialismus geworden ist – inklusive jener Kibbuz-Mitglieder, welche in die israelischen Sicherheitskräfte oder die Israelischen Streitkräfte [IDF; Israel Defense Force; d.Ü.] oder auch in höhere Polizeiränge eingetreten sind, sind sicherlich auch dafür verantwortlich, warum die Kibbuzim im Allgemeinen von der anarchistischen Bewegung nicht als Partner in ihren Kämpfen wahrgenommen werden. Viele meinen, die schlichte Existenz der Kibbuzim basiere auf der zwangsweisen Vertreibung und Unterdrückung der ansässigen arabischen Bevölkerung der Region, und sie würden jedes progressive Ideal von Gleichheit und sozialer Gerechtigkeit, das die Kibbuzim für sich beanspruchen, als wertlos betrachten angesichts der massiven *Ungleichheit*, auf welcher die praktische Umsetzung dieser Ideale im Laufe der Zeit basierte.

Per definitionem kann keine Kommune, die offiziell mit irgendeinem Staatswesen liiert ist, als ein anarchistisches Projekt betrachtet werden. Gleichwohl bedeutet dies nicht, dass wir nicht von den politischen Grundsätzen, die *innerhalb* dieses Kommunelebens verwirklicht wurden, lernen und uns mit ihnen identifizieren könnten. Ein Artikel in der Londoner anarchistischen Zeitung *Freedom* gab im Jahre 1962 zu bedenken:

> [Der Kibbuz] ist eines der besten Beispiele der Demokratie und gewiss eines der bestehenden Projekte, das dem praktizierten Anarchismus am nächsten kommt. Jede lieb gewonnene Theorie des Anarchismus, seien es die Dezentralisierung, der Minderheitenschutz, das ‚Gesetz' ohne Regierung, Freiheit anstatt offizieller Genehmigung, die Delegierung der Repräsentation, sind dort täglich praktizierter Bestandteil des Lebens. Im Mikrokosmos kann beobachtet werden, wie eine wahrhaft freie Gesellschaft aussehen wird.[21]

Die gesamte Geschichte hindurch wurden alle selbstorganisierten Projekte in unterschiedliche Formen von Netzwerken der Macht eingefangen, wodurch ihr Fortbestand äußerst kompliziert geworden ist. Dabei bildet der Kibbuz sicherlich keine Ausnahme.

KAPITEL I

Die Anfänge der Kibbuzbewegung

Grundlagen der Kooperativ-Siedlungen
zwischen 1880 und 1919

So will unsere Gemeinschaft nicht Revolution, sie ist Revolution.
Martin Buber[1]

Die Kibbuzbewegung ist das Ergebnis eines besonderen Aufeinandertreffens historisch bedingter Umstände. In einer bestimmten Zeit und an einem spezifischen Ort kam eine Reihe verschiedener Faktoren zusammen und verschmolzen mehr oder weniger zufällig miteinander. Ohne dieses Aufeinandertreffen hätten die Kibbuzim nicht entstehen können. Die Besonderheit des Kibbuz-Experiments kann nicht ausreichend gewürdigt werden, wenn nicht zunächst auf die Kräfte eingegangen wird, welche die frühe Entwicklungsphase der Bewegung prägten – sowie auf den gesellschaftlichen Kontext, in dem die Kibbuzim auftraten.

Die Geschichte der Kibbuzim beginnt im späten 19. Jahrhundert in den Schtetlech [jiddisch, Einzahl: Schtetl; dt. Städtlein; d.Ü.] Osteuropas. Die jüdische Bevölkerung Russlands war bereits seit dem 15. Jahrhundert in unterschiedlichem Ausmaß von diskriminierender antisemitischer Politik und von staatlich gedeckter Verfolgung betroffen. Aber unter der Herrschaft des Zaren Alexander II. von 1855 bis 1881 wurde das Land zu einer besonders feindseligen Umgebung für die vielen Tausende jüdischer Menschen, die dort lebten. Ab den Fünfzigerjahren des 19. Jahrhunderts erließ das Zarenregime eine Reihe staatlicher Maßnahmen, die zum Ziel hatten, unabhängiges jüdisches Leben in den seit 1791 offiziell zugewiesenen Siedlungsreservaten zu verunmöglichen, die Teile von Polen, Weißrussland, der Krim, Bessarabien und der Ukraine umfassten. Als sich unter der russischen Bauernschaft eine regierungsfeindliche Stimmung breit machte – und in ihr radikale politische Ideen, welche die herrschenden Eliten als potentiell bedrohlich empfanden –, verbreiteten die zaristischen Behörden absichtlich den Antisemitismus in den unteren Schichten als eine politische Waffe, wobei sie von der Annahme ausgingen, dass viele Radikale jüdischer Herkunft waren.

Juden und Jüdinnen wurden als „Christus-Mörder“ und als Unterdrücker*innen der slawischen Christenheit dargestellt. Der Zar und seine Eliten gossen immer wieder Öl ins Feuer der religiös und nationalistisch motivierten Feindseligkeiten und sie ermutigten aufgebrachte Bauern und Bäuerinnen, ihre durch das Regime verursachte Wut an ihren jüdischen Landsleuten auszulassen. Die letzten beiden Jahrzehnte des 19. Jahrhunderts wurden zur Hochphase der staatlich gedeckten Verfolgung. Im Jahr 1881 fegte eine Welle blutiger Pogrome durch 166 Städte in den südlichen Teilen des Landes, bei denen eine riesige Anzahl jüdischer Menschen starben oder verletzt wurden, Tausende wurden in extreme Armut gedrängt. Nach dem erfolgreichen Attentat auf Zar Alexander II. am 13. März 1881 wurden Russlands Juden und Jüdinnen zur Zielscheibe einer Reihe antisemitischer Gesetze, die nach dem Freund und Berater von Alexander III., Konstantin Pobedonostsew, den Zweck verfolgten, ein Drittel der jüdischen Bevölkerung zur Emigration zu zwingen, ein zweites Drittel zum Christentum zu konvertieren und das dritte Drittel dem Hungertod auszuliefern.[2]

Als notorischer Reaktionär und den Werten von „Autorität, Orthodoxie und Nationalismus“ treu verbunden, lud Alexander III. die Schuld für den Aufstand von 1881 voll und ganz auf die Schultern der Juden und Jüdinnen des Landes und erließ im folgenden Jahr die heute berüchtigten „Notverordnungen“, welche die Unterdrückung der jüdischen Bevölkerung in Russland noch weiter verschärften. Diese Notverordnungen oder auch „Mai-Gesetze“, als die sie ebenfalls bekannt wurden, umfassten Wohnbeschränkungen, die etwa jüdischen Familien eine Niederlassung in Kleinstädten unter 10.000 Einwohner*innen verboten, selbst wenn diese in den offiziell zugewiesenen Siedlungsgebieten lagen. Sie reduzierten außerdem die für die jüdische Bevölkerung geltenden Grundrechte, erschwerten ihre Bewegungsfreiheit zunehmend und regulierten Russlands bereits äußerst anti-jüdische Aufnahmequoten für Bildungseinrichtungen, wodurch Tausende von bestimmten Berufen ausgeschlossen oder ihnen ein Universitätsstudium verwehrt wurden.

Die Mai-Gesetze, die in den darauf folgenden Jahren noch mehrfach ergänzt wurden, begründeten eine Reihe unterdrückerischer Gesetze, die den rechtlichen Status der jüdischen Bevölkerung als zweitklassig gegenüber den russischen Bürger*innen festlegten. So wurde es Juden zum Beispiel ab 1892 verboten, zu wählen oder bei Kommunalwahlen zu kandidieren, was in vielen Städten mit großem jüdischen Bevölkerungsanteil zu einer Umkehrung der proportionalen Vertretung führte: Nunmehr war die jüdische Mehrheit der offen feindseligen Regierung einer Minderheit ausgeliefert. Parallel zu den begleitenden gesetzlichen Verschärfungen wurden dadurch Hunderttausende von Juden und Jüdinnen in ganz Russland aus Städten und Dörfern verdrängt, darunter auch aus den wichtigsten Ballungsgebieten des Landes wie Kiew und Moskau, die beide eine vollkommene „Säuberung“ ihrer jüdischen Einwohnerschaft erlebten.

Zusätzlich zur schlimmen humanitären Krise, in welche die jüdische Bevölkerung Russlands getrieben wurde, hatte die Verschärfung der Verfolgung zwei wesentliche Auswirkungen: Als eine erste Konsequenz führte dies dazu, dass sich die jüdischen Intellektuellen dem politischen Aktivismus zuwandten. Im 19. Jahrhundert entstanden viele neue Ideen, auf die sie sich beziehen konnten, denn in Russland kam eine Vielzahl linksradikaler politischer Strömungen auf. In der zweiten Jahrhunderthälfte gab es zahllose Schattierungen sozialistischer, anarchistischer, nihilistischer, liberaler und syndikalistischer Denkschulen, die anfingen, eine gesellschaftliche Basis auszubilden. Die Ideen von Marx, Kropotkin, Tolstoj, Proudhon und Bakunin erweiterten das bestehende politische Spektrum. Eine populistische Bewegung sowie die landwirtschaftlichen Kommunen tolstojanischer Prägung traten auf den Plan und inspirierten eine gesamte Generation verfolgter Juden und Jüdinnen, die nach einer Lösung für ihre eigene, zunehmend verzweifelte Lage suchten.

Die Alija

Die zweite wesentliche Konsequenz dieses Umbruchs war die massenhafte jüdische Emigration. Während die überwältigende Mehrheit der rund 20.000 Juden und Jüdinnen Russlands, die in den Jahren 1881 und 1882 flohen, in die Vereinigten Staaten und nach Argentinien emigrierten, zogen nur einige Hundert von ihnen nach Palästina. Zusammen mit einer kleinen Gruppe jüdischer Migrant*innen aus dem Jemen, die ebenfalls 1881 aus Sanaa in Palästina ankamen, machten diese Immigrant*innen die erste der insgesamt sechs *Alijot* (Einwanderungswellen) dieses Landes aus.

In jener Zeit war Palästina eine Provinz des Osmanischen Reichs, also unter türkischer Vorherrschaft. Die wenigen Diaspora-Juden und

–Jüdinnen, die vor dem Aufkommen der zionistisch beeinflussten Immigration dorthin gezogen waren, hatten das in der Regel getan, um entweder an örtlichen *Jeschiwa*-Schulen [ursprünglich nur Männer zugelassen; d.Ü.] religiöse Talmud- und Tora-Texte zu studieren, oder aber um dort die letzten Lebensjahre zu verbringen und dann im Land ihrer Vorfahren beerdigt werden zu können. Zu Beginn der 1880er-Jahre zählte die bereits etablierte jüdische Bevölkerung in Palästina ungefähr zwischen 13.000 und 20.000 Menschen und konzentrierte sich hauptsächlich um die religiösen Zentren Jerusalem, Safed, Tiberias und Hebron. Weil sie ihr Leben zumeist religiösen Studien widmeten, lebten sie von Spenden aus Europa (dem *Halukka*). Die neuen Immigrant*innen jedoch, die ab den frühen 1880er-Jahren dorthin übersiedelten, waren die Ersten, die das mit einem Anspruch ökonomischer Unabhängigkeit taten und die Absicht hatten, Land zu kultivieren. Sie wollten die notwendigen sozialwirtschaftlichen Bedingungen für eine umfassende nationale Erneuerung im Lande schaffen.

Eine kleine Anzahl dieser Juden und Jüdinnen der ersten Alija – oder der *Biluim*[3], wie sie später genannt wurden –, siedelten sich bereits im Jahre 1880 in Palästina an und gründeten die ersten „neuen“ jüdischen Siedlungen in Rishon Le-Zion, Rosh Pinah, Zichron Ya'akov, Gedera und Petah Tikva. Diese Neulinge sowie die Welle jüdischer Siedler*innen, die ihnen in den kommenden Jahren nach Palästina nachfolgten, wurden von den türkischen Behörden mit gewissem Misstrauen behandelt. Für sie waren diese neuen Immigrant*innen potentielle Agent*innen einer feindlichen Macht, welche die Existenz ihres Landes bedrohten – und daher machte das Osmanischen Reich die jüdische Immigration so schwierig wie nur möglich.

Die ersten Biluim konnten keine offizielle Genehmigung für Siedlungen in Palästina erlangen, weil die türkischen Behörden eine Massenimmigration befürchteten. Im Jahre 1883 verboten die türkischen Behörden die jüdische Immigration aus Russland und sogar den Landkauf russlandstämmiger Juden generell. Doch die Immigration ging weiter, denn die geltenden Gesetze gegen jüdischen Landkauf wurden dadurch umgangen, dass Dokumente für den Landkauf auf jüdische Namen aus Westeuropa ausgestellt wurden, außerdem wurden lokale Behörden mit Schmiergeldzahlungen bestochen. Zu Beginn der 1890er-Jahre kamen mehr als 20.000 weitere *Olim* (Immigrant*innen) ins Land, die Mehrheit davon aus dem südlichen Russland.

Die zweite Alija und die Geburt der Kibbuzim

Im Gegensatz zu ihren unmittelbaren Vorgänger*innen drückten diese neuen *Emigrierten* ihre zionistische Ideologie explizit aus und propagierten die „Ermutigung und Stärkung der Immigration und Kolonisierung in Eretz Israel (Land Israels) durch den Aufbau landwirtschaftlicher Siedlungen auf der Basis kooperativer und sozialer Grundlagen“ sowie die „politisch-ökonomische und geistige nationale Erneuerung des jüdischen Volkes in Palästina.“[4]

Die wenigen Gemeinschaften, die in den 1880er- und 1890er-Jahren gegründet wurden, waren jedoch nicht annähernd ausreichend für die nationale Erneuerung, die sich die Zionist*innen erhofften. Nach Angaben des Historikers Walter Laqueur gingen die Biluim ebenso mit Begeisterung und Fleiß zu Werke wie sie für die vorgefundenen Bedingungen unvorbereitet waren. „Sie wussten nichts über Landwirtschaft“, so schreibt Laqueur, „und sie empfanden die Arbeit unter ungewohnten klimatischen Bedingungen fast unerträglich. Vor allem hatten sie kein Geld, um Land oder Ausrüstung zu kaufen und es gab auch keine Mittel für den Bau von Häusern. Weil (...) sie weder Pferde noch Ochsen noch landwirtschaftliches Gerät hatten, mussten sie den steinigen Boden mit ihren nackten Händen bearbeiten.“[5] Zwar waren sie nach Palästina aufgebrochen mit der Absicht, die Vorboten einer nationalen jüdischen Erneuerung zu sein, doch schon kurze Zeit nach ihrer Ankunft waren die Biluim fast vollständig von Spenden abhängig. In der Zeit der Wende zum 20. Jahrhundert konnten ihre Projekte nur überleben, weil ausländische Investoren wie etwa der französische jüdische Philanthrop Baron Edmond James de Rothschild für beträchtliche Teile ihrer Finanzierung aufkamen.[6]

So können die Siedlungen der ersten Alija also lediglich als Vorläufer der Kibbuzim betrachtet werden. Es waren die Immigrant*innen der zweiten Alija, die den ersten *Kvutzot* [Mehrzahl von *Kvutza*, rein landwirtschaftliche Kollektivsiedlung; d.Ü.] aufbauten, die „Proto-Kibbuzim“. Diese zweite Immigrationswelle war erneut direkt verbunden mit den Ereignissen in Russland. Zwischen 1903 und 1906 fand in diesem Land zum zweiten Mal eine Welle von Pogromen statt, und sie war weit verheerender als beim ersten Mal. Sie hinterließ ca. 2.000 Tote und führte dazu, dass weit mehr Menschen aus Russland flohen. Weil gleichzeitig die *Zionistische Weltorganisation*, die von Theodor Herzl 1897 gegründet worden war, an Bekanntheit gewann, begann die Idee einer ständigen Ansiedlung in Palästina im Judentum weltweit populär zu werden. Ein Ergebnis davon war, dass nun Palästina schnell zur bevorzugten Wahl für jüdische Geflüchtete wurde.

Obwohl bei dieser Immigrationswelle kaum von Homogenität gesprochen werden kann, waren fast alle Ankommenden jungen Alters, unverheiratet und stammten aus Russland. Der größte Anteil kam aus dem damaligen Weißrussland, aus dem östlichen Polen und aus Litauen. Diese neuen Immigrant*innen waren in einem traditionellen jüdischen Milieu aufgewachsen und sprachen Jiddisch, brachten jedoch auch Grundlagen des Hebräischen mit. Zusätzlich zu Immigrant*innen aus diesen Herkunftsregionen kamen auch Juden und Jüdinnen aus dem Jemen sowie des Weiteren eine große Anzahl aus dem südlichen Russland. Diese waren Siedler*innen aus weitgehend assimilierten, eher wohlhabenden Familien und sie sprachen ausschließlich Russisch.[7]

Diese Olim aus der zweiten Alija waren bei ihrer Ankunft in Palästina durchweg schockiert von dem, was sie vorfanden. Die harten klimatischen Bedingungen, mit denen sie konfrontiert waren, trafen sie unversehens: Die sengende Hitze, die Wüsten im Süden des Landes, die Sümpfe und die steinigen Böden im Norden hatten wenig mit dem biblischen Land aus Milch und Honig zu tun, das tatsächlich viele erwartet hatten. Krankheiten wie die Malaria waren verbreitet und sie forderten einen hohen Tribut unter den Immigrant*innen. Die unwirtlichen Bedingungen waren jedoch nicht die einzige Quelle der Enttäuschung für diese jungen, radikalisierten Pionier*innen. Sie waren mindestens ebenso befremdet von der wirtschaftlichen Lage der Juden und Jüdinnen aus der ersten Alija, die bereits im Lande lebten und arbeiteten.

Wie bereits erwähnt, stützten sich bis zu dieser Zeit die Siedlungen aus der ersten Alija fast durchweg auf die zionistischen Philanthropen wie die Familie von Baron Rothschild. Aber noch bedrückender war für die Neulinge die Tatsache, dass die Juden und Jüdinnen aus der ersten Alija auf die Anwerbung arabischer Arbeiter für den Aufbau ihrer Siedlungen zurückgriffen. Die billigen, aber erfahrenen arabischen Arbeitskräfte waren zu einer Art natürlichen Wahl für die Grundbesitzer aus der ersten Alija geworden. Doch es war gewiss nicht die Absicht der meisten *Halutzim* (Pionier*innen) der zweiten Alija, eine Klasse bourgeoiser jüdischer Landbesitzer aufzubauen, die dann die ansässige arabische Bevölkerung ausbeuten würde.

„Wir hatten nicht vor, das Land so zu besiedeln – in altmodischer Weise mit den Juden an der Spitze und den Arabern, die für sie arbeiten"[8], meinte etwa ein Immigrant der zweiten Alija, der für die Gemeinschaft *Zichron Ya'akov* arbeitete. Aus nationalistischer Perspektive bedrohte und verfälschte die ökonomische Strukturierung des Wirtschaftslebens nach ethnischen Kriterien außerdem die Entwicklung einer eigenständigen und autonomen jüdischen Ökonomie, die jedoch als nicht verhandelbar für die Erneuerung der jüdischen Nation in Palästina betrachtet wurde.

Jedenfalls liefen die landwirtschaftlichen Güter der ersten Alija schlecht und erwirtschafteten kaum Gewinn. Der nach Palästina gesandte Berichterstatter für die zionistische Bewegung in der Diaspora, Arthur Ruppin [1876-1943], konnte genügend Anlässe finden, um zu begründen, warum eine privat finanzierte Infrastruktur allein nicht genügen würde, um eine groß angelegte jüdische Immigration zu fördern. In seiner Ansprache an die *Jewish Colonisation Society* (JCS, Jüdische Kolonisierungsvereinigung) bei deren Tagung in Wien, die auf seinen sechsmonatigen Besuch im Frühling und Sommer 1907 in Palästina folgte, breitete Ruppin eine düstere Zukunftsprognose der Unternehmungen aus der ersten Alija aus. Er unterstrich die Anpassungsprobleme der in Schwierigkeiten geraten Siedlungen, die Rothschild finanziert hatte, und sprach dann weitaus positiver von der wirtschaftlichen Diversifizierung, die auf die Umsetzung kooperativer Prinzipien zurück ging.

Zwar erkannte Ruppin in seinem Bericht an, dass die Philanthropie Rothschilds während der Frühphase der Immigration einiges erreicht habe und er erklärte: „Heute ist unsere Position ganz anders als noch zu der Zeit, als wir unsere Siedlungen anfangs aus dem Boden stampfen mussten." Aber Ruppin bestand gleichwohl drauf, dass dies nicht ausreichte.[9] Der in den Siedlungen der ersten Alija praktizierte Monokulturanbau, so Ruppin in seinem Bericht weiter, sei in wirtschaftlicher Hinsicht unter den gegebenen Bedingungen zu risikoreich und das in den von Rothschild finanzierten Höfen entstandene Verwaltungssystem habe „die Entwicklung eines Geistes der Unabhängigkeit blockiert", vor allem unter den Arbeiter*innen.[10] Rothschild seinerseits, so Ruppin, schenkte den Fähigkeiten der Siedler*innen kein Vertrauen und bestand auf direkter Kontrolle der Arbeiter*innen sowie vollständiger Überwachung der Verwaltung durch von ihm gesandte Vertreter. Die Anordnungen der Verwaltung und von Agrarexperten, die damit beauftragt waren, jede Siedlungsgruppe zu kontrollieren, waren bindend – gleichwohl lagen die Risiken, von einem formaljuristischen Standpunkt aus betrachtet, noch immer allein bei den Arbeiter*innen.

„Solch eine Struktur kann auf Dauer nicht gut gehen", erklärte Ruppin. „Ich kann mir kein System vorstellen, bei dem ein Agrararbeiter die gesamte Verantwortung übernimmt, dabei aber nur die Instruktionen des Verwalters befolgt."[11] Wie Ruppin die Lage einschätzte, empfanden Arbeiter*innen in kapitalistischen Unternehmen einfach nicht denselben Grad an persönlicher Verantwortlichkeit wie Arbeiter*innen, die für ihre eigenen Entscheidungen Verantwortung übernehmen. Dieses Gefühl der Entfremdung betrachtete Ruppin als entscheidenden Faktor für die Ineffizienz der Bauernhöfe aus der ersten Alija.

Ruppin war keineswegs der Einzige, der die Schwächen der Unternehmen aus der ersten Alija bemerkte. In den ersten Jahren des 20. Jahrhunderts war der Gedanke der Kooperativsiedlungen in der jüdischen Welt weit verbreitet. Zu einem großen Teil waren dafür der Erste Zionismus-Kongress im August 1897, aber auch die Veröffentlichung einflussreicher Forschungsarbeiten verantwortlich, etwa Nachman Syrkins Schrift *Die Judenfrage und der socialistische Judenstaat*, die 1898 erschien. Syrkin war in revolutionären Zirkeln Russlands aktiv und bekämpfte entschieden „bourgeoise" Elemente innerhalb der Zionistischen Organisation. Er propagierte einen Zionismus, der durch Kooperativsiedlungen der jüdischen Arbeiterklasse in Palästina verwirklicht werden sollte. 1898 legte er eine systematische Analyse des Bedarfs jüdischer Immigrant*innen vor, beschrieb den Charakter der Kooperativsiedlungen und führte die wichtigsten Infrastrukturmaßnahmen aus, die notwendig waren, damit beides verbunden werden konnte.

Als der Einfluss der Zionistischen Organisation in den ersten Jahren des 20. Jahrhunderts explosionsartig anstieg, setzte sich innerhalb der Organisation der breite Konsens durch, dass der Fortschritt in Palästina mit der Entstehung kollektiver Strukturen, von Kollektivsiedlungen und Wirtschaftsinstitutionen der Gegenseitigkeit verbunden war und nicht mehr auf Zuschüssen von Privatkapital basieren solle. Zur Zeit der zweiten Alija hatten Syrkin, Ruppin und andere bekannte Zionisten eine allgemeine Einigung erreicht, nach der „die Antwort auf das Problem jüdischer Arbeit in der Kooperation liegt". Syrkin betonte etwa:

> Die künftigen Siedlungen müssen den Antagonismus zwischen Arbeitgeber und Arbeitnehmer, zwischen dem reichen landwirtschaftlichen Siedler und seinen Sklaven, zwischen dem Ausbeuter und den Ausgebeuteten voll-

> ständig aufheben. In der Kooperativsiedlung besitzt der Arbeiter das Kapital, und der kooperative Charakter der Arbeit versüßt die Schufterei und erhebt die althergebrachte Plage und die Stigmatisierung, die damit überall verbunden ist. Durch die planwirtschaftliche Kollektivsiedlung wird die Frage der jüdischen Arbeit gelöst werden, und zwar weil deren Hauptproblem, das des Widerspruchs von Arbeit und Kapital, gelöst sein wird.[12]

In den ersten Jahren des neuen Jahrhunderts waren deshalb zionistische Organisationen fieberhaft damit beschäftigt, Gelder zu sammeln, um sozialwirtschaftliche kooperative Körperschaften zu finanzieren, die groß angelegte Siedlungen für zahlreiche Immigrant*innen aufbauten, anstatt bei einzelnen kapitalistischen Investoren wie Rothschild Zuflucht zu suchen. Ruppin sollte dabei zu einem bedeutenden Fürsprecher der Kollektivsiedlungen werden. Er eröffnete in Jaffa im Jahre 1908 das *The Palestine Office*, das alle Siedlungsprojekte der zionistischen Bewegung in Palästina verwaltete und koordinierte.

Degania

Innerhalb dieser Rahmenbedingungen entstand die erste Kvutza. Aber im Gegensatz zu den anderen kooperativen Strukturen und den landwirtschaftlichen Ausbildungshöfen, die zu jener Zeit in Palästina aufgebaut wurden, war deren Auftreten nicht auf irgendwelche soziale und ökonomische Planungen der Zionistischen Organisation zurückzuführen.

Die erste Kvutza war 1910 von einer Gruppe junger Immigrant*innen aus der *Romni*-Kommune in Russland gegründet worden, die zuvor in Palästina herumgereist war und deren Mitglieder in unterschiedlichen Kollektiv- oder Quasi-Kollektivsiedlungen im ganzen Land gearbeitet hatten. Als sie in Palästina ankamen, hatten Mitglieder der Romni in einer der Unternehmungen aus der ersten Alija, *Rishon Le-Zion*, Arbeit gefunden. Doch sie waren „moralisch entsetzt" von dem, wie sie dort jüdische Siedler*innen kennenlernten, und davon, dass dieser und andere Höfe „durch jüdische Aufseher, arabische Landarbeiter und Wachen, die aus Beduinen bestanden", verwaltet wurden.[13] Statt einer egalitären Gesellschaft, die auf den Prinzipien der Gleichheit und Subsistenz gründet, erlebte die Romni-Gruppe die Projekte aus der ersten Alija wie die ausbeuterische sozialwirtschaftliche Struktur der eingegrenzten Siedlungsreservate im zaristischen Russland. Dort hatten die Juden nur bestimmte, „saubere“ Arbeiten zu verrichten, die nichts mit der materiellen Produktion zu tun hatten, während Arbeiter*innen aus anderen Bevölkerungsgruppen die schweißtreibenden sogenannten „niederen“ Arbeiten auszuführen hatten.

Die weiteren Erfahrungen von Romni-Mitgliedern in anderen Unternehmungen der ersten Alija änderten diesen Eindruck herber Enttäuschung nicht. Ein Mitglied, Joseph Baratz, schrieb über die Zeit, in der er in der Siedlung Zichron Ya'akov arbeitete: „Wir gewannen immer stärker den Eindruck, dass die Strukturen der bisherigen Siedlungen nichts für uns waren. (...) Wir waren überzeugt davon, dass es überhaupt keine Aufteilung in Arbeitgeber und Arbeitnehmer geben sollte. Es musste eine bessere Struktur gefunden werden.“[14] Die gesamte Gruppe sammelte sich am Ende wieder auf der *Kinneret-Farm* am Fuße des Sees von Galilea – auch Tiberias-See oder Kinneret-See genannt –, einer großen Siedlung zahlreicher unterschiedlicher Gruppen, die Landwirtschaft praktizierten. Sie wurde von einem ernannten Verwalter betrieben und funktionierte gemäß einer hierarchischen Manager-Struktur, in der sich viele dort arbeitende Immigrant*innen mit ihrem mitgebrachten egalitären Anspruch nicht wohl fühlten.

Auf dem Kinneret- und anderen Bauernhöfen im ganzen Land beschwerten sich die Landarbeiter [anfangs geschlechtsspezifische Arbeitsteilung; d.Ü.] immer wieder darüber, dass sie ständig der Überwachung und Kontrollen von Verwaltern und Aufsehern unterzogen wurden. Daraus resultierten endlose Streitereien und örtlich sogar Streikaktionen. Die Arbeiter aus der Romni-Gruppe wollten jedoch gleichzeitig nicht die einzige Alternative akzeptieren, die ihnen das bestehende System bot, nämlich in der Berufshierarchie aufzusteigen und selbst Verwalter zu werden. Andere Arbeiter wählten diesen Weg, aber Baratz und seine Genoss*innen empfanden das als Betrug an ihren grundlegenden Überzeugungen, die all ihre Werte und Ideen bestimmte, nämlich „den Glauben an die moralische Überlegenheit eines Lebens in Arbeit sowie den eigenen Anspruch und die eigene Verpflichtung, ein solches Leben fortzusetzen“, so beschreibt es der Kibbuz-Historiker Henry Near.[15]

Baratz und seine Genoss*innen wollten eine Alternative, die im Einklang mit ihren ursprünglichen ideologischen Utopien stand: die Schaffung eines neuen Sozialsystems, das auf dem Prinzip der freiwilligen Zusammenarbeit aufgebaut wurde. Schon bald sollten sie Gelegenheit dazu haben, diese Überzeugung praktisch ausprobieren zu können. Im Oktober 1909 brach ein Streik aus, als die jüdischen Arbeiter auf der Kinneret-Farm für sich entschieden, die unterdrückerische und willkürliche Verwaltung sowie die Nutzung angeheuerter arabischer Arbeiter nicht länger hinzunehmen. Nach einem hitzigen Streit mit den Verwaltern der Siedlung verließ die Romni-Gruppe, insgesamt zehn Männer und zwei Frauen, die alle noch unter zwanzig Jahre alt waren, diesen Bauernhof mit der Absicht, gemäß den von ihnen vertretenen Prinzipien ihr eigenes Stück Land zu bebauen.

Wie viele weitere Immigrant*innen hatte die Romni-Gruppe bereits eine Zeit lang während ihrer Zeit vor der Alija in Russland gemeinschaftlich zusammengelebt. Darum entstand auch nach ihrer Ankunft in Palästina schnell wieder die Idee, eine beständig produzierende Kommune aufzubauen. So erinnert sich Joseph Baratz:

> Aufgrund unseres Gemeinschaftslebens ist ein Gefühl der Intimität unter den Gruppenmitgliedern entstanden. Wir sprachen oft über die Idee der ‚Kommune'. Eine Zeit lang war das der Hauptgedanke [in den Diskussionen]: Das Gemeinschaftsleben sollte nicht nur für einige Ausgewählte gelten, sondern ein grundlegendes Sozialsystem werden, jedenfalls für die Masse der Pionier*innen, die nach Palästina eingewandert war.[16]

Als sie die Entscheidung trafen, mit ihren Wanderungen zwischen verschiedenen Siedlungen aufzuhören und eine eigene Siedlung zu gründen, nahm Arthur Ruppin Kontakt zu den Romni-Kommunard*innen auf. Ruppin, so berichtet Baratz, „hatte erkannt, dass die Verwaltungsstruktur in Kinneret unbefriedigend war und er kümmerte sich für die Pionier*innen um eine Parzelle Land, die sie in Eigenverantwortung bebauen konnten."[17] Ruppin schlug ihnen die Kultivierung eines Landstücks am Ufer des Jordan vor und nannte es *Umm Juni* [vormals muslimischer Dorfname im Osmanischen Reich; d.Ü.]. Es war vor kurzem aus Mitteln des Jewish National Fund (JNF) durch die Palestine Land Development Company (Palästina Landentwicklungsgesellschaft) gekauft worden.[18]

Auf diese Weise entstand im Oktober 1910 die erste Kvutza. Die Siedlung wurde *Degania* (Kornblume) genannt, weil dort der Anbau von Kornblumen verbreitet war. Sie sollte zu einem Wendepunkt der jüdischen Siedlungsgeschichte in Palästina werden. Der Kibbuz-Historiker Avraham Yassour formulierte es wie folgt: Degania repräsentiere „die Gründung eines kontinuierlich bestehenden Sozialsystems, in dem eine Gruppe die vollständige Verantwortung für den Bauernhof übernahm und ihn gemäß ihrer eigenen Prinzipien weiter entwickelte."[19]

Diese Prinzipien können kurz und bündig in den Worten zusammengefasst werden, welche die Gruppe 1910 in einem Brief an Ruppin schrieb, nämlich „eine kooperative Gemeinschaft ohne Ausbeuter und Ausgebeutete" werden zu wollen.[20]

Die Gründer*innen von Degania gaben sich unter großen Mühen eine Struktur, die garantierte, dass sich die neue Siedlung so stark wie nur möglich von den Siedlungen aus der ersten Alija unterschied. Sie entschieden sich für den Anbau verschiedener Getreidesorten und Intensivlandwirtschaft, weil diese arbeitsintensiver war und eine dauerhaftere wirtschaftliche Existenz versprach als der Monokulturanbau in den Siedlungen der ersten Alija, die weitgehend von Preisschwankungen auf dem Weltmarkt und saisonalen Wetterbedingungen abhingen. Der Lebensstil, den sie praktizierten, gründete auf politischer und materieller Gleichheit sowie auf Freiheit und Demokratie. Das Hauptanliegen der Gemeinschaft war die Abschaffung jeder Hierarchie und Rangordnung. In ihren eigenen Worten sollte sie eine exemplarische Gesellschaft darstellen, ohne „Manager und ohne Untergebene".[21]

In Degania gab es kein Privateigentum. Das Kollektiv besaß alles, angefangen vom Viehbestand und den landwirtschaftlichen Maschinen bis zu den Einrichtungsmöbeln in den Zimmern der Kollektivmitglieder. Solch eine Gesellschaftsordnung sollte in den Augen der Kibbuz-Gründer*innen „die Würde des Individuums vergrößern und Energie sowie Unabhängigkeit für die geistige Schaffenskraft freisetzen."[22] Die Gruppe hielt hartnäckig an der Vorstellung fest, dass keine Arbeit wichtiger als irgendeine andere betrachtet werden soll, dass auf keine Arbeit als minderwertig herabgeblickt werden dürfte. Ihre Mitglieder organisierten die Produktion und die Konsumption des Bauernhofs auf gemeinschaftlicher Grundlage. Alle Verwaltungsentscheidungen wurden kollektiv getroffen. Die Entscheidungsstruktur gründete ausschließlich auf der direkten Demokratie und der informellen Diskussion. Die Mitgliederversammlung wurde als „höchstes Entscheidungsgremium" betrachtet und in ihr „wurde jedes Anliegen diskutiert und jede Entscheidung nach der Mehrheitsmeinung entschieden."[23]

Jedes Kibbuz-Mitglied bekam von der Zionistischen Organisation ein monatliches Einkommen von 50 Francs. Die Gruppe legte diese Löhne für einen gemeinschaftlichen Haushaltsplan sowie eine gemeinsame Kasse zusammen. Sie glaubte fest an Gleichheit bei der Bedarfsdeckung und es gelang ihr dadurch, jede Verbindung zwischen den Beiträgen für die Gemeinschaft und monetärer Gegenleistung zu unterbinden. In der Tat trugen alle aufgrund ihrer jeweiligen Fähigkeiten zur Gemeinschaft bei – und jede*r erhielt aus der Gemeinschaft Produkte gemäß den eigenen Bedürfnissen.

In erkennbarem Gegensatz zu den maroden Höfen der Immigrant*innen aus der ersten Alija erwirtschaftete Degania schon nach weniger als einem Jahr nach der Gründung einen finanziellen Gewinn.[24] Das Konzept kommunaler Gruppen von Arbeiter*innen, die Land in Gemeinschaftsbesitz bearbeiteten, wurde im gesamten Land mit großer Anteilnahme diskutiert. Nach dem Erfolg von Degania verbreitete sich diese Idee schnell im *Jischuw*[25] [die jüdische Gemeinschaft in Palästina; d.Ü.] – aber auch unter den sozialistischen Zionist*innen im Ausland. Bald begannen auch andere Siedlungen damit, ihr Land in gleicher Weise zu bebauen. Binnen kurzem wurden ständig neue landwirtschaftliche Kollektivsiedlungen gegründet, wann immer ein Landkauf abgeschlossen wurde. In dieser frühen Phase waren das oft genug trostloses Brachland oder gar Sümpfe, welche die Pionier*innen jedoch relativ schnell urbar machten.

Die äußeren Bedingungen waren schwierig: Malaria, Typhus und andere Krankheiten waren unter den Siedler*innen üblich – und viele hatten Probleme, ihre Lebensführung an die harte körperliche Arbeit anzupassen. Während der gesamten zweiten Alija entwickelten sich diese Siedlungen nur sporadisch, atomisiert und auf der Basis von Versuch und Irrtum. Aber innerhalb kurzer Zeit verfestigten sich die Strukturen der Kibbuzim in Degania.[26] 1914, am Ende der zweiten Alija, gab es 28 landwirtschaftliche Kollektivhöfe (Kvutzot) mit insgesamt 380 ständigen Mitgliedern und jede Gemeinschaft war nach ähnlichen Prinzipien wie die Degania-Siedlung organisiert.[27] Obwohl Arthur Ruppin und andere ihre Bedenken äußerten, gab es doch eine allgemeine Übereinstimmung in diesem frühen Stadium, dass diese Struktur der Projekte großflächig verbreitet werden sollte. Jede einzelne dieser Kvutza-Siedlungen erwirtschaftete einen höheren Kapitalertrag als die marktabhängigen Höfe der Immigrant*innen aus der ersten Alija. So wurde ein anfänglich nur als interessant betrachtetes Experiment im Ergebnis ein bedeutender und respektierter Teil der jüdischen Arbeiterbewegung in Palästina. Es wurde ein Projekt, das schnell die Aufmerksamkeit von Beobachter*innen aus dem Ausland anzog.[28]

Kooperativ-Siedlungen: Variationen zu einem Thema

Während der gesamten zweiten Alija existierte eine große Bandbreite unterschiedlicher sozialer, kooperativer und kommunaler Organisationsformen in Palästina. Es gab bereits zahlreiche Kooperativ-Unternehmen und eine Vielzahl kollektiver Arbeitsgruppen wurde im ländlichen Raum aktiv. Vereine für gemeinschaftliche Lebensformen sprießten im gesamten Jischuw hervor.

Das Ausmaß, in welchem die Immigrant*innen bereits vor Gründung der ersten landwirtschaftlichen Kollektivsiedlung (Kvutza) ihr Gemeinschaftsleben organisierten und ihre Mittel bündelten, wird in den Diskussionen über die Ursprünge der Kibbuzbewegung oft vergessen. Jüdische Gemeinden gab es in Palästina seit 1904 und die Gleichheitsideale wurden in unterschiedlichem Ausmaß auch in anderen Formen kooperativer Landwirtschaftssiedlungen gelebt, die bereits vor oder während der ersten Kvutzot existierten. Die kooperative Siedlung in *Merhavia* war solch ein zweites Modell, obwohl sie nicht als ein Gesamtkollektiv organisiert war wie die Kvutzot-Gemeinden (in Merhavia basierte die Siedlung auf einer stärker hierarchischen Verwaltungsstruktur und unterschiedlichen Einkommen, je nach individueller Beteiligung). Merhavia diente eher als Prototyp für die nachfolgenden *Moshav*-Siedlungen [eher kooperativ wirtschaftende Dörfer; d.Ü.]. Merhavia war in seinen Anfängen weniger organisch als die Kvutzot und gründete stärker auf einem rigiden theoretischen Plan, der schon Jahre vor der Gründung konzipiert worden war (siehe Kapitel II).

Ein drittes Sozialmodell kann in der Kinneret-Farm ausgemacht werden, wo sich die Degania-Mitglieder ausbilden ließen, zusammen mit vielen anderen, die im Palästina des Osmanischen Reichs weitere Kvutzot aufbauen wollten. Bei der Gründungsgeschichte von Degania wurde bereits deutlich, dass die hierarchische Verwaltungsstruktur der Kinneret-Farm und deren unterdrückerische bürokratische Methoden den egalitären Prinzipien vieler Landarbeiter*innen widersprachen. Dies sollte schließlich auch zur späteren Entwicklung der Kinneret-Farm beitragen, die sich langsam in eine kollektiv verwaltete Kvutza umwandelte. Und es gibt sogar ein viertes Modell, das als weiteres Vorbild für die kollektiven Siedlungen während dieser frühen Jahre diente, nämlich die *Bar Giora*-Organisation. Diese Gruppe entstand wiederum aus einer anderen Organisation, die als *Hashomer* (Die Wächter) bekannt war und deren Mitglieder von Beginn an „von der Überzeugung geleitet wurden, dass eine Gemeinschaft die beste Lebensweise für sie selbst und ihre Familien darstellte".[29]

Diese Gruppe schuf ein „alternatives Modell, das auf kooperativen Siedlungen gründete und beabsichtigte, Ausbeutung und bourgeoise Beziehungen zu eliminieren."[30] Ihre Mitglieder sollten später beim Aufbau vieler neuer Kollektivsiedlungen behilflich sein, die auf die Erfolge der frühesten Kvutzat nachfolgten, zum Beispiel Tel Adashim, Kfar Gila'adi, Ayelet HaShachar sowie die Kvutzot Haroim und Tel Hai.

Die Immigrationsgruppen der zweiten Alija entwickelten daher eine größere Bandbreite unterschiedlicher kollektiver und quasi-kollektiver wirtschaftlicher Organisierung. Auf der politischen Ebene existierten jedoch nur zwei Hauptgruppierungen: *Hapoel Hatzair* (Der junge Arbeiter), mit der die Romni-Gruppe in Verbindung stand, sowie die eher orthodoxen Marxist*innen von der *Po'alei Zion* (Arbeiter Zions). Die beiden Gruppierungen sollten sich später vereinen, um die *Ahdut HaAvoda* (Arbeitereinheit) zu bilden. In dieser Phase aber hielten diese Organisationen absichtlich Abstand zur Parteipolitik des Mainstreams. Sie misstrauten der Fähigkeit der Parteien – oder auch nur deren Absicht –, die Interessen der Arbeiter*innen vor Ort voranzubringen. Stattdessen förderten sie etwas, was der israelische Historiker Avraham Yassour als „innovative Sozialorganisation" bezeichnet hat[31], und das in der Praxis eine Organisierung auf der Graswurzelebene bedeutete, nämlich den Aufbau von vielfältigen Handels- und Kulturvereinen als Formen von „Gesellschaften für gegenseitige Hilfe", deren Ziel es war, „die Grundbedürfnisse in Zeiten des Mangels zu befriedigen".[32]

In einem Artikel, der 1914, dem letzten Jahr der zweiten Alija in der Zeitung *HaAhdut* veröffentlicht wurde, behauptete Nachman Syrkin, dass „diejenigen Siedlungen, die im Lande ohne Rücksicht auf soziale Konzepte und auf der Grundlage der Herrschaft von einer Person über die andere, auf der Ausbeutung der Vielen für den Profit der Wenigen aufgebaut worden sind, weiter in Elend und Ungleichheit dahinsiechen."[33] In dieser Frühphase gab es sicherlich Unterschiede zwischen den verschiedenen Siedlungsgruppen, aber es besteht kaum ein Zweifel daran, dass linksgerichtete Ideen die treibende Kraft waren, die politische Landschaft des Jischuw zu prägen. Letztlich waren es aber doch die Kvutzot, die aus dieser Phase als die bedeutendste Organisationsform hervorgingen. Als deren Konzept in Palästina Fuß fasste, integrierten sie Stück für Stück weitere Arbeiter*innen aus den anderen Kollektivsiedlungen der zweiten Alija.

KAPITEL II

Diggers und Traumtänzer
Die Weltanschauung
in der zweiten Alija

Da wir nun erneut unseren Weg beschreiten unter den lebendigen Nationen dieser Erde, müssen wir jetzt darauf achten, auch den richtigen Weg zu finden. Wir müssen ein neues Volk schaffen, ein menschliches Volk, dessen Haltung gegenüber anderen Völkern vom Gefühl für menschliche Brüderlichkeit erfüllt ist, und dessen Haltung gegenüber der Natur und all ihren Bestandteilen durch die großherzigen Erfordernisse der das Leben liebenden Schaffenskraft inspiriert ist. Alle Beweggründe unserer Geschichte, all die Schmerzen, die sich in unserer nationalen Seele angesammelt haben, treiben uns augenscheinlich in diese Richtung. (...) Wir verfolgen derzeit ein schöpferisches Unterfangen, das es bisher in der gesamten Geschichte der Menschheit nicht gegeben hat: die Wiedergeburt und den Wiederaufbau eines Volkes, das entwurzelt und in alle Windrichtungen zerstreut worden ist.
A.D. Gordon, 1920

Die meisten Historiker*innen glauben, dass die Immigrant*innen, die für die Gründung der Kibbuzbewegung verantwortlich waren, ohne jeden vorgefertigten Gedanken über die Besiedelung des Landes in Palästina ankamen. Sogar Martin Buber schrieb, dass der Kibbuz „seine Entstehung nicht einer Doktrin, sondern einer Situation verdanke, der Not, dem Zwang, den Forderungen der Situation“[1] – und seine Analyse wurde faktisch überall unhinterfragt übernommen. Laut Buber reagierten die jüdische Immigrant*innen in der Frühphase der Bewegungsentwicklung lediglich „auf die Umstände, wie sie sie vorfanden, ohne praktische Planungen oder bewährte Prinzipien klar definiert zu haben“.[2] Für die Mitglieder der frühesten *Kvutzot* [landwirtschaftliche Kollektivsiedlungen; d.Ü.] behauptet Martin Buber:

> Gewiss ist es darum gegangen, bestimmte Arbeitsprobleme und Aufbauprobleme, die die palästinensische Wirklichkeit den Siedlern gestellt hatte,

> dadurch zu lösen, dass man sich zusammentat; was ein loses Konglomerat von Einzelnen seinem Wesen nach unter den gegebenen Bedingungen nicht zu bewältigen vermochte, ja dessen Bewältigung es seinem Wesen nach unter solchen Bedingungen gar nicht versuchen konnte, das wagte, versuchte, vollbrachte das Kollektiv.[3]

Die Schriften vieler Beteiligter unter der ersten Siedlergeneration haben die organische Verflechtung betont, durch die die ersten Kvutzot entstanden sind. Ja, es ging darum, die unmittelbaren Probleme zu lösen und die Wirksamkeit kooperativer Arbeitsformen bei der Lösung dieser Probleme ließ sich schnell beweisen. Joseph Baratz aus *Degania* schrieb: „Die *Kommuna* [russisch: ländliche Gemeinde, Ortschaft; d.Ü.] an sich war keine Doktrin. Sie war nicht von Außen zu uns gekommen, von einem anderen Volk, von unbekannten Ländern. Wir lasen keine Bücher über die Kvutza; sie ist vielmehr eine Schöpfung des Landes Israel. Ihr Ursprung und ihre Wurzel ist die nationale und moralische Weltanschauung."[4] An anderer Stelle erinnert Baratz daran, dass etwa die *Romni*-Gruppe die Idee des Kibbuz „nicht etwa durch den Prozess einer objektiven Reflexion und Analyse aufgriff. Sondern das war vielmehr eine Art natürliches Gefühl, in etwa so: ‚Was unterscheidet mich denn schon von meinem Genossen, und warum soll jeder von uns ein getrenntes Bankkonto besitzen?'"[5] Seine Ehefrau, Miriam Baratz, äußerte später eine ähnliche Gefühlslage, als sie schrieb: „Das ist keine theoretische Herangehensweise. Wir hatten nichts über Kommunas in Aktion gelesen. Wir kannten keine Beispiele."[6]

Es aber hierbei zu belassen und das Auftreten der Kvutzot alleinig mit den Notwendigkeiten der Umstände zu erklären, würde den Einfluss theoretischer Faktoren unterschätzen, die in der Gründungsphase der Bewegung eine Rolle spielten. Wir wissen, dass in der zionistischen Jugend Russlands eine Vielzahl an politischen und sozialen Ideen in Umlauf war, die dann während der zweiten Alija in Palästina ankommen sollten. Wie schon im Kapitel I angemerkt, war diese Immigrationswelle direkt mit den Ereignissen in Russland zwischen 1903 und 1908 verknüpft. Zu dieser Zeit war dieses Land geradezu eine Brutstätte ideologischer Gärung und ein fruchtbarer Nährboden für radikale politische Prinzipien. Die meisten der gewöhnlichen Neuankömmlinge in Palästina kannten bereits die Grundlagen alternativer Lebensentwürfe und viele brachten eigene Erfahrungen in verschiedenen politischen Subkulturen mit. Einige waren aktiv an der gescheiterten Revolution von 1905 beteiligt gewesen und kamen nach

Palästina mit der Hoffnung, ihre Sehnsucht nach sozialer Gerechtigkeit mit der nach der Schaffung einer jüdischen Heimstätte in Palästina verbinden zu können.

Während Miriam Baratz keine konkreten Beispiele gekannt haben mag, auf die sie sich hätte stützen können, gab es in der Frühphase der Kvutzot ebenfalls viele Kommunard*innen, die andere Experimente, etwa in Übersee, aufmerksam beobachtet hatten. Bedeutsame Vorbilder konnten in den religiösen Kommunen in den Vereinigten Staaten, den russischen *Artels* [freiwilliger Zusammenschluss kleiner Produzenten zu Genossenschaften; d.Ü.] oder den Agrargemeinschaften vorgefunden werden, welche die Anhänger*innen Tolstojs im nördlichen Kaukasus Russlands errichtet hatten. Einige der frühesten Siedler*innen kannten diese sogar aus eigener Erfahrung, bevor sie emigrierten.[7] Der Kibbuz-Historiker Henry Near beschreibt, dass die Gründergeneration der Kibbuzim in der Tat „den miteinander in Konflikt stehenden Ansprüchen nahezu jeder Doktrin und jedes Dogmas ausgeliefert war, von der extremen Orthodoxie in verschiedenen Formen, über ein halbes Dutzend Varianten des Zionismus, bis hin zu den Ideen der Aufklärung und der Assimilierung." Near schreibt weiter:

> Nahezu jede Strömung einer sozialen Doktrin (...) kämpfte für ihren Aufstieg innerhalb des russlandstämmigen Intellektuellenmilieus [in Palästina]: ob das nun Populismus war oder die Ideen Tolstojs; jede Form des Anarchismus vom Nihilismus bis zum Kommunalismus Kropotkins; ob es die Sozialdemokratie der Bolschewiki oder der Menschewiki war, ob der Liberalismus und so weiter.[8]

Die Ansicht, dass das Auftreten der Kvutzot eine Art zufälliges Ergebnis des Zusammentreffens „ideelle[r] Motive mit dem, was die Stunde gebot," gewesen sei, spielt die Dimension eher herunter, in der diese „ideellen Motive" gerade während dieser Zeit wirksam wurden.[9] Obwohl die Kvutzot-Gründer*innen natürlich schnell die Erfahrung dessen machten, was Buber als „die Not, den Zwang, die Forderungen der Situation" beschrieben hatte, so erfuhren sie dies doch durch den Filter der Theorien und Werte, die sie in ihrer Jugendzeit aufgenommen hatten. Weil sie ganzheitliche Lösungen für sowohl ihre eigenen unmittelbaren Probleme als auch die der jüdischen Nation als Ganzer suchten, versuchten die jungen Männer und Frauen der zweiten Alija ihre unterschiedlichen sozialistischen und anarchistischen Ideale in die

Praxis umzusetzen. Sie wollten sie in ein neues, dauerhaftes Sozialmodell integrieren.

In einem Milieu, in dem so viele Schattierungen der sozialistischen Ideologie miteinander um die Vorrangstellung konkurrierten, gab es doch ein von allen akzeptiertes Ideal, nämlich das Konzept der Revolution. Aber es war eine besondere Art der Revolution, denn sie hatte keinen antagonistischen Gegner. Grundlegende Klassengegensätze waren unter den Immigrant*innen der zweiten Alija in Palästina im Wesentlichen inexistent. Das bedeutete: Es ging nicht um die Frage des Proletariats versus der Bourgeoisie, sondern stattdessen um den Aufbau einer völlig neuen Art von Gesellschaft – von Grund auf befreit von den Übeln der Diaspora-Länder, welche die jungen jüdischen Migrant*innen bisher gekannt hatten.

Ein Kern dieses Revolutionskonzepts war der Gedanke, die jüdische Sozialpyramide der Diaspora umzukehren, deren Selbstverständnis zu regenerieren und eine neue Form des Menschseins zu schaffen. Ein Veteran der zweiten Alija formulierte es einmal so: Diejenigen, die um die Jahre 1904 und 1905 in Palästina ankamen, „orientierten ihre Handlungen in Richtung der Veränderung der bestehenden Wirklichkeit. (...) Sie versuchten die Umsetzung von Verhaltensnormen, die direkt im Gegensatz zu den bestehenden Normen standen.“[10] Ihre Absicht sei es gewesen, „sowohl die politische Tagesordnung in Palästina zu bestimmen als auch die jüdischen Lebensbedingungen auf weltweiter Ebene.“[11]

A.D. Gordon [1856-1922]

Auch in dieser frühen Phase hatten die Pionier*innen der Kvutzot der zweiten Alija intellektuelle und praktische Vorbilder, aus denen der Kvutzot hervorgehen sollte. Bei niemandem hat die Philosophie der frühen Gemeinschaftssiedlungen, der *Halutzim* (Pionier*innen), einen stärkeren Ausdruck gefunden als in der Person von Aaron David Gordon, dem Anführer von *Hapoel Hatzair* (Der junge Arbeiter). Sein Einfluss auf die Gründerjahre der Bewegung widerlegt die These, dass der Lebensstil Deganias und weiterer zeitgenössischer Siedlungen ausschließlich dem Zufall oder der Notwendigkeit der Umstände geschuldet war. Im Werk Gordons vereinten sich sowohl die ideellen als auch die praktischen Ziele der Pionier*innen. Nicht nur aus seinen Schriften, sondern auch durch die Wertschätzung, die ihm von der palästinensischen jüdischen Arbeiterbewegung entgegen gebracht wurde, ist deutlich geworden, dass die weltanschaulichen Überzeugungen, mit denen die frühen Siedler*innen an den Aufbau der Kibbuzim gingen, weit über die praktischen Fragen einer landwirtschaftlichen Siedlung hinaus gingen.

Gordon wurde in einer orthodoxen jüdischen Mittelklasse-Familie in Podolia (Ukraine) im Jahre 1856 geboren. Er wuchs im Herzen des ländlichen Raumes der Ukraine auf, in dem sein Vater als Verwalter eines Landgutes arbeitete. Gordon war ein frühes Mitglied der Bewegung *Hibbat Zion* (Liebe für Zion). Er wurde schnell bekannt als charismatischer Lehrer und ehrenamtlicher Helfer der lokalen Gemeinde. Als er 1904 in Palästina ankam, war er 48 Jahre alt. Dank des Berufes seines Vaters hatte er Kenntnisse in den Bereichen Landwirtschaft und Umwelt, die bei den anderen Immigrant*innen dieser Zeit oft fehlten, weil sie eher aus sesshaften, urbanen Lebensverhältnissen stammten.

Nach seiner Ankunft in Palästina arbeitete Gordon in den Siedlungen der ersten Alija, *Patah Tikvah* und *Rishon Le-Zion*, bevor er sich schließlich in Degania niederließ. Obwohl er nie ein ständiges Mitglied dieser Gemeinschaft wurde, ist sein Name heute stark mit Degania verknüpft. Einen großen Teil seines Arbeitslebens in Palästina verbrachte er dort und Joseph Baratz beschrieb ihn auf freundschaftliche Weise als „die seltsamste und zugleich wundervollste Person in unserer Kvutza".[12] In seinen Erinnerungen schreibt Baratz, dass Gordon

> die körperliche Arbeit sehr liebte. Er dachte auch, dass jede*r mit seinen/ihren Händen arbeiten sollte – Lehrer*innen, Schriftsteller*innen, Verwalter*innen. Eines Tages vertraute er das Menachem Ussishkin, dem Präsidenten des Nationalfonds, an, der ihn gerade besuchte. Er streute gerade Mist mit einer Heugabel auf ein Feld aus. ‚Siehst du', sagte er, ‚wenn du im Feld stehst und so mit deiner Heugabel arbeitest, dann fühlst du dich einfach wohl und dann hast du das Gefühl, ein Recht aufs Leben zu besitzen.' Er pflegte auch zu sagen, durch die Arbeit würde ein Mensch geheilt.[13]

Diese Liebe zur körperlichen Arbeit und zur Natur war der spezifische Schwerpunkt der Schriften Gordons, die wiederum zum bedeutenden Einfluss auf die Generation der jungen, aus der Mittelklasse stammenden, urbanen Juden und Jüdinnen wurden, die versuchten, sich in abgehärtete Landarbeiter*innen in Palästina zu verwandeln. Des Weiteren waren sie vom chassidischen [Chassidismus: jüdische Frömmigkeit, besonders in Osteuropa ab dem 17. Jh. d.Ü.] und kabbalistischen [Kabbala: „bestimmte" mündliche Überlieferung nach dem Tanach, der hl. Schrift des Judentums; d.Ü.] Mystizismus beeinflusst, aber auch durch den Existentialismus eines Nietzsche und den agrarischen Anarchismus eines Tolstoj. Gordon glaubte, dass die körperliche Arbeit nicht nur wesentlich für die Erneuerung des jüdischen Volkes war (er argumentierte, dass ein Volk durch Arbeit „in seinem Boden und seiner Kultur" verwurzelt wird), sondern auch, dass sie tiefer gehende ganzheitliche Werte in sich berge.[14] Gordon war also der Ansicht, dass physische, und besonders landwirtschaftliche Arbeit den Menschen dazu befähigen würde, durch seine eigene Kreativität eine Verbindung zur Natur herzustellen. Durch eine Rückkehr zur Natur sei es Individuen, Völkern und der Menschheit als Ganzer möglich, sowohl spirituellen Beistand als auch einen bedeutungsvolleren Lebensstil zu finden:

> Das Leben des Menschen hat sich von seinen Ursprüngen abgeschnitten. Dadurch ist es naturgemäß engstirnig, verarmt, dürftig, dumpf, leer, uninteressant und eitel geworden. Einerseits führt das zu einem fieberhaften Verlangen nach einem Leben im Genuss, mit kranker Leidenschaft, und dazu, dass habgierig nach allem gegriffen wird, was der Abschaum des Lebens an unmittelbaren Reizen zu bieten hat. (...) Andererseits folgen dann Ratlosigkeit, unerträgliche spirituelle Verwirrung, steriler Skeptizismus, zielloses Herumwandern, Unschlüssigkeit, mystische Launen, sinnlose Verzweiflung. Das Licht des Lebens ist verloschen; die Lebensfreude ist vergangen; die Neigung, das Leben zu verstehen, wurde verschleudert; kurz: Die Lebenskreativität wurde zerstört.[15]

In Gordons Perspektive kam Tolstojs Glaube zum Ausdruck, dass die Menschen als im Grundsatz natürliche Wesen dann am besten leben, wenn sie die mechanischen Künstlichkeiten der Zivilisation zurückweisen und ihr Leben in einer organischen Beziehung zu anderen Bevölkerungsgruppen und der Natur gestalten. Im Gegensatz zur modernen urbanen Kultur sah Gordon die natürliche Welt als hierarchiefrei. Für ihn waren die zyklischen Eigenschaften der Natur ein nachahmenswertes Modell für die menschliche Gesellschaft – und es war weitgehend seinem Einfluss zu verdanken, dass die physische Landarbeit und die Nähe zur Natur von den Siedler*innen nicht nur als ein Mittel zur Befriedigung ihrer Bedürfnisse, sondern als ein Ziel als solches angesehen wurden. Es wurde die Meinung vertreten, dass diese sogenannte „Religion der Arbeit", die Gordon predigte, wie eine

Art „stellvertretender Moralkodex“[16] für die Kibbuz-Pionier*innen wirkte, ähnlich etwa der säkularen Religiosität Tolstojs und dessen Diktum nach „dem Suchen des Reichs Gottes nicht außerhalb, sondern inwendig in uns.“[17]

Gordon betrachtete sich selbst gewiss als Teil der zionistischen Bewegung, aber sein Zionismus war unbedingt pazifistisch und antimilitaristisch – der Gedanke der Schaffung eines jüdischen Staates taucht in seinem Gesamtwerk an keiner Stelle auf. Gordon glaubte zwar an das historische Recht der Juden und Jüdinnen, in Palästina leben zu dürfen, aber er betrachtete die arabische Bevölkerung als eine organisch gewachsene Nation, die in Harmonie mit dem Land lebte – was sich die jüdische Bevölkerung nur zum Beispiel nehmen könne. Andererseits gab er sich auch keiner naiven Illusionen über den arabischen Widerstand gegen den Zionismus hin, den er als eine sehr verständliche Reaktion auf den verwestlichten Lebensstil der Juden und Jüdinnen betrachtete. Er erhoffte sich daher die künftigen jüdisch-arabischen Beziehungen als eine Art friedlichen Wettstreit, wenn alles gut lief – zumindest, bis die jüdische Bevölkerung ihre eigene Verbindung mit dem Land wieder hergestellt hatte und sich dadurch den Respekt und die Zusammenarbeit mit ihren Nachbar*innen verdienen würde.

Gordon lehnte außerdem die kapitalistischen Formen der Ausbeutung von Arbeit entschieden ab. Aber er wies auch gleichzeitig den „Sozialismus“ zurück, den er jedoch immer mit dem Marxismus identifizierte. Mit dem Marxismus war für ihn die Schwerpunktsetzung auf den Klassenkampf für die unterschiedlichen wirtschaftlichen Beziehungen als Schlüssel zur Überwindung von Kapitalismus und Entfremdung eng verbunden. So sah Gordon im Marxismus eine Fortsetzung der vorherrschenden mechanistischen Konzeption des Menschen und der Gesellschaft, einen Ausdruck des entfremdeten Denkens und keine Antwort darauf. Weil er die „Klasse“ selbst für eine künstliche Organisationsform der Menschen ansah, konnte er auch das Proletariat nicht als Kategorie zur Transformation der menschlichen Zustände akzeptieren. Stattdessen glaubte er, dass die Nation – verstanden als organische Zusammenfassung von Individuen, die sich auf die Prinzipien der Seelenverwandtschaft stützten und gemeinsame kulturelle Werte teilten – die einzige Art der Vermittlung für das Verkünden einer solchen Tansformation sein könne.

Des Weiteren verstand Gordon die marxistische Betonung der Veränderungen in den ökonomischen Organisationsformen als die Dominanz der Form über den Inhalt. Eine Weltsicht, nach der die Gesellschaft sich nicht ändern würde, bevor sich die Individuen ändern, war prägend für Gordon, so wie sie auch Landauer und Tolstoj prägte. Nur durch die Selbstverbesserung jedes Individuums im Zusammenhang mit der Wiederentstehung einer organischen Volkskultur konnte die Menschheit – und innerhalb dieser die jüdische Diaspora – die nationale Erneuerung erringen.

In diesem Kontext betonte Gordon den geistigen Wert der Arbeit. Weil die Menschen in genau dem Maße kulturell verarmten, in dem sie sich von der natürlichen Welt entfremdeten; und weil die jüdische Bevölkerung in der Diaspora in dieser Hinsicht mehr als alle anderen betroffen war (als doppelt losgelöst von dem, was Gordon als den kosmischen Strom der Kreativität ansah: getrennt von Land und Landwirtschaft zum einen, hauptsächlich beruflich aktiv im Handel und in intellektuellen Berufszweigen zum anderen), war Gordon die Rückkehr zur Natur und zu einem Leben physischer, besonders landwirtschaftlicher Arbeit so wichtig. Diese Neuverbindung von Mensch und Land, vermittelt über landwirtschaftliche Arbeit, war für ihn das *sine qua non* der spirituellen und politischen Wiedererweckung der Menschheit.[18]

Gordon weigerte sich konsequent, seine eigene Philosophie in Begriffen wie Sozialismus oder Anarchismus („oder jedem anderen Ismus")[19] zu diskutieren. Er wurde deshalb zum Objekt unterschiedlicher und oft radikal voneinander abweichender Interpretationen. Einerseits konnte er einen zentralen Platz in der Erklärung linker moderner Historiker*innen einnehmen, warum der Zionismus – unabhängig von seinen säkularen Ansprüchen – in der Tat religiös ist und gleichzeitig sogar ein klassisch-nationalistisches Konzept. Nach der Einschätzung der britischen Wissenschaftlerin Jacqueline Rose legten para-religiöse, spirituelle Sozialismuskonzepte wie das von Gordon den ideologischen Grundstein für die Versöhnung von Judentum und Zionismus. Andererseits war Gordon aber auch grundlegend für die zeitgenössische rechtsgerichtete und national-religiöse Ideologie, die sich mit der nationalstaatlich-israelischen Siedlungsbewegung verband.

Der israelische Politikwissenschaftler Ze'ev Sternhell argumentiert in ähnlicher Weise, dass die Art des Naturalismus, für die Gordon eintrat, sowie der europäische Romantizismus und die Feindschaft gegen den modernen Industriekapitalismus innerhalb des zionistischen Kontextes dahingehend tendierten, mit einer klassisch nationalistischen Perspektive vereinbar zu werden. Sternhell versuchte, die These zu widerlegen, dass eine Synthese zwischen Sozialismus und Nationalismus für die Kibbuz-Pionier*innen auch nur auf der Tagesordnung stand und meint, dass in den Theorien des Arbeiter-Zionismus schon sehr früh deutlich wurde, dass beide Ziele nicht miteinander vereinbar waren. Das Streben nach Gleichheit, so Sternhell weiter, sei immer nur ein „mobilisierender Mythos (...), ein bequemes Alibi gewesen, das es der Bewegung manchmal erlaubte, sich nicht mit den Widersprüchen zwischen Sozialismus und Nationalismus herumschlagen zu müssen."[20] In Gordon sieht Sternhell die archetypische Verkörperung dieses Gegensatzes, und er stützt sich auf die besondere Form des Nationalismus, die Gordon propagierte, um Letzteren als eine nahezu faschistische Figur darzustellen: „Bedingt durch seine Ablehnung des Materialismus im Sozialismus", so schreibt Sternhell, „benutzte [Gordon] die klassische Terminologie des romantischen, *völkischen* Nationalismus."[21]

Für Sternhell – wie auch für Rose – war die religiöse Komponente in Gordons organischer Kulturkonzeption der Nation wegweisend dafür, wie der Zionismus seinen religiösen Charakter ausdrückte und dadurch das Selbstbild des säkularen Unterfangens unterminierte, das der angeblichen „Sklavenmoral" des Diaspora-Judentums entgegengesetzt sei. Gordons positive Haltung hinsichtlich der „traditionellen Anforderungen einer Religion: ihrer Glaubenssätze, ihrer Rituale [und] ihrer Gebote"[22], ist für Sternhell nur die Folge der Übereinstimmung von dessen Weltsicht mit dem integralen Nationalismus Europas, der die Religion, die Tradition und das Ritual als ebenso wesentliche Komponenten einer nationalen Identität betrachtete. Gordons „Religiösität ohne Gottesglaube"[23] sei daher eine Bestätigung seiner Übereinstimmung mit dem integralen Nationalismus und dessen „Behauptung von der Religion als einer Quelle der Identität, [die] keinerlei Verbindung mit der Metaphysik besitzt."[24]

Es kann wenig Zweifel daran bestehen, dass Gordons Nationalismus mit seinem völkischen, ganzheitlichen und spirituellen Anstrich den grundlegenden Werten des materialistischen und marxistischen Sozialismus ins Gesicht schlug. In der vorherrschenden Geschichtsschreibung wird in der Regel jedoch weniger untersucht, ob sich dieses Denken nicht mit bestimmten Formen des Anarchismus überlappt, die in den romantisch-revolutionären Zirkeln der Libertären gegen Ende des 19. Jahrhunderts in Zentral- und Ost-Europa verbreitet waren. Eine alternative Interpretation Gordons als diejenige, die seine heutigen Kritiker*innen anzubieten haben, würde argumentieren, dass Gordon in Wirklichkeit in die linksradikale, demokratische und humanistische Schule des völkischen Nationalismus einzuordnen ist – in dieselbe Schule nämlich, die auch solcherart nationalistische Perspektiven vermittelte, wie sie Michail Bakunin und Gustav Landauer befürworteten.[25] Die Überlappung von Romatizismus, völkischem Nationalismus, Anti-Kapitalismus, einem säkularen Spiritualismus und eine Mystifizierung von „Land“ als Quelle der Kreativität, die Gordons Denken prägte, war besonders für Landauers Denken zentral – eine Überschneidung übrigens, die Gordon selbst bestätigte. Im Jahr 1920 kehrte Gordon aus einer Konferenz in Prag nach Palästina zurück und behauptete begeistert, er habe in den Schriften Landauers „seine eigenen Gedanken wiedergefunden“.[26]

Gordons Pazifismus, sein Kommunitarismus und sein Schweigen zur Frage nach einem jüdischen Staat haben die zeitgenössischen israelischen Radikalen, die sein Werk kannten, dazu veranlasst, in ihm den ersten und einflussreichsten Anarchisten aus der Zeit der frühen Kibbuzim zu sehen. Die antiautoritäre und antimarxistische Kritik der bürgerlich-kapitalistischen Moderne, die Gordon in die Gründergeneration der Kommunard*innen einbrachte, führte dazu, dass er oft sogar als ein früher inhaltlicher Vorläufer des Öko-Anarchismus besonders hervorgehoben wurde. Er förderte nicht nur viele Schlüsselthemen, die heute in den öko-anarchistischen Strömungen behandelt werden (Primitivismus, bioregionale Demokratie, Pazifismus, Absonderung, Gesinnungsgemeinschaft usw.), sondern Gordon war gleichzeitig einer der herausragendsten und produktivsten Protagonisten eines Projekts, das diese Werte auch in ein realistisches Sozialmodell umsetzen konnte. Aus diesem Grund wird Gordon auch als bedeutsam innerhalb der Traditionslinie des Öko-Anarchismus angesehen. So schreibt Hune Margulies vom *The Martin Buber Institute for Dialogical Ecology*: „Der Kibbuz Gordons basierte vor allem auf anarcho-sozialistischen und ökologischen Prinzipien. [...] Er stand Buber in seinem Eintreten für einen anarcho-sozialistischen Kommunitarismus nahe, und er war durch seine säkulare Spiritualität auch mit Spinoza verwandt. Dem heutigen ökologischen Denken kann eine neuerliche Beschäftigung mit Gordon nur zugute kommen.“[27]

Gordon und der Kibbuz

Im Jahr 1905 gründete Gordon zusammen mit Josef Ahronowitz und Josef Sprinzakand die Gruppe Hapoel Hatzair (Der junge Arbeiter), eine pazifistische, antimilitaristische und zionistische Gruppe, die sich der Idee der gemeinschaftlichen Besiedelung von Land verschrieben hatte. Gordons Schriften wurden regelmäßig in der Zeitschrift von Hapoel Hatzair veröffentlicht, zusammen mit Artikeln von und über andere bekannte Anarchisten dieser Zeit wie etwa Kropotkin, Proudhon oder Chaim Arlosoroff, dem Theoretiker von Hapoel Hatzair. Unter den jüdischen Pionier*innen gab es einen breiten Konsens darüber, dass der Versuch einer neuen Politik mit der Schaffung einer neuen Persönlichkeit einher ging – und es ist nicht schwer zu verstehen, warum die jungen Idealist*innen der zweiten Alija keine Probleme hatten, sich mit den sowohl nietzscheanischen wie tolstojanischen Ideen einer spirituellen Wiedergeburt zu identifizieren, die Gordon propagierte.

Während sie die philosophischen Grundlagen für die Bewegung legten, hatten Gordon und seine Gefolgsleute auch schon in dieser Frühphase klare Vorstellungen von den praktischen Dimensionen des Kibbuz und seiner Rolle bei der Erneuerung des jüdischen Volkes. Gemäß Gordon

> ist der grundsätzliche Gedanke der Kutzva die Organisierung des Gemeinschaftslebens durch die Kraft der Idee der Gemeinde, durch die Sehnsucht und die Lebensspiritualität sowie durch die Gemeindearbeit, damit die Mitglieder unabhängig werden und sich gegenseitig durch ihre positiven Qualitäten beeinflussen. (...) Die Kvutza (...) kann und muss an zwei Fronten arbeiten. Auf der einen Seite, die die Bereiche Arbeit und Natur umfasst, muss die Persönlichkeit frei sein und sich selbst, ob Mann oder Frau, durch die Arbeit und durch die Natur reformieren. Das Individuum muss sich genau mit derjenigen Arbeit und derjenigen Natur vereinigen, in der er oder sie lebt und handelt. Auf der anderen Seite gibt es das Leben der Familie in der Kvutza. Die Kvutza selbst muss eine Familie im erhebendsten Sinne des Begriffs darstellen. Sie muss ihre Mitglieder durch die Kraft ihres gegenseitigen, positiven Einflusses weiter entwickeln. (...) Sobald [Individuen] zusammenkommen und sich zu vereinigen beginnen, werden sie eine Familie, ganz so, als hätten sie bereits die heiligen Riten der Heirat absolviert.[28]

Dieses Zitat beinhaltet zwei wichtige Gedankengänge: zunächst die Betonung, dass das Individuum mit seiner direkten Beziehung zur von ihr geleisteten Arbeit im Kvutzot von Anfang an dazu befähigt wird, die Entfremdung im kapitalistischen Produktionsprozess zu vermeiden. Zweitens – und vielleicht noch bedeutender für diese frühe Phase – gibt es diesen Hinweis Gordons auf die Schaffung einer „Familie“, der an Tolstojs Glauben an das Bestehen einer universellen Brüderlichkeit erinnert. Es war die Hoffnung, dass Familienbande erweitert werden können in eine breite Brüderlichkeit der Menschheit als Ganzer – eine Hoffnung, die sich auch in Gustav Landauers Konzeption von Anarchismus wieder findet. Im Kern führte Gordon die anarchistische Argumentationsfigur in die Bewegung ein, dass die natürlichen Bindungen durch Empathie und Brüderlichkeit, die durch den Einfluss des kapitalistischen Staates und die Fallstricke der Moderne korrumpiert worden sind, wieder hergestellt werden müssen, um eine neue Form der Gesellschaft aufzubauen.

Gordons Philosophie sollte für viele kommende Jahre den gedanklichen Unterbau der Ideenwelt und der Handlungen einiger Strömungen der Bewegung darstellen. Hapoel Hatzair betrachtete ihn künftig als ihren geistigen Anführer und die ersten Gruppen von Hashomer Hatzair, die 1919 im Land ankamen (und sich in der Folge zur Kibbuz-Föderation *Artzi* entwickelten), bekannten sich in ihren Anfängen ausdrücklich dazu, seinen Ideen nahe zu stehen. In den Jahren 1923 bis 1924, unmittelbar nach Gordons Tod [1922], gründeten polnisch-zionistische Anhänger*innen von Hapoel Hatzair in Galizien, angeführt von Pinhas Lubianker, die *Gordonia youth movement*. Sie übernahm Gordons Existenzialphilosophie und wurde zu einem Gegengewicht der marxistischen Einflüsse, die zu jener Zeit in den Politikstrategien anderer Pionier-Gruppen auftauchten. In den Jahrzehnten, die auf den Tod Gordons folgten, wurden jedoch seine Ideen verwässert und schließlich durch den Prozess der zionistischen Mythenbildung vollständig vergessen. Übrig blieben nur das Angedenken an sein persönliches Vorbild der Hingabe an die landwirtschaftliche Arbeit sowie an die jüdische Erneuerung, die der historischen Geschichtserzählung Israels entgegen kam.

Franz Oppenheimer [1864-1943]

Während sich die anarchistischen Siedlungen in Degania und deren unmittelbare Nachfolger spontan und organisch entwickelten, lagen ihnen gleichwohl Prinzipien zugrunde. Außerdem kamen einige dieser frühen Immigrant*innen mit „klar umrissenen praktischen Vorstellungen“ nach Palästina. Tatsächlich gab es in der Diaspora vielfältige, detaillierte und kodifizierte Vorbilder für kooperative Landwirtschaft, die dem Aufbau von Degania um viele Jahre vorausgingen und zum Teil sogar direkt auf Kropotkins Gedanken zurückgriffen. Überraschenderweise finden sich mit die frühesten Hinweise auf den Einfluss dieses russischen Anarchisten auf solche Modelle im Werk von Franz Oppenheimer, der mit Theodor Herzl bei der wirtschaftlichen Planung der Bewegung des weltweiten Zionismus zusammenarbeitete und selbst der wichtigste Architekt der Kooperative von *Merhavia* im Jezreel-Tal war – einem Prototyp des *Moshaw*-Modells [Agrar-Kooperative mit individuellen Besitzern von Bauernhöfen innerhalb der Siedlung; verschiedene Lohnniveaus; d.Ü.].

Obwohl sie sich damals weit herumgesprochen hatten, werden Oppenheimers Vorstellungen für die frühen Siedlungen in Palästina gern übersehen, weil der Eindruck erweckt wird, die ersten Gemeinschaftssiedlungen seien in ihrer Struktur vor allem den vorgefundenen Bedingungen und Nöten zuzuschreiben. Der Hintergrund der Merhavia-Kooperative kann als erstes Zeichen des Einflusses der Ideen Kropotkins unter den jüdischen Siedler*innen in Palästina interpretiert werden, obwohl sie zugleich den Anfang einer sozialen Organisationsform darstellt, die sich vom Kibbuz unterscheidet.

Die theoretischen Grundlagen für Oppenheimers Kibbuz-Modell finden sich in seinem 1896 erschienenen Buch *The Cooperative Settlement: A Positive Attempt to Overcome Communism by Solving the Social and Agrarian Problems* [dt.: *Die Siedlungsgenossenschaft. Versuch einer positiven Überwindung des Kommunismus durch Überwindung des Genossenschaftsproblems und der Agrarfrage*, 1922], in dem er sich vor allem auf die Ideen von Robert Owen, Charles Fourier und auch von Kropotkin bezieht (mit Letzterem traf er sich und tauschte Briefe aus). Oppenheimers Sozialvorstellungen drehten sich um die Prinzipien der gegenseitigen Hilfe, die Abschaffung des privaten Landbesitzes sowie die friedliche Untergrabung des Kapitalismus als Teil eines Versuches, „die wirtschaftliche Basis der Gesellschaft und ihrer ‚Regierung' zu verändern".[29] Für die Zukunft stellte er sich eine jüdische Nation vor, „die frei von Unterdrückung und Privateigentum" sein sollte.[30] Überhaupt drückte er sich in solcherart Begriffen aus, wenn es darum ging, was die Grundlagen sein sollten, auf denen die jüdische Heimstatt aufzubauen sei: „Selbstversorgung und gegenseitige Hilfe, wie sie vom sozialistischen Kooperativdenken vorgesehen sind; Landwirtschaft (denn eine Nation, die nicht im Land verwurzelt ist, kann nicht existieren); Land als Gemeinschaftsbesitz (um kooperative Siedlungen voranzutreiben und alle Bedürfnisse ehrlich und gerecht zu erfüllen)."[31]

In seinem darauf folgenden Werk, *Der Staat*, 1907 veröffentlicht, beschrieb Oppenheimer den kapitalistischen Staat als „Organisation einer Klassenherrschaft über die anderen Klassen. Solch eine Klassenorganisation kann nur auf eine Weise durchgesetzt werden", so schrieb er weiter, „nämlich durch Eroberung und Unterjochung ethnischer Gruppen durch die herrschende Gruppe."[32] Nach der Einschätzung eines anderen Autors bzw. einer anderen Autorin war Oppenheimer stark von Voluntarismus, Individualismus und Mutualismus durchdrungen und „entwarf ein systematisches Programm der Anti-Staatlichkeit, der friedlichen Aneignung und Neuverteilung von Land, der Abschaffung der Grundrente [sowie der] kooperativen Kolonisierung und Besiedelung."[33]

Oppenheimers Vorschläge wurden angereichert mit Tolstoj- und Gordon-Zitaten – und wie schon Gordon sollte er eine tiefe Übereinstimmung mit dem Denken Gustav Landauers bekunden.[34] Es gab zwar erkennbar anarchistische Züge in Oppenheimers Denken, aber letztlich war sein Ziel, „eine gemischte Gemeinschaft, bestehend aus Bauern, Handwerkern – und sogar aus Personen mit eigenen, unabhängigen Mitteln –, also nicht verschieden von jeder anderen Gemeinschaft, außer dass das Land nicht den Individuen, sondern der Gemeinschaft gehört."[35] Sein Konzept beinhaltete außerdem verschiedene Lohnniveaus je nach Art der geleisteten Arbeit – und sogar eine Verwaltungsbürokratie, wenn auch nur für eine „Übergangsphase".[36]

Oppenheimers Vorstellungen wurden von zionistischen Entscheidungsträger*innen postiv aufgenommen und wurden bis zu einem gewissen Maß in der – allerdings kurzlebigen – Kooperative von Merhavia umgesetzt. Trotzdem reagierte die jüdische Arbeiterbewegung im Kvutzot entschieden kritisch auf dieses Konzept, und im Kontext dieser Diskussion ist es wichtig, darzustellen, warum das so war. Am 11. November 1911 veröffentlichte Degania die Gründe:

> Die Arbeiter [von Degania] empfinden die absolute Freiheit in der Arbeit und bei allen Initiativen als absolute Notwendigkeit ihrer Existenz als Gruppe und weisen jede Form des Zwangs von oben zurück. Sie weisen außerdem zwei Prinzipien Oppenheimers zurück: verschiedene Lohnniveaus sowie die Ernennung eines Verwalters, um Gruppen erfahrener Arbeiter zu überwachen.[37]

Joseph Bussel aus Degania schrieb ungefähr zur selben Zeit:

> Nur freie und kollektive Arbeit werden die Arbeiter*innen und auch das Land erneuern. [...] Wir lehnen jede Art von Regierung ab. [...] Wenn wir erst zu glauben anfangen, dass Kinder Privateigentum sind, dass Gärten Privateigentum sind, dass persönliche Fähigkeiten Privateigentum sind, was kommt dann als Nächstes? [...] Die Idee einer Kutzva ist eine neuartige Idee; unsere Lebensweise stellt eine große Revolution dar. [...] Wir haben uns vorgenommen, eine neue, kollektive Lebensweise für jede Person zu schaffen.[38]

Ein Rat der Landarbeiter*innen von Hapoel Hatzair, der sich im Jahre 1919 auf Bussels Kinneret-Farm versammelte, trieb diese Opposition gegen Oppenheimers Moshaw-Modell noch weiter voran – mit ungefähr derselben Argumentation:

> Wir haben gesehen, wie die Moshavot [sic!] auf der Ausbeutung Anderer gründen. Wir sind entschlossen, eine neue Lebensweise zu schaffen, die uns dazu anhält, unsere eigene Arbeit auszuüben – ohne externe Verwaltung. Wir müssen die Arbeit erobern und wir tun das ohne Überwacher. Die Kvutza muss moderne Arbeitsformen praktizieren. Wir müssen ökonomische Gleichheit und ein Leben in sozialer Gleichheit zwischen Männern und Frauen aufbauen.[39]

Zwar beinhalten Oppenheimers Konzepte noch klare Anzeichen des Einflusses von Kropotkin, doch im Rahmen dieser Studie sind die Begriffe von größerem Interesse, mit denen die Arbeiter*innen von Degania hier Oppenheimers Vorstellungen kritisieren. Aus diesen frühen Diskussionen können wir schließen, dass ein verbreitetes antiautoritäres Gedankengut innerhalb der jüdischen Arbeiterbewegung in Palästina eine wichtige Rolle spielte, sogar schon unter den Gründer*innen von Degania. Denn während wir sehr wohl proto-anarchistische Elemente in Oppenheimers Denken herausfiltern können, waren sie offensichtlich für die Mitglieder von Degania nicht radikal genug. Die Begriffe, mit denen Degania-Mitglieder und die Hapoel Hatzair Oppenheimers Konzept begegneten, bezeugen darüber hinaus, wie nahe die Denkweisen der einfachen Arbeiter*innen im Kvutzot dem Anarchismus kamen. Schon ab dem Jahr 1911 betrachteten die Pionier*innen von Degania ihre Siedlung als revolutionären Akt und begriffen sie als „Modell“, das sie für eine künftige Kollektivgesellschaft „entworfen“ hätten.

Josef Trumpeldor [1880-1920]

Franz Oppenheimer war keineswegs der Einzige, der Siedlungskonzepte für das Land ausarbeitete. Seine Ideen hatten zwar letztlich keinen direkten Einfluss auf die Gründungen der Kvutzot selbst, aber sie gaben den Programmen für den Aufbau anarchistischer Kommunen in Palästina einen strukturellen Rahmen. Diese Programme bezogen sich bewusst auf die Anregungen Kropotkins und spielten bereits bei der Gründung der frühesten Kvutza-Kommunen der zweiten Alija eine Rolle.

Von besonderem Interesse ist in diesem Zusammenhang die Persönlichkeit des russischen Kriegshelden Josef Trumpeldor. Heute wird an ihn nur noch als ein Held der israelischen Rechten erinnert, der in Verbindung mit dem revisionistischen Zionismus stand. Doch Trumpeldor hatte einen komplexen Charakter und manche würden in ihm den typischen Vertreter eines Paradoxes sehen, den es nur im Zionismus geben konnte: einen vom Anarchismus beeinflussten Rechten, der an der Schaffung eines anarchistisch-sozialistischen Projekts beteiligt war. Nachdem er 1902 in die russische Armee eingezogen wurde, erhielt Trumpeldor vom Zar für seine Tapferkeit im Russisch-Japanischen Krieg [1904-05; d.Ü.] eine Auszeichnung. Er freundete sich mit dem revisionistischen Zionisten Ze'ev Jabotinsky an und beide gemeinsam gründeten die erste jüdische Militärorganisation, die *Jewish Legion*, auch bekannt als *Zionist Mule Corps* (Zionistisches Maultier-Bataillon) innerhalb der Britischen Armee im Ersten Weltkrieg. Unglücklicherweise wurde Trumpeldor in der Geschichtsschreibung zu einem Synonym für die faschistischen Elemente innerhalb des zionistischen Projekts. Nach seinem Tod in einem bewaffneten Scharmützel in Tel Haï 1920 wurde sein Name von Jabotinsky für die Gründung der revisionistischen *Jugendbewegung Betar* [1923; ausgesprochen: „Beitar“; umgeändert hebräischer Name: Brit Yosef Trumpeldor; ein Akronym; in Englisch: „The Josef Trumpeldor Alliance“; d.Ü.] benutzt.

Gleichwohl war Trumpeldor in der frühen Phase seines Lebens nicht nur entschiedener Antikapitalist, sondern seine Gedanken standen dem Anarchosyndikalismus sehr nahe. Als Student in St. Petersburg wurde er in Kropotkins kommunistischen Anarchismus eingeführt und er war auch durch den kommunalen Anarchismus Tolstojs stark beeinflusst, den Siedler*innen damals in der Nähe von Trupeldors Heimatstadt Piatigorsk im russischen Nord-Kaukasus praktizierten. Im ersten Jahrzehnt des 20. Jahrhunderts fing er damit an, die tolstojanischen Siedlungsaktivitäten mit seinen eigenen Ambitionen, nach Palästina umzusiedeln, zu verknüpfen – diese Synthese sollte später dadurch zum Ausdruck kommen, dass er sich selbst öffentlich als „Anarcho-Kommunist und Zionist“ bezeichnete.[40]

Bis 1908 hatte Trumpeldor ein detailliertes Programm für die Besiedelung Palästinas durch dörfliche Gruppen entworfen. Dieses Programm ging damit noch mindestens um fünf Jahre der Gründung der Bauernhöfe von Degania voraus. Es wurde durch eine Reihe von Briefen Trumpeldors bekannt – der erste dieser Briefe wurde an seine Eltern geschrieben, als er noch 1904 Kriegsgefangener im Russisch-Japanischen Krieg war. Die weiteren Briefe folgten auf seine Heimkehr nach Russland im Jahre 1906 und er schrieb sie sowohl an seine Freund*innen innerhalb Russlands als auch an jene Bekannte, die bereits nach Palästina ausgewandert waren. Viele der Adressat*innen dieser Briefe, etwa Personen wie Zvi Schatz, sollten bald prägende Rollen in der frühen Kibbuzbewegung spielen. Trumpeldors Briefe umreißen seine Idee der Gründung einer anarchistischen Kommune, zuerst innerhalb Russlands, später in Palästina – und sie waren der Grundstein für ein sehr viel detaillierteres Programm für die künftigen Siedlungen.

Durch die Entwicklung dieses sozialen Programms versuchte Trumpeldor, die Strategie für die Bildung dieser Kommunen mit einem Gedanken zu verbinden, der die inneren Schwachstellen des Zionismus, der jüdischen Jugendbewegung sowie des Sozialismus zu beheben helfen sollte. Er bezog sich dabei wiederholt auf Kropotkin und Tolstoj und ermutigte seine Freund*innen, sich von diesen Denkern anregen zu lassen.[41]

Trumpeldor kannte nicht nur die Tolstoj-Kommunen Russlands aus direkter Erfahrung, sondern er hatte auch die theoretischen Grundlagen des Sozialismus und Anarchismus ausführlich studiert – besonders die in diesen Strömungen praktisch umgesetzten Gemeinschaftsexperimente. Die Liste zu lesender Bücher, die er für seine Freunde skizzierte, reichten von jeder denkbaren Form des Sozialismus über den Populismus bis zum Anarchismus und beinhalteten Werke wie Kropotkins *Die Eroberung des Brotes*. Trumpeldor meinte etwa zu diesem Buch: „Das ist in leicht lesbarer Sprache geschrieben und nützlich für jeden.“[42]

Die von Trumpeldor beschriebene kommunistische Gemeinschaft war im Wesentlichen eine kollektiv organisierte landwirtschaftlichindustrielle Kommune. Er schrieb: „Das Leben in der Siedlung fußt auf der Landwirtschaft, aber es ist auch unmöglich ohne Industrie, andernfalls würde sie von der kapitalistischen Welt auf üble Weise ausgebeutet."[43] Die Kommune sollte im Rahmen eines partizipativen Wirtschaftssystems aufgebaut werden und dazu fähig werden, „alles Nötige für ein angenehmes Leben" zur Verfügung stellen zu können.[44] Alle Güter sollten von der Gemeinschaft zusammen besessen werden und Gewinne sollten „gemäß den Bedürfnissen ihrer Mitglieder" verteilt werden.[45]

Die Rotation der Aufgaben sowie die vereinigten und integrierten Arbeitsformen sollten eine ausgeglichene und umfassende Existenz ermöglichen und damit die Probleme überwinden, die bei früheren Experimenten entstanden waren. Trumpeldor schrieb 1908: „Die früheren Siedlungen waren erfolglos, weil ihnen erstens die substantielle materielle Grundlage fehlte, sie zweitens zu stark rein physische Arbeit forderten, es drittens keine entsprechende intellektuelle Erfüllung gegeben hatte, viertens die Bedingungen für kulturellen Fortschritt nicht gegeben waren, es fünftens an praktischen Fertigkeiten fehlte und sechstens das allgemeine Gefühl vorherrschte, dass die Mitglieder in ihrer Arbeit keine Befriedigung erfuhren."[46]

Trumpeldor wurde so zu einer der bekanntesten Persönlichkeiten innerhalb der jüdischen Arbeiterbewegung Palästinas. Im Jahr 1913 brachte er eine Gruppe russischer Juden und Jüdinnen nach Palästina. Er arbeitete dann an verschiedenen Orten im Land, unter anderem auch in der Siedlung Degania. Avraham Yassour, der Trumpeldors Briefe ins Englische übersetzte und sie 1995 veröffentlichte, schrieb: „Er blieb selbst nie lange genug an einem Ort, um ein wirklich kollektives Leben zu führen, aber seine Schriften behandelten viele Themen, mit denen später auch die Kibbuzbewegung konfrontiert wurde, wie etwa den Stadt-Land-Gegensatz, den Gegensatz Industrie versus Landwirtschaft, Angestellte versus Handwerker, Fortschritt versus einfaches Leben, eine sich um individuelle Selbstverwirklichung drehende Motivlage versus Aufopferung des Individuums für die Nation."[47]

Trumpeldors Denken sollte die Gründung der *Gedud HaAvoda* (Arbeitsbrigade) beeinflussen, jener Organisation, die später die *HaMeuhad-Strömung* (Vereinigte Kibbuzim) in der Kibbuzbewegung bilden sollte. Trumpeldor meinte 1908: „Wie Kropotkin glaube auch ich, dass nur eine sehr großflächige, territorial extensive Kommune zur Anarchie führen wird."[48] Wir werden in Kapitel 3 noch genauer darauf eingehen, wie sich die HaMeuhad-Strömung auf dieser Grundlage entwickelte. Des Weiteren muss gesagt werden, dass der Pfad, den Trumpeldor hier einschlug, nicht nur für eine Handvoll Idealist*innen ausgelegt sein, sondern zu einem stabilen und umfassenden Sozialsystem verbreitert werden sollte. Er schrieb: „Wir wollen eine Lösung für das Problem finden, das alle Juden betrifft – und darüber hinaus die gesamte Menschheit, zumindest in gewissem Maße."[49] Als Trumpeldor 1918 nach St. Petersburg in Russland zurückkehrte, gründete er dort die Organisation *HeHalutz* (Der Pionier), die Juden und Jüdinnen für die Emigration nach Palästina vorbereiten sollte. Er selbst ging später wieder nach Palästina zurück.

Gemeinschaftsbildung in der zweiten Alija

Während Trumpeldors Denken einen nachhaltigen Einfluss auf die theoretischen Traditionen der jüdischen Arbeiterbewegung hatte, wurde auch argumentiert, dass die Siedlungskonzepte von Individuen nur wenig praktische Relevanz in den frühen Jahren der Bewegung gehabt hätten. So verbreitete Henry Near die These, dass gerade diejenigen Gruppen, die mit *weitaus weniger* ausgegorenen Konzepten im Lande angekommen wären, eher dazu geneigt gewesen seien, ihre praktischen Handlungen und ihre Prinzipien miteinander in Einklang zu bringen. Near glaubt, dass die Gründergeneration der erfolgreichen Kvutzot nur eine recht simple positive Haltung gegenüber der Idee der Gemeinschaft gemeinsam hatte. Er meint: „Innerhalb dieses Rahmens grundlegender Werte konnten sie an die Einzelheiten der Gemeinschaftsbildung mit einem hohen Grad an Flexibilität herangehen."[50]

Wir wissen, dass viele jüdische Einwanderer*innen (Olim) in Palästina mit klaren Vorstellungen eines sozialistischen Zionismus und der Erneuerung ihrer Lebensführung ankamen. Near hat zwar recht, wenn er sagt, dass sich das Ideenspektrum, das in der Frühphase stark verbreitet war, in der Regel um eine positive Haltung zum Gemeinschaftsleben drehte. Trotzdem waren eine Gegnerschaft zu zentralistischen Machtstrukturen, zu Privateigentum, zum Lohnsystem, zu einer hierarchischen Managerstruktur und zur Autorität des Staates integraler Bestandteil einer spezifischen Konzeption von „Gemeinschaft", jener „grundlegenden Werte", von denen Near spricht. Während die Gedanken anarchistischer Theoretiker wie Kropotkin bereits Teil der programmatischen Vorschläge waren, die schon im Ausland für die

Siedlungen in Palästina existierten, kam es auch zu einer spontanen Verwirklichung dieser Ideen im Kvutzot.

Die ersten Kvutza-Gemeinschaften gingen organisch aus anarchistischen Graswurzelorganisationen hervor. Sie waren eher die Produkte einer „soziologischen und politischen Fantasie, die durch die umgestaltende Aktion wirksam wurde", als bis ins Detail durchdachte Modelle, auf die die Gründer*innen das Label „Anarchismus" (oder „Sozialismus" oder etwas Anderes in diesem Sinne) klebten.[51] Aber auch wenn diese Gemeinschaften wohl nicht verwirklicht worden wären, wenn es nicht die Besonderheiten dieser Situation gegeben hätte – was in diesem Kapitel deutlich geworden sein sollte –, so hatten die Juden und Jüdinnen in Palästina gleichwohl bereits eine klar ausgearbeitete Philosophie, die weit über die Lösung praktischer Probleme ländlicher Siedlungsprojekte hinausging.

Natürlich hatten nicht alle Unterstützer*innen der Kvutza solch weitreichende Ambitionen wie etwa Gordon und seine Schüler*innen. Trotzdem waren Letztere ein umfangreicher und relevanter Bestandteil der Bewegung und gaben die Richtung vor, in die sich die nächste Phase der Kibbuzim entwickeln sollte. Für viele Beteiligte in den höheren Organisationsrängen des globalen Zionismus war der Strukturrahmen, der in der Kvutza zum Ausdruck kam, lediglich die zweckdienlichste Form, um die landwirtschaftliche Produktion aufzubauen. Aber auch nur ein kursorischer Überblick auf die historischen Stellungnahmen derjenigen, die für den Aufbau der frühesten Gemeinschaften verantwortlich waren, zeigt, dass die weit verbreitete Annahme stark zu hinterfragen wäre, dass „es kein klares soziales Programm gegeben hat, einmal davon abgesehen, dass eben ein Lebensstil in ein anderes Land transferiert wurde."[52]

Es mag nicht ein *einziges* soziales Programm gegeben haben, sondern mehrere, aber das Ziel der Pionier*innen der Kvutza war sicher nicht einfach nur das, einen „Lebensstil in ein anderes Land" zu transferieren.

Die Gründer*innen der Kibbuzim hatten klar definierte inhaltliche Zielsetzungen und die von ihnen aufgebauten Gemeinschaften stützten sich von Anfang an auf ihre prinzipiellen Überzeugungen – und überlebten aufgrund dieser Überzeugungen Krisenzeiten.[53] Die Rolle, die der Anarchismus dabei gespielt hatte, solche Überzeugungen zu formen, war wahrscheinlich eher eine „unbewusste" oder unterbewusste. Aber der breite philosophische Rahmen, der aus den Werten und Theorien entstanden ist, welche die Kommunard*innen in ihrer Jugendzeit aufgenommen hatten, legte die ethischen Fundamente der Kibbuzim. Gerade die Entwicklung der Frühphase der Bewegung kann realistischerweise nicht getrennt von diesen Werten und Theorien begriffen werden.

Wenn wir die Diskussionen untersuchen, die während dieser frühen Jahre in Degania stattfanden, etwa die Opposition der dortigen Gemeinschaftsmitglieder zu den Konzepten Oppenheimers, wird deutlich, dass die ideologischen Überzeugungen der Gruppe eine größere Bedeutung für die Schlüsselentscheidungen hatten, die das Überleben der Gemeinschaft garantierten, als oft angenommen wird. Die Protokolle der Vollversammlungen von Degania stützen diese These. Sie zeigen, dass Entscheidungen nicht einfach nur auf der Basis der Zweckmäßigkeit getroffen wurden, sondern auf der Grundlage dessen, was die Mitglieder als dasjenige erachteten, was am ehesten ihren Prinzipien entsprach.[54] Es scheint sogar so gewesen zu sein, dass prinzipielle Faktoren den wichtigsten Einfluss hatten.

Die in diesem Kapitel dargestellten Debatten und Ideen belegen, dass die Arbeiter*innen vor Ort ihre Siedlungen bewusst als Zellen einer neuen anarchistischen Gesellschaft betrachteten, und zwar unabhängig von den anders gelagerten Gedanken auf der oberen Stufenleiter der *Zionistischen Organisation* oder der westlichen Kolonialmächte. Diese neue anarchistische Gesellschaft sollte um eine partizipative Ökonomie herum geschaffen werden und frei von jeder Regierung sowie externer Verwaltung sein. Zwar gab es immer schon die Ansicht, dass der Anarchismus die vorherrschende Philosophie während dieser Frühphase war, doch an diesem Punkt fanden diese Ambitionen eher einen praktischen Ausdruck und blieben nicht mehr nur Teil der Rhetorik der Pionier*innen.[55] Die Gründer*innen von Degania und ihre Zeitgenoss*innen wanderten nicht umher und proklamierten sich als Anarchist*innen – sie lebten dieses Ideal.

KAPITEL III

Die Revolution verwirklichen!

Innenansichten der Pionier-Gruppen aus der dritten Alija

Wir erleben gegenwärtig zwei große Projekte für die Erneuerung der Menschheit. Eines davon geht in Russland vor sich, wo sie die menschliche Existenz durch den Staat, die Maschine, die Änderung der gesellschaftlichen Rangfolge, durch Terror und Organisation verändern wollen. Und das Andere ist hier, in diesem Land, wo sich das Projekt qualitativ, klein und schwierig gestaltet. Das ist der Weg zur natürlichen Kooperation kleiner menschlicher Einheiten im Hinblick auf eine neue Gemeinschaft. [...] Dort in Russland ist alles durch Normen vorherbestimmt. Hier werden wir durch das wirkliche Leben und die Freiheit angeleitet. Dort ist es der Staat, hier ist es die Gemeinschaft.
Meir Yaari, 1920

Der Krieg zwischen Polen und der Sowjetunion sowie der russische Bürgerkrieg brachten die neuerlichen Pogrome in Russland zwischen 1918 und 1920 mit sich, die noch weit verheerender waren als diejenigen in den Achtzigerjahren des 19. Jahrhunderts oder in den ersten Jahren des 20. Jahrhunderts. Diese neue Welle der ethnischen Säuberungen forderte den Tod von schätzungsweise 70.000 bis 250.000 jüdischen Menschen und machte mehr als eine halbe Million obdachlos. Diese Zeit der Unruhen in Verbindung mit der Balfour-Deklaration von 1917, die den Juden und Jüdinnen eine Heimstätte in Palästina versprach, führte zu einem dramatischen Anstieg der Emigration nach Palästina.

Zwischen 1919 und 1923 kamen rund 35.000 neue Immigrant*innen als Teil der dritten Alija in Palästina an, die meisten davon aus Russland und Polen, zusammen mit weniger umfangreichen Kontingenten aus Litauen, Rumänien und Deutschland. Mit diesem Zufluss von Siedler*innen trat die Entwicklung der Kibbuzbewegung in eine neue Phase ein. In den Zwanzigerjahren des 20. Jahrhunderts kam es in den Kibbuzim zu einem Prozess der Institutionalisierung, als sich neue Gemeinschaften bildeten, Föderationen gegründet wurden und sich Ideen ebenso wie Strukturen herauskristallisierten. Die Siedlungen jeder Gruppierung verstärkten wiederum die Verbindungen zu ihren Nachbar*innen.

Zu Beginn dieses Prozesses erreichten diese Pionier*innen Palästina viel besser vorbereitet als ihre Vorgänger*innen aus der zweiten Alija. Viele hatten schon vor ihrer Ankunft eine landwirtschaftliche Ausbildung gemacht, sie sprachen ein besseres Hebräisch und im Allgemeinen reisten sie als organisierte Gruppen und nicht individuell ein. Neben dem *Hapoel Hatzair* (Der junge Arbeiter) und *Gedud HaAvoda* (Arbeitsbrigade) waren auch einige weibliche Gruppen der zionistischen Jugendbewegung an den Kibbuzim dieser Periode beteiligt. Aus Polen war die Gruppe *Hashomer Hatzair* (Der junge Wächter) besonders wichtig, ebenso von Bedeutung waren einige Jugendgruppen aus Deutschland, darunter *Blau-Weiß*, der *Jung-Jüdische Wanderbund* (JJWB), die *Brith Olim* [wörtl.: Beschnittene neue Immigrant*nnen; d.Ü.,] die *Werkleute* sowie später noch die *Habonim* (Erbauer).[1] Mitglieder dieser und anderer Organisationen kamen in Palästina mit einem Wissen darüber an, welche Fortschritte es im früheren Kvutzot gegeben hatte und sie beabsichtigten, das weiterzuentwickeln, was ihre Vorgänger*innen geschaffen hatten. Die gesamten Zwanziger- und Dreißigerjahre hindurch nahmen sie das *Kvutza*-Konzept [kommunale Agrarsiedlungen; d.Ü.] zu ihrer Ausgangsbasis und bauten darauf auf. Sie wandelten das bestehende, noch eher lockere und experimentelle Netzwerk der Kvutzot in größere und stabilere Institutionen um, die wir seit dieser Zeit als Kibbuzim bezeichnen können.

Weil sie das Beispiel der zweiten Alija vor Augen hatten, gingen die Kibbuz-Pionier*innen der Phase nach dem Ersten Weltkrieg weitaus radikaler an die Sache heran als ihre Vorläufer*innen der zweiten Alija. Die unmittelbaren Jahre nach dem Ersten Weltkrieg brachten zudem eine Welle an revolutionären Aktivitäten über Europa, deren soziale und politische Aufstandsbewegungen den Charakter dieses Kontinents geändert hatten. In dieser Zeit wurden linksradikale Ideen, besonders innerhalb einer ganzen Generation bisher politisch machtloser jüdischer Jugendlicher, rasch sehr beliebt. Viele derer, die am Ende des Ersten Weltkriegs nach Palästina aufbrachen, taten dies mit den noch frischen Erinnerungen an die verschiedenen europäischen Revolutionen in ihrem Gedächtnis. Die meisten von ihnen hatten bereits höchst detaillierte Vorstellungen von der Art der Gesellschaft, die sie in ihrer neuen Heimstatt aufbauen wollten.

Innerhalb dieser neuen Generation der Kibbuz-Pionier*innen gab es ein „großes Interesse“[2] am Anarchismus. Nach Avraham Yassour hatten viele derjenigen, die als Teil der dritten Alija Palästina erreichten, „den maßgeblichen Anspruch, eine anarchistische Gemeinschaft aufzubauen.“[3] So wurde etwa Kropotkins Artikel „Anarchistischer Kommunismus“ in der Anthologie *Maabarot 3* [wörtlich: „Transit-/Zeltstädte 3“; d.Ü.] von Hapoel Hatzair im Jahr 1920 publiziert. In derselben Ausgabe veröffentlichte Chaim Arlosoroff, der führende Intellektuelle von Hapoel Hatzair, einen Essay über Kropotkin. Im Jahr 1923 war Kropotkins Buch *Gegenseitige Hilfe* eines der ersten Bücher, das ins Hebräische übersetzt und unter den Immigrant*innen in Palästina vertrieben wurde. Gleich danach folgte die Übersetzung von Kropotkins *Die Große Französische Revolution.*[4]

Gustav Landauer (1870-1919)

Die Persönlichkeit, die den größten Anteil an der Verbreitung anarchistischer Ideen in der Kibbuzbewegung der Zwanziger- und Dreißigerjahre hatte, war Gustav Landauer. Außerhalb der deutsch- und hebräischsprachigen Welt ist er heute weitgehend vergessen, doch seine „anarchistische Version des jüdischen Messianismus“ prägte das Denken vieler jüdischer Gruppen, die in dieser Periode beim Aufbau der Kibbuzim beteiligt waren.[5] Landauers Anarchismus wurde in die zionistisch-sozialistischen Kreise über den jüdischen Gelehrten und Theologen Martin Buber (1878-1965) eingeführt. Beide waren eng befreundet, seit sie sich bei einem Treffen der Berliner Künstler*innengruppe *Neue Gemeinschaft* im Jahr 1900 erstmals begegneten.

Obwohl sich Bubers Vision einer künftigen Gesellschaft stärker darauf konzentrierte, den Staat auf seine „eigentliche Aufgabe“ zu reduzieren, anstatt ihn komplett abschaffen zu wollen, stand er gleichwohl den Ideen Landauers nahe. Ihm schwebte eine ideale Gesellschaft vor, die aus einer dezentralisierten Ansammlung föderalistisch verbundener Bünde bestehen sollte, einer „*communitas communitatum*, der Vereinigung von Gemeinden in eine Gemeinschaft, in der sich ‚das wahre und autonome Alltagsleben’ aller Mitglieder entfalten kann.“[6] Die Kapitel über Landauer, Kropotkin und Proudhon in Bubers richtungsweisendem Werk *Pfade in Utopia* veranschaulichen den hohen Einfluss, den diese Protagonisten auf seine utopische Sozialtheorie hatten.

Landauer selbst hatte jedoch bereits im jungen Alter mit der jüdischen Gemeinschaft gebrochen und zeigte in der Frühphase seines Lebens wenig Interesse am Judentum. Seine Frühwerke beziehen sich auf die christlich-mystische Tradition. In seinen Schriften und Briefen vor 1908 finden sich nur sehr wenig Hinweise auf das Judentum. Als er jedoch mit Buber in intensiven Austausch trat, änderte sich dies. Landauer entdeckte besonders in Bubers Werk *Die Legenden des Baal-Schem* (1908) eine Konzeption jüdischen Geistes, zu der er sich schnell hingezogen fühlte. Die chassidischen Legenden, in die ihn Buber einführte, schienen Landauers Vision einer egalitären Gesellschaft zu entsprechen. Sie repräsentierten für ihn „das gemeinschaftliche Werk eines *Volks*, was bedeutet: ‚lebendiges Wachsen, die bereits in der Gegenwart liegende Zukunft, den Geist innerhalb der Geschichte, das Ganze innerhalb des Individuums (...), den befreienden und einigenden Gott innerhalb des gefangenen und gebundenen Menschen; das Himmlische innerhalb des Irdischen'."[7]

1908 schrieb Landauer eine Besprechung von *Die Legenden des Baal-Schem* und bemerkte darin: „Das Judentum ist kein äußerer Unfall, sondern eine bleibende innere Qualität. Die Identifikation mit dem Judentum vereinigt eine Anzahl von Individuen zu einer *Gemeinschaft*. Auf diese Weise wird eine gemeinsame Grundlage zwischen der Person, die diesen Artikel schreibt, und dem Autor dieses Buches geschaffen."[8]

Landauer und der sozialistische Zionismus

Obwohl ihn seine Freundschaft mit Buber zu einer engen Verbundenheit mit dem Judentum führte, blieb Landauer gegenüber dem politischen Zionismus zutiefst misstrauisch. Er war zwar nie explizit „anti-zionistisch", betrachtete aber die Tendenzen zu einer territorialen Zusammenführung der jüdischen Nation innerhalb Palästinas als eine verfehlte Zweckbestimmung des Judentums. In seinem Essay „Sind das Ketzergedanken?", der als Teil einer Sammlung erschien, die eine zionistische Studentenorganisation 1913 in Prag veröffentlicht hatte, wies er diejenigen Fraktionen innerhalb des Zionismus scharf zurecht, denen es mehr darum ging, einen jüdischen Staat zu schaffen, als dem nachzukommen, was Landauer als die wahre Berufung derjenigen verstand, die durch die einzigartigen Umstände ihrer Diaspora-Existenz geprägt waren.

Landauer glaubte, dass die Juden und Jüdinnen im Gegensatz zu anderen Nationen, die in den versteiften und künstlichen Rahmenbedingungen ihrer Staatsgrenzen befangen waren, durch ihre Zerstreuung über die Welt in einer einzigartigen Lage wären, so dass sie als Nation bereits die Staatsunterteilungen überwinden konnten. In einer Ansprache an eine sozialistisch-zionistische Gruppe in Berlin im Jahre 1913 argumentierte er, dass die historische Bestimmung der Juden und Jüdinnen, die „dem Staatskulte gegenüber weniger hörig" seien als andere Nationen, darin liege, sozialistische Gemeinschaften jenseits des Staates aufzubauen. Dafür hielt er besonders die osteuropäischen Juden und Jüdinnen für geeignet, die generell weniger assimiliert seien wie ihre zentral- und westeuropäischen Brüder und Schwestern.[9]

Trotz dieser Position gegenüber dem zionistischen Projekt interessierte sich Landauer aufgrund seiner Freundschaft zu Buber sehr für die Fortschritte der frühen Kvutzot innerhalb Palästinas. Buber war seit 1898 in den zionistischen Kreisen Europas aktiv gewesen, und während des ersten Jahrzehnts des 20. Jahrhunderts wurde ihm bewusst, wie viel von dem, was Landauer an anarchistischer Philosophie in die europäische Arbeiterbewegung einzubringen versucht hatte, in den frühen jüdischen Siedlungen bereits verwirklicht worden war. Buber erkannte, dass das Fehlen kontinuierlicher Machtstrukturen in Palästina zu jener Zeit die Bedeutung der Kvutzot beim Aufbau einer neuen Gesellschaft stark erhöhte. So sah er diese jüdischen Gemeinschaften als mögliche Vorboten einer soziopolitischen Struktur, die nach dem Vorbild des Anarchismus seines Freundes gestaltet sein würde.

Im Gegensatz zu Buber konzentrierte sich Landauers eigenes Interesse für die Bewegung zweifellos stärker auf deren Potentiale als eine radikal neue Form sozialer Organisierung denn auf ihren spezifisch jüdischen Charakter. Innerhalb des fruchtbaren kulturellen Klimas, das in den Kibbuzim der Zwanziger- und Dreißigerjahre vorherrschte, hatte Landauers Anarchismus einen beträchtlichen intellektuellen Einfluss. Bereits seit 1913 war sein Denken innerhalb zionistischer Kreise deutlich spürbar und in den darauf folgenden Jahren hielt er zahlreiche Vorträge vor jüdischen Jugendgruppen in Europa, von deren Mitgliedern dann viele als Teil der dritten Alija nach Palästina emigrieren sollten.

Wir können die Bedeutung und den Einfluss der Ideen Landauers aus einem Briefwechsel erfassen – in diesem Buch im Anhang wieder abgedruckt –, der im Frühjahr 1919 zwischen Landauer und Dr. Nahum Goldman stattfand. Für den März desselben Jahres hatten die zionistischen Organisationen Deutschlands zu einer Konferenz in München eingeladen, in welcher „deren Beziehungen zur sozialistischen Siedlung in Palästina“[10] geklärt werden sollte. Goldman, der später als Präsident der *Zionistischen Weltorganisation* bekannt werden sollte, lud Landauer ein, über verschiedene Themen, die mit der Entwicklung der Kibbuz-Bewegung zu tun hatten, ein Referat zu halten.

Eine von Landauers Biograph*innen, Ruth Link-Salinger, beschreibt diesen Briefwechsel als „ein Anzeichen für die Ernsthaftigkeit, mit der Landauers ‚Utopismus' als *Programm und Vorbild* von denjenigen in den jüdisch-sozialistischen Zirkeln der damaligen Zeit behandelt wurde, die versuchten, im modernen Palästina eine voluntaristische, mutualistische ‚freie Gesellschaft' aufzubauen“ [Hervorhebung: James Horrox; d.Ü.].[11] Link-Salinger fährt fort:

> Wenn man den Einladungsbrief an Landauer genauer betrachtet – und zwischen den Zeilen dieser Einladung liest –, dann wird klar, dass es genau dieses ‚Utopia‘ ist, von dem diese beiden Intellektuellen träumten, das den sozialen Visionen gleichkam, mit denen der Name Landauer als Ergebnis seiner Schriften und seiner politischen Aktivitäten sowohl in Deutschland als auch jenseits des Mittelmeers verknüpft wurde.[12]

So speziell die Tatsache ist, dass Goldman zunächst Landauers Rat suchte – immerhin machte Landauers explizite Position zum Zionismus ihn eher zu einer ungewöhnlichen Wahl für diese Konferenz –, so spezifisch war auch das Thema, das Landauer auf der Konferenz behandeln sollte. Im Zentrum seines Vortrags sollten die Widersprüche einer zentralisierten und dezentralisierten Gesellschaft behandelt werden; er sollte die Nationalisierung von Land und der natürlichen Ressourcen umfassen; des Weiteren sollten Fragen nach der Form der Industrien sowie des Charakters des internationalen Austauschs in der neuen Gesellschaft erörtert werden, welche die sozialistisch-zionistischen Gruppen in Palästina aufbauen wollten. Wie von Link-Salinger angemerkt, bieten die Punkte, die Goldman in seinem Brief anführt, einen wertvollen Einblick dahingehend, wie sehr seine Pläne für die Kibbuzim sich in Landauers Vision einer künftigen anarchistischen Ordnung einfügten. Jene nämlich, die Konzeptionen für die neue Gesellschaft entwickelten, wollten sie auf genau dasselbe „dezentralisierte Gemeinschaftssystem“ gründen, das Landauer vorgeschlagen hatte. Sie legten dabei Wert auf ein Verständnis von Gemeinschaft als einer

Einheit, „in der die Menschen in direkte Beziehungen zueinander treten". Ökonomische und politische Zentralisierung musste also unter allen Umständen vermieden werden.

Besonders interessant, insbesondere wenn man die Zeit berücksichtigt, in welcher der Briefwechsel stattfand, sind die Einsichten, die uns Goldmans Brief in die zeitgenössischen Debatten um die Industrialisierung der Siedlungen eröffnet, die natürlich auch in den einzelnen Gruppen stattfanden. Bis zu dieser Phase waren die Kvutzot landwirtschaftliche Gemeinschaften gewesen, deren vorrangiges Ziel es war, die sozialwirtschaftliche Struktur der Diaspora durch die Orientierung auf Landwirtschaft umzuwandeln. In Europa selbst jedoch wurde bereits über die Stärkung der Bewegung durch ihre Überführung in ein langfristig agro-industrielles Sozialsystem diskutiert. Wenn man in Goldmans Brief zwischen den Zeilen liest, dann fragte er Landauer im Wesentlichen, wie man eine funktionierende, partizipative Ökonomie sowie ein entsprechendes sozialwirtschaftliches Modell aufbauen könne, das gleichzeitig die Entstehung einer „neuen, kleinbürgerlichen, kapitalistischen Arbeiterklasse" verhindert. Goldman schrieb weiter:

> Die Wenigsten von uns sind Marxisten in dem Sinne, dass sie eine Vergesellschaftung der Produktionsmittel verlangen. Uns allen schwebt so etwas wie ein genossenschaftlich organisierter Betrieb vor, an der die Arbeiter ebenso wie der Unternehmer beteiligt sind, und zwar gleichberechtigt in allen Fragen der Gewinnbeteiligung, der Leitung etc.[13]

Landauer nahm letztlich an der Konferenz nicht teil. Bereits zur Zeit des Briefwechsels befand sich Landauer im Epizentrum der Bayerischen Revolution. In den letzten Apriltagen des Jahres 1919 wurden die Räte Bayerns durch konterrevolutionäre Truppen, vor allem rechtsextreme Freikorps-Milizen, niedergeschlagen. Und am 1. Mai 1919 wurde Landauer verhaftet. Am darauf folgenden Morgen sollte er ins Gefängnis von Stadelheim überführt werden, wurde aber von einem soldatischen Mob geschlagen und erschossen.

Landauers frühzeitiger Tod hatte jedoch keinerlei Auswirkungen, die den Einfluss seiner Ideen verringert hätten. Laut Link-Salinger war Landauers einzigartige Form des Anarchismus zum „am weitesten verbreiteten ‚Vorbild' für eine utopische Vision seit Theodor Hertzkas *Freiland* im 19. Jahrhundert"[14] geworden. Auf einer Konferenz der Hapoel Hatzair 1920 in Prag sprach Buber von Landauer als dem

„geheimen Spiritus Rector“ und als einem „auserwählten Anführer des neuen Judentums“. Laut Buber war

> Landauers Idee zugleich unsere Idee. Dies bedeutet die Anerkennung der Tatsache, dass das Wichtigste nicht eine Veränderung der Ordnung und der Institutionen ist, sondern eine Revolution im Leben der Menschheit und im Verhalten des Menschen zu seinem Mitmenschen. (...) Und im Einklang mit dieser Idee war Landauer dabei, an der Gestaltung eines neuen Landes und einer neuen Gesellschaft als Richtungsgeber und Mentor teilzuhaben.[15]

Hapoel Hatzair war sowohl in Palästina als auch in Europa aktiv, dort besonders in Berlin und in Prag. Die Organisation propagierte ein Programm der Verjüngung des Judentums, das sich auf Gemeinschaft, eigene körperliche Arbeit, Religiosität und einen spirituellen Nationalismus stützen sollte. Ihr Ansatz beinhaltete viel von dem Populismus und der Anti-Staatlichkeit, die für Landauers Anarchismus zentral waren. Die Ausgabe des in Berlin veröffentlichten Organs der Hapoel Hatzair, *Die Arbeit*, vom Juni 1920, trug den Titel *Gustav Landauer Gedenkheft* und beinhaltete Wiederabdrucke einiger seiner Texte sowohl über das Judentum als auch über ländliche Gemeinschaftssiedlungen.

Neben ihrer Inspiration für Organisationen wie Hapoel Hatzair, die eher ein Teil der Gegenkultur war, die sich in den Jahren unmittelbar nach dem Ersten Weltkrieg wie eine Welle über den Kontinent verbreitete, übten Landauers Ideen einen nahezu programmatischen Einfluss auf viele der Jugendgruppen aus, die aus der ideologischen Krise Europas in den Nachkriegsjahren entstanden. So umfasste etwa der linke Flügel der neo-romantischen Jugendbewegung *Wandervogel* in jener Zeit eine bedeutende Zahl jüdischer, zionistischer und sozialistischer Gruppen, deren Mitglieder sich mit Landauers neo-romantischem Gemeinschafts-Anarchismus identifizierten. Eine Reihe der Gruppen aus dem Milieu des Wandervogel sowie der deutschen Jugendbewegung sollte dann beim Aufbau der Kibbuzim in den Zwanziger- und Dreißigerjahren eine Rolle spielen.

Der frühen Gruppen mit den Namen Blau-Weiß, des Jung-Jüdischen Wanderbundes (JJWB), der Brith Olim, der Werkleute sowie der Habonim trugen alle zum Aufbau der Kibbuzim in der Zwischenkriegszeit bei. Gruppen aus Polen waren ebenfalls ein bedeutsamer Faktor, von dort kamen etwa die *Gordonia youth movement* und – wahrscheinlich als wichtigste von allen – natürlich Hashomer Hatzair.

Hashomer Hatzair (Der junge Wächter)

Alle Gruppen, die soeben genannt wurden, waren in der einen oder anderen Weise von Landauer beeinflusst, aber in der Organisation Hashomer Hatzair wurde dieser Einfluss als besonders stark empfunden.[16] Mitglieder dieser Gruppe – sie waren auch als *Shomrim* bekannt [ein anderes hebräisches Wort für „Wächter"; d.Ü.] – sollten bald beim Aufbau der Kibbuzim in der ersten Reihe stehen. Sie gründeten vor allem eine Föderation, die *Kibbutz-Artzi-Föderation* [Artzi: Hebr. Nachname mit Bedeutung: „Mein Land"; d.Ü.], die schließlich zu einem ideologischen Rückgrat der ganzen Kibbuzbewegung werden sollte. Am Ende des 20. Jahrhunderts zählte die Artzi-Föderation insgesamt 85 Kibbuzim und umfasste rund 20.000 ständige Mitglieder – bei einer Gesamtbevölkerungszahl von ungefähr 35.000 dort lebenden Menschen. Dies bedeutet einen Anteil von rund 32 Prozent der gesamten zeitgenössischen Kibbuzbewegung.

Hashomer Hatzair entstand in der polnischen Provinz Galizien im Jahre 1913, und zwar aus einem Zusammenschluss zweier schon bestehender Gruppen: Hashomer (Die Wächter), einer zionistischen Pfadfinder-Organisation, sowie der Mehrheitsfraktion eines ideologischen Studienzirkels, *Ze'irei Zion* (Die Jugend Zions).[17] Ursprünglich bezog diese Gruppe ihre Anregungen von Baden Powell, Gustav Wyneken und den Philosophen Nietzsche, Buber, A.D. Gordon und dem Wandervogel. Es gab dabei enge Verbindungen mit der deutschen Jugendbewegung. Vom ersten Tag an drückte sich diese Organisation in derselben Art quasi-religiöser, ethisch-idealistischer Sprache aus wie Landauer und war von dessen Ideen vor allem bei Fragen des Aufbaus der Kibbuzim tief beeinflusst.

In einem späteren Interview meinte der Kibbuz-Veteran und das frühere Habonim-Mitglied Chaim Seeligman, dass von allen während der dritten Alija in Palästina ankommenden Gruppen Hashomer Hatzair diejenige war, die Landauer am sorgfältigsten gelesen hatte. Gershom Scholem wiederum erzählt in seinen Memoiren *Von Berlin nach Jerusalem. Jugenderinnerungen*:

> Gustav Landauers Buch *Aufruf zum Sozialismus* hinterließ nicht nur bei mir einen tiefen Eindruck, sondern ebenfalls bei nicht wenigen Zionisten. (...) Die sozialen und moralischen Auffassungen von Anarchisten wie Tolstoj und Landauer hatten eine unschätzbare Bedeutung für den Aufbau eines neuen Lebens in Eretz Israel.[18]

Als die ersten Gruppen der Shomrim 1919 im Anschluss an die Balfour-Deklaration in Palästina ankamen, hatten sie bereits hochentwickelte Vorstellungen von der Richtung, die das Land im Bereich der sozialen, ökonomischen und politischen Sphäre einschlagen, sowie von der Rolle, welche die Kibbuzim im Rahmen dieser neuen Gesellschaft spielen sollten. Obwohl ihre revolutionären Bestrebungen schon teilweise von der Oktoberrevolution von 1917 und der Gründung der Sowjetunion beeinflusst waren, sollte es doch noch einige Jahre dauern, bis der Marxismus innerhalb der Organisation eine dominierende Rolle einnahm.

Für etwas länger als das erste Jahrzehnt des Bestehens der Organisation waren es noch der Anarchismus Landauers und Kropotkins, der die Basis der sozialen und politischen Ziele bildete. Manes Sperber war damals Mitglied von Hashomer Hatzair. Er erinnert sich daran, dass die Russische Revolution zunächst

> unser Interesse an Sozialrevolutionären überhaupt weckte, (...) und an der anarcho-kommunistischen Theorie von Kropotkin, dem revolutionären Prinzen. Daran waren wir damals weit mehr interessiert als am Marxismus.[19]

Was auch immer in den oberen Führungsetagen der Zionistischen Weltorganisation jener Zeit diskutiert worden sein mag: Die frühen Gruppen von Hashomer Hatzair gingen ganz sicher nicht nach Palästina, um dort den Grundstein für einen Staat zu legen – ob der nun jüdisch, sozialistisch oder sonst wie geprägt sein sollte. Im Gegenteil: Sie „träumten von einem Staat, der gar kein Staat war, sondern eher eine große Föderation von Kommunen."[20] 1940 drückte das Meir Yaari, ein früher führender Aktivist der Organisation, unverblümter aus, als er meinte, dass „Hashomer Hatzairs Weg zum Kibbuz anarchistisch" sei.[21] In den frühen Jahren der Bewegung, so Yaari,

> waren wir das, was gemeinhin anarchistisch genannt wird. Wir glaubten an die Erschaffung einer neuen Gesellschaft in Eretz Israel [Land Israel; d.Ü.]; wir lebten in einer Zeit großer Hoffnungen und Träume. (...) Wir glaubten an den Prototyp einer Zukunftsgesellschaft, in welcher das Leben des Individuums frei von Zwang, aber trotzdem autonom organisiert sein würde.[22]

Zentral bei diesem Modell einer Zukunftsgesellschaft war der Kibbuz. Die Shomrim waren gegenüber politischen Parteien, die in Kreisen der jüdischen Siedlungen in Palästina bereits existierten, offen feindlich eingestellt. Sperber erzählt seinerseits, dass Hashomer Hatzair „keine Macht im Staate ausüben, sondern eher den Staat und die Macht überflüssig machen wollte.“[23]

Die Shomrim interpretierten dabei ihre eigene Rolle fast messianisch. So schreibt der Historiker Avraham Yassour:

> Was sie bewegte, das war der tiefe Sinn für eine historische Mission, für die Rückkehr zu einem Heimatland, das nur darauf wartete, wieder kultiviert zu werden, und zu einer Kultur, die nur darauf wartete, sich wieder zu beleben. Gleichzeitig aber trugen sie die Vorstellung in sich, dass ihr wieder belebtes Heimatland eine Gesellschaft im Geiste der anarchistischen Ideale sein solle, die damals in Europa weit verbreitet waren.[24]

Betanya

Für manche wie Yaari begann dieser Weg in *Betanya Illit* (Stadt Betanya), einem von vielen kleinen Zeltlagern oder Camps in den Hügeln über dem See Genezareth, wo die neuen Immigrant*innen siedelten, als sie 1919 in Palästina ankamen. Die Mitglieder von Betanya sahen sich selbst als „prophetische Elite“[25], die in diesem Land ankamen, um dort den Grundstein für die Wiederbelebung des jüdischen Volkes zu legen. Yaari schrieb etwa in einem Brief an seine Genoss*innen im Jahre 1920, dass es das wichtigste Anliegen eines Shomrim in dieser Zeit sei, eine „anarchische Gemeinschaft“ im Lande aufzubauen.

„Unsere Gemeinschaften tolerieren keine Regierung“, so argumentierte Yaari etwa in einem Artikel, der in der Zeitung von Hapoel Hatzair im Januar 1921 veröffentlicht wurde, „sie bilden vielmehr ein anarchisches Netzwerk ihrer freien Zusammenarbeit.“ Und Yassour meint dazu:

> Der Kibbuz sollte eine integrale Einheit sein, in der die Verbindung vom Individuum zur Gruppe nicht rein ökonomisch geprägt war. Das wichtigste Ziel (...) war die Entstehung eines Netzwerks autonomer Gruppen, die durch ökonomische, erzieherische und soziale Beziehungen verbunden sein sollten. Im Zentrum dieses Konzepts stand der menschliche und immanente Wert einer oder eines jeden Beteiligten.[27]

Das Shomrim-Camp bei Betanya sollte legendär werden – nicht nur innerhalb der Kibbuzim von Hashomer Hatzair, sondern innerhalb der gesamten Bewegung, vor allem auch deshalb, weil die Tagebucheinträge der Mitglieder gesammelt und in der Publikation *Kehillatenu* (Unsere Gemeinschaft) veröffentlicht sowie in Palästina noch während der dritten Alija vertrieben wurden. *Kehillatenu* sollte großen Einfluss auf die künftige Entwicklung der Kibbuz-Bewegung ausüben. Die Gedanken, die dort niedergeschrieben wurden, zeigen sehr deutlich, dass Landauers Befürwortung „nicht eines Staates, sondern einer Gesellschaft, das heißt eines Bundes, der nicht das Ergebnis von Zwang ist, sondern aus dem Geist von freien, selbstbestimmten Individuen entsteht“[27], im Gedächtnis der Mitglieder von Betanya noch ganz frisch und präsent war.

Viele Leute aus der Betanya-Gruppe hatten noch die unterschiedlichen Revolutionen in Europa und deren Scheitern erlebt. Gleichzeitig hatten sie mit Interesse die Fortschritte der zweiten Alija und der landwirtschaftlichen Kvutzot wahrgenommen. Darum teilten sie offensichtlich den Optimismus von Landauer und Buber zur Kommune als Prototyp für die gemeinschaftliche, post-kapitalistische Ordnung.[28] Erst als sie in Palästina waren, glaubten diese jungen Idealist*innen in Betanya, dass ihre Revolution bald kommen werde.

> Sind denn nicht die Kvutzot die eigentlichen Rahmenbedingungen, innerhalb derer sich die Revolution verwirklichen wird? Die Kvutzot sind wie die Gruben um einen Baum herum, in denen im Sturm das Regenwasser aufgefangen wird, wodurch dann auf diskrete Weise, Tropfen für Tropfen, der Prozess der Erneuerung Wirklichkeit wird. (...) Die Tausenden von Individuen, die aus den Wolken des Weltensturmes hier hinieden kommen, werden zu ihren Lebzeiten die Revolution verwirklichen. Die alten Lebensformen werden zur Glut geschmolzen, und aus diesem Feuer wird die neue Gesellschaftsformation erstehen.[29]

Für die Mitglieder von Betanya lagen die Grundlagen für diese „neue Gesellschaftsformation“ – wie bei Landauer – in den geistigen Dimensionen der Gemeinschaft. Buber bezog sich ja direkt auf Landauer, als er sagte: „Das Wichtigste ist nicht eine Veränderung der Ordnung und der Institutionen, sondern eine Revolution im Leben der Menschheit und im Verhalten des Menschen zu seinem Mitmenschen.“ Und dieser Glaube war die zentrale Säule des Kibbuz von Betanya. In vielerlei Hinsicht war dies der Kern von Landauers Aufruf an diese Pionier-

Generation. Für sie gründete – wie für Landauer – die Schaffung einer neuen Gesellschaft in der Schaffung eines neuen Menschen.

Die Gespräche, die in diesem Camp stattfanden, waren ausufernde philosophische Diskussionen über den Kosmos und über die Metaphysik. Anstatt formale Treffen im Speisesaal zu veranstalten, die ausschließlich praktische Angelegenheiten betrafen, nahmen die Versammlungen in Betanya die Form geistig lebendiger Diskussionen rund um Lagerfeuer an. Und in diesen Diskussionen versuchten die Mitglieder das niederzureißen, was sie als internalisierte falsche Werte betrachteten, die sie durch ihre Erziehung in der bürgerlich-kapitalistischen Gesellschaft aufgesogen hatten. So schreib ein Betanya-Mitglied:

> Jedes Individuum innerhalb unseres Zirkels, das seinen Kopf mit allerlei spirituellen Werten voll hatte, widersetzte sich und kritisierte nunmehr diese Werte (...) als Illusionen, die keine Verankerung in einer wesensgemäßen Persönlichkeit hatten. Es gab nur einen wirklichen Wert, der dem Individuum und seinem Kosmos in der Gesellschaft Gewicht und wahren Gehalt verlieh. Die Liebe war es, die den Geist bis in seine Fundamente umwälzen konnte. Wir wurden dann gewahr, dass keine Idee je verwirklicht werden kann, bevor es nicht diesen positiven Augenblick gab, in dem die Vergangenheit negiert wird und die gesamte Persönlichkeit, nicht nur ein Teil von ihr, erneuert wird.[30]

Nach dem Eintrag eines weiteren Mitglieds der Siedlung „hatte sich die Idee der Erneuerung bei uns seit dem ersten Tag unserer Ankunft herauskristallisiert“.[31] Die Betanya-Mitglieder vertrauten ihren Tagebüchern etwa auch an, dass sie „eine direkte Beziehung zwischen den Leuten als erste Bedingung für den Aufbau einer Gemeinschaft“ betrachteten:

> Wenn man eine/n unserer Genossen oder Genossinnen verstehen – und ihm/ihr vergeben will –, dann muss man die Person kennen. Das ist ein psychologischer Leitsatz, der nicht einfach aus der menschlichen Seele getilgt werden kann. Wenn das soziale Zusammenleben schön, tiefgründig und rein sein soll, damit die neue Gesellschaft geschaffen werden kann, dann ist es nötig, dass die Leute ihren Alltag verstehen, ihre kleinen, belanglosen Handlungen und ihre eigene primitive Natur. Die Gesellschaft, die ein vollständiges, ausgefülltes Leben führt, kann diese Bedingungen täglicher Existenz nicht einfach ignorieren (...), selbst wenn sie das wün-

> schen sollte. Zuerst musst du verstehen, erst dann kannst du deinen Brüdern und Schwestern glauben, vergeben und lieben. In dieser Ausrichtung haben wir unseren neuen Weg gefunden! Wir schufen sie aus den Tiefen unserer Seelen. Jeder und jede eröffnete ihr wahres Selbst den Anderen, auch wenn etwas davon hässlich oder böse war. Auf diese Art gewannen wir die Herzen und das Verständnis unserer anderen Mitglieder.[32]

Die Wichtigkeit dieser Phase der „geistigen" Erneuerung in der anarchistischen Vision der frühen Shomrim erschließt sich möglicherweise erst dann, wenn man sie durch das Spektrum des Landauerschen Anarchismus betrachtet. Bisher bestehende Barrieren zwischen den Personen wurden niedergerissen, eine geistige Verbindung unter den Individuen wurde gefördert. Sie bildeten die Grundlage, auf der die Kibbuzim errichtet werden sollten. Yaari sollte das Camp in Betanya später als „den Urquell des kollektiven Lebens in unserer Bewegung"[33] bezeichnen. Er betonte dabei, dass „Betanya den geistigen Gehalt aussrahlte, der die Kibbuzim formte."[34] Aus dem kleinen Kern von Anarchist*innen in Betanya, die in Palästina mit den Träumen der Selbstverwirklichung und der geistigen Revolution ankamen, sollte sich innerhalb des nächsten halben Jahrhunderts ein Netzwerk von mehr als achtzig Kibbuzim entwickeln.

Der erste Kibbuz aus Kreisen der Kehillatenu-Gruppe innerhalb der Hashomer Hatzair wurde im Jahre 1922 in Beit Alpha aufgebaut. Im Laufe dieses Jahrzehnts sollte die Organisation noch weitere vier Siedlungen errichten: Mishmar Ha'Emeq, Merhavia, Gan Shmuel und Ein Shemer. Im April 1927 vereinigte der *Council of Hashomer Hatzair collectives* (Rat der Hashomer Hatzair-Kollektive) die von Kehillatenu aufgebauten Siedlungen in eine landesweite föderative Struktur, die *Kibbutz Artzi Hashomer Hatzair Federation* (Nationale Kibbuz-Föderation der jungen Wächter) und schrieb einige Prinzipien nieder, die das Verhältnis der Kibbuzim zur Föderation regelten. Die Gemeinschaftsform wurde auf diesem Treffen von 1927 in einem *Program of the National Kibbutz Movement* kodifiziert und beschrieben als eine integrale Gemeinschaft, die sowohl die ökonomischen, sozialen sowie kulturellen Bereiche des Lebens umfasst. In dieser Gemeinschaft wurde der „wegbereitende Kern der neuen Gesellschaft" gesehen:

> Jeder Kibbuz innerhalb der Kibbuz Artzi-Föderation ist eine organische Einheit. (...) Er ist eine autonome Lebensform, die sowohl ein Vorbild für die (...) zukünftige Gesellschaft darstellt als auch ein unabhängiges poli-

tisches und ideologisches Kollektiv. Die Natur des Kibbuz ergibt sich aus seinem ureigenen sozialen Leben, das darauf abzielt, das Individuum in die Gemeinschaft zum Zwecke lebenswichtiger Gemeinschaftsaufgaben zu integrieren. Er schafft die Bedingungen für eine sich frei entfaltende und entwickelnde Persönlichkeit. Er schafft außerdem eine neue soziale Moral und versucht, befreiende Lösungen für die Probleme der Familie, der Frauen und der Kindererziehung zu finden.[35]

In jedem Artzi-Kibbuz wurde auf den engen sozialen Zusammenhalt und einen „ideellen Kollektivismus" großer Wert gelegt. Henry Near meint, dass dieser ideelle Kollektivismus angesehen wurde als:

„(...) Rahmen für dauerhafte ideell beeinflusste Aktionen und Diskussionen. Er war eine ständige Suche nach einem Konsens; es bestand ein Widerwille, Entscheidungen zu treffen, gegen die es eine bedeutsame Minderheit gab. Und es gab eine Bereitschaft für die Lösung von Konflikten und für Kompromisse zum Wohle der Einheit der Bewegung – doch all das geschah vor dem Hintergrund einer gemeinsamen Unterstützung für die allgemeine Richtung der Bewegung, wenn dann eine Entscheidung einmal gefällt war.[36]

Nach Angaben eines Kibbuz-Insiders „erschien es ganz natürlich, gemeinsame ideelle Überzeugungen zu haben, weil unser Leben in jeder Hinsicht kollektiv war. Das stärkte unseren sozialen, wirtschaftlichen und kulturellen Zusammenhalt."[37] Die ganzen Zwanzigerjahre hindurch zog sich diese Betonung eines engen Zusammenhalts in allen Bereichen des Kibbuz-Lebens durch die Aktivitäten der Hashomer Hatzair. Das bedeutete: direktes individuelles Engagement auf den sozialen, ökonomischen, kulturellen und politischen Ebenen einerseits, und die Stärkung des Austauschs zwischen den Kibbuzim, gegenseitige Hilfe und die Entwicklung gemeinschaftlicher Unternehmen andererseits. All dies wurde als grundlegender Imperativ der Hashomer Hatzair-Gemeinschaften wahrgenommen.

Besonderes Augenmerk lag auf dem Egalitarismus und auf dem Glauben an die Organisation als revolutionäre Vereinigung, auf der Wichtigkeit der aktiven Teilnahme der Kibbuz-Mitglieder in Fragen, die die internen sozialen Probleme sowie die generelle soziale, ökonomische und politische Ausrichtung der Kibbuzim betrafen und auch auf einer direktdemokratischen Basis. Die anarchistische Idee einer Nachbarschafts-Gemeinschaft – einer Gruppe von Nachbarschafts-

Siedlungen, die sich zum Zwecke der Gleichheit und der Kooperation gegenseitig unterstützt – sollte auch weiterhin das durchdringende Motiv der Lebensgestaltung in den Hashomer Hatzair-Siedlungen sowie in der gesamten Kibbuz-Bewegung sein.

Im Wesentlichen eine Jugendbewegung, blieb die Organisation auch in der Diaspora aktiv und hatte Ende der Zwanzigerjahre neben ihren vier Kibbuzim in Palästina rund 38.000 Mitglieder in Europa. Die Gründung der Artzi-Föderation 1927 führte zur Ausdehnung der Organisation in weitere Länder, etwa Ungarn, Frankreich und die USA. Um 1939 zählte diese Organisation weltweit 70.000 Mitglieder. Die Jugendbewegung in der Diaspora diente auch weiterhin als ein Reservoir, aus dem die Artzi-Kibbuz-Föderation ständigen Zufluss erhielt. Auch erzieherische Ideen spielten weiterhin eine Schlüsselrolle in der Hashomer Hatzair und den Gruppen der Artzi-Föderation. In diesem Zusammenhang ist es wichtig zu erwähnen, dass das Studium der Schriften von Landauer und Kropotkin zum Lehrplan gehörte.

Was die nationalen Ambitionen der Artzi-Gruppen anbetraf, sahen sie die Kibbuzim auf dem Wege,

> die historischen und konstruktiven Ziele der jüdischen Arbeiterklasse [zu verwirklichen], indem wirtschaftliche Unternehmen auf dem Lande und in den Städten gegründet werden und deren Aktivität sich so weit wie möglich auf alle Produktionsbereiche ausdehnt und somit die Arbeiterklasse für die ökonomische Selbstverwaltung vorbereitet. (...) Die konstruktiven Aktivitäten der Arbeiterklasse sollten gleichwohl nicht als Hauptstrategie zur Lösung des Klassenantagonismus betrachtet werden. Die Organisierung der Produktion und der Ökonomie als Ganzer auf der Basis der Prinzipien der Gleichheit und der Gerechtigkeit durch die Arbeiterklasse kann nur erreicht werden durch die Abschaffung des bestehenden Regimes durch die soziale Revolution.[38]

Richtungswechsel hin zum Marxismus

Auf der Konferenz der Hashomer Hatzair im Kibbuz Beit Alpha im Jahre 1924 – drei Jahre vor Gründung der Artzi-Föderation – argumentierte Yaari, dass Landauers und Kropotkins Ideen für die weitere Entwicklung der Kibbuz-Bewegung „nicht mehr angemessen“ seien. Er sprach sich gegen den Vorschlag aus, die anvisierte Föderation der Siedlungen der Hashomer Hatzair „gemeinschaftlichen Anarchismus“ zu nennen und befürwortete stattdessen marxistische Ideen.[39]

Die Tatsache, dass überhaupt ein solcher Vorschlag gemacht worden war, sagt an sich schon viel aus, aber diese Konferenz galt als Wendepunkt, an dem „ein Übergang vom Geist des Anarchismus zur Institutionalisierung der Bewegung“ stattfand.[40] Fest steht, dass die Rhetorik von Hashomer Hatzair in diesem Zeitraum einen marxistischen Anstrich bekam. Der eben zitierten Passagen vor dem Treffen im Jahre 1927 verweist bereits auf das aufkommende Konzept des „Klassenantagonismus“, mit welchem sich vor allem Landauer zweifelsohne unwohl gefühlt hätte.

Doch auch nach der Annahme einer in gewissem Sinne „marxistischen“ Einstellung studierten die Mitglieder noch immer intensiv die Werke von Landauer und Kropotkin – und sie besuchten immer wieder Vorträge von Landauers Freund und Nachlassverwalter Martin Buber. Gespräche mit früheren Mitgliedern von Hashomer Hatzair und ihren Zeitgenoss*innen in anderen Jugendbewegungen, die in der Kibbuzbewegung aktiv waren, legen nahe, dass zwar die oberflächliche Rhetorik marxistisch wurde, die anarchistischen Ideen von Landauer und Kropotkin jedoch immer noch die Grundlage ihres Denkens für einige Folgejahre bilden sollten.[41]

Jedenfalls schloss sich Hashomer Hatzair zunächst keiner der bestehenden politischen Parteien an, die einen sozialistischen Zionismus vertraten. Erst Mitte der Dreißigerjahre schloss sich die Organisation offiziell mit einer linksradikalen, sozialistisch-internationalistischen Partei zusammen, dem *International Revolutionary Marxist Centre* – eine Partei, die sich gegen die eher der politischen Mitte angehörigen Parteien der Arbeiterbewegung und der *Sozialistischen Internationale* wandte. Ab 1936 fand die Organisation dann einen urban verankerten politischen Bündnispartner in der *Socialist League of Palestine* – und, nach einem weiteren, sich länger hinziehenden Diskussionsprozess wurde die Hashomer Hatzair-Partei im Jahre 1946 offiziell gegründet. Hinzu kam bei dieser Entwicklung, dass zwar Hashomer Hatzair bereits Mitte der Zwanzigerjahre eine Rhetorik mit marxistischem Anstrich annahm, andere Gruppen innerhalb der in der dritten Alija gegründeten Kibbuzim jedoch weiterhin die sozialistischen Theorien des Marxismus zurückwiesen. Viele Kibbuzniks argumentierten in dieser Phase, dass die klassenbasierten Konzepte des Sozialismus, die anfingen, den Charakter von Hashomer Hatzair zu prägen, nicht für den realen Kontext der Erneuerung des jüdischen Volkes geeignet waren. Stattdessen fanden sie dies sehr wohl bei den anarchistischen Denkweisen.

Arlosoroff und Hapoel Hatzair

Eine der wichtigsten Organisationen dieser Zeit, für die eine solche fortgesetzte Befürwortung anarchistischer Ideen sicherlich zutrifft, war die *Hapoel Hatzair-Arbeiterpartei*. Hapoel Hatzair war in Palästina seit 1905 aktiv und stellte – damals gemäß der Lehren von A.D. Gordon – während der frühen Jahre der Besiedelung eine libertäre Alternative zu der eher orthodoxen und marxistischen *Poale Zion* (Arbeiter Zions) dar. Bedeutende Teile innerhalb von Hapoel Hatzair behielten diese anti-marxistische Einstellung auch noch nach der offiziellen Wende von Hashomer Hatzair hin zum Marxismus bei. Als Organisation blieb sie damit im Allgemeinen die gesamten Zwanzigerjahre hindurch viel näher an den Anschauungen von A.D. Gordon, Landauer und dem russischen Populismus. Auch Kropotkins Einfluss blieb beträchtlich. Wie schon angesprochen erschien dessen Artikel „Anarchistischer Kommunismus" 1920 in der Anthologie von Hapoel Hatzair, *Maabarot 3*. Der Artikel wurde dabei durch einen biografischen Artikel über Kropotkin ergänzt, den einer der wichtigsten Theoretiker der Organisation, Chaim Arlosoroff (1899-1933), verfasst hatte.

Arlosoroff war ein veritabler Schüler Kropotkins und hatte noch zu dessen Lebzeiten Wirtschaftswissenschaften in Berlin studiert. Bevor er nach Palästina ging, hatte er Martin Buber kennengelernt, der in jener Zeit bereits in den jüdischen Zirkeln Berlins aktiv war. Durch Buber wurde Arlosoroff mit den Schriften von A.D. Gordon und Landauer bekannt gemacht.

Als er auf die Berliner Universität ging, war Arlosoroff bereits einer der prägenden Persönlichkeiten von Hapoel Hatzair in Deutschland. Er war Herausgeber der Zeitschrift dieser Bewegung, *Die Arbeit*, und veröffentlichte seine ersten politischen Artikel, Essays sowie Auszüge aus Schriften von Proudhon und Kropotkin. Das Sozialprogramm, mit dem er Hapoel Hatzair vertraut machte, war eng an die Ideen dieser Denker angelehnt – eine humanistische, kommunitäre Spielart des Anarchismus, gegründet auf „eine Rückkehr zur Natur und zur Landwirtschaft als einzige Alternative zur Gewalt des modernen, industriellen und bürokratischen Lebens."[42]

Arlosoroffs Text über Kropotkin wurde oft als einer der besten Artikel bezeichnet, der je über den russischen Prinzen innerhalb der internationalen sozialistischen Bewegung geschrieben wurde. Der Artikel lässt auch wenig Zweifel darüber aufkommen, dass die Sympathien des Autors bei Kropotkin liegen. Kropotkins Einfluss war schon in Arlosoroffs erstem grundlegenden Werk deutlich zu spüren, dem Buch *Der jüdische Volkssozialismus*, das 1919 veröffentlicht wurde. Der voluntaristische, nicht-staatliche Sozialismus, den Arlosoroff für die jüdischen Siedlungen in Palästina propagierte, kann auch interpretiert werden als Mischung von anarchistischen und sozialdemokratischen Ideen. Er weist klare Parallelen zu Kropotkin auf und trägt alle Kennzeichen von Landauers Einfluss. Die Historikerin Link-Salinger meinte dazu:

> Das Buch *Der jüdische Volkssozialismus* ist voll von mit Landauerschen Thematiken wie der Rückkehr zur Natur, dem Land als Quelle aller Kreativität, der Bedeutung von Produktions- und Konsumgenossenschaften, der Bedeutung der ‚Gemeinschaftsgesinnung' gegenüber dem Klassenhass oder der Klassenherrschaft, der Schwerpunktlegung auf die geistige und kulturelle Kreativität der jüdischen Massen in Palästina, der Wertschätzung eines inneren Sinnes des Sozialismus, der die Arbeit aller in die Arbeit für alle transformiert – und zwar so sehr, dass man über den gemeinsamen Kern ihres Denkens nur staunen kann.[43]

Arlosoroffs Glaube an die Möglichkeit einer sozialen Renaissance moderner Kultur durch die Zurück-aufs-Land- sowie die Zurück-zur-Natur-Bewegung verband ihn zweifellos mit ähnlichen Bestrebungen im Denken von A.D. Gordon und Landauer. Auch sein konkreter Plan für die jüdische Besiedelung Palästinas bezeugt den Einfluss dieser Denker. In seinen eigenen Worten sollte der Sozialismus „ein Sozialismus der Freiheit, ein anti-etatistischer Sozialismus, ein anarchistischer Sozialismus sein – oder aber die sozialistische Idee wird niemals erfolgreich sein."[44]

Arlosoroff selbst wurde nie Mitglied eines Kibbuz, stand der Kibbuzbewegung aber nahe und der Kibbuz war zentraler Bestandteil seines „anarchistischen Sozialismus". Er sah den Kibbuz in einer Schlüsselrolle für den Aufbau einer neuen Gesellschaft. Während der ersten britischen Mandats-Periode in Palästina, also zwischen den Kriegen, entwarf er die Vision einer „Nation als große Föderation freier, kommunistischer Assoziationen".[45] Dabei sollten Siedlungen wie die Kibbuzim als grundlegende soziale Einheit fungieren. Die Zukunftsvision von Arlosoroff sah des Weiteren vor:

> Eine Kommune wird sich frei mit einer anderen verbinden – oder einer Gruppe von Kommunen (...), wenn sie es für die eigene Existenz als notwendig erachtet. In einer solchen freien Liga von Kommunen werden die Kommunen ihre gemeinsamen Wirtschaftsbeziehungen durch Kooperation regulieren. Aus dieser Entwicklung wird eine harmonische, assoziative Zukunftsgesellschaft hervorgehen.[46]

Arlosoroffs Vision der Kibbuzim im Kontext des sozialistischen Zionismus betrachtete die Siedlungen „innerhalb eines weitergehenden Rahmens einer kommunitären, voluntaristischen Gesellschaft, in der die Staatsgewalt durch die freie Assoziation menschlicher Gruppen ersetzt wird."[47]

> Das ist die neue und freie Gesellschaft universellen Wohlstands; eine Gesellschaft ohne Regierung, eine Gesellschaft des kommunistischen Anarchismus. (...) [Diese] Gesellschaft gründet nicht auf Macht, auch nicht auf der Diktatur einer Minderheit über die Mehrheit, und sie ist auch keine Gesellschaft, die auf externe Notwendigkeiten reagiert. Sie konstituiert sich weder als Rechtsanspruch auf Eigentum noch durch den Schlagstock des Polizisten, weder durch militärische Befehlsstrukturen noch durch Regierungsvorschriften. Die Basis der Gesellschaft ist auf den freien Willen gegründet, auf die Assoziierung ohne Regierung, auf den *élan vital*, den die anarchistische Terminologie auch als *libre entente* bezeichnet.[48]

Arlosoroffs eigene Konzeption für die Kibbuzbewegung war also tief in der Kropotkinschen Vorstellung freier Assoziationen und des Voluntarismus verwurzelt. Seit seinen Studententagen und erst recht nach seiner Ankunft in Palästina wies Arlosoroff marxistische, auf dem Klassenkampf basierende Vorstellungen des Sozialismus konsequent zurück. Er verbrachte die meiste Zeit in den Zwanzigerjahren damit, die jüdische Arbeiterbewegung von derartigen Ideen abzubringen, die bereits begannen, sich in den sozialistisch-zionistischen Diskurs einzuschleichen.

In einer Rede auf einer Hapoel Hatzair-Konferenz in Palästina im Jahre 1926 versuchte Arlosoroff seiner Ansicht Nachdruck zu verleihen, dass der Klassenkampf für die Situation der jüdischen Bevölkerung Palästinas einfach keine Relevanz habe. Als „Staat" gelte in Palästina die britische Mandatsbehörde, so argumentierte er. Und dessen politischer Charakter reflektiere die Klassenverhältnisse der britischen Gesellschaft und nicht die lokalen Klassenverhältnisse und –zusammensetzungen. In einer bi-nationalen Gesellschaft würden bestehende horizontale Klassenwidersprüche durch vertikale nationale Widersprüche zwischen Juden/Jüdinnen und Araber*innen gebrochen und unterlaufen.[49] Noch wichtiger sei dabei die Feststellung, dass es sich hier nicht einmal um eine kapitalistische Gesellschaft handle, denn der *Jischuw* sei noch immer eine Gesellschaft im Aufbau und deren Ökonomie in einem Prozess der Selbstverwirklichung. Aufgrund „der Abwesenheit eines normalen Produktionszyklus oder der Aufteilung eines nationalen Einkommens innerhalb eines Zyklus"[50] sowie aufgrund „des fehlenden Klassenkampfes innerhalb der jüdischen Bevölkerung als Ganzer und unter den Juden im Lande Israel im Besonderen"[51] gebe es ganz einfach keinen Platz für marxistische Theorien eines Klassenkriegs.

> Das gesellschaftliche Ansehen des Arbeiters in unserer Kultur ist einzigartig: Die organisierte Arbeiterbewegung in Eretz Israel ist keine Bewegung „des Proletariats". Der Histadrut [wörtlich: Zusammenschluss; Allgemeine Arbeiter-Organisation in Israel, Gewerkschaft; d.Ü.] ist die Aristokratie. (...) Der organisierte Arbeiter bildet die hegemoniale Gruppe in der Gesellschaft: In der ersten repräsentativen Konstituierenden Versammlung waren 48 Prozent der Abgeordneten Arbeiter.[52]

Diese Rede trug den Titel „Class War in the Reality of the Land of Israel" und war laut Arlosoroffs Biograf Shlomo Avineri

> sowohl eine Polemik gegen die Versuche zionistischer Marxisten, die materialistischen Klassenkonzepte des Marxismus nach Eretz Israel zu übertragen als auch eine Bestrebung, eine Alternative zur rigiden, vom Klassensystem geprägten Vorstellung von Sozialismus zu präsentieren – was schon sein Artikel über Kropotkin beinhaltete.[53]

Arlosoroffs Analyse, dass die neue Gesellschaft in Palästina ungeeignet für die Anwendung marxistischer Theorien des Klassenkrieges war, blieb für Hapoel Hatzair im Großen und Ganzen noch lange Jahre gültig.

Viele meinen heute, dass all die anarchistischen Ideen, die in diesen frühen Jahren existierten, an diesem Punkt bereits zum Scheitern verurteilt waren; aber die Schriften von Arlosoroff waren im ganzen Jischuw einflussreich. Sie präsentierten den Anarchismus als Alternative zu den aufkommenden marxistischen Strömungen, die auf einer rigiden Klassenpolarisierung basierten und die viele als irrelevant für die Realität im Kontext Palästinas betrachteten. Arlosoroffs Stimme war zu dieser Zeit keineswegs eine Randerscheinung. Yacoov Oved zeichnet nach, wie Arlosoroffs Ideen „dem Geist dieser Zeit Ausdruck verliehen“[54], und Shlomo Avineri erhebt ihn sogar zu einem „veritablen Star – einem *Wunderkind* in seiner Bewegung.“

Und Avineri fährt in seiner Einschätzung fort:

> Arlosoroffs Schriften (...) machten ihn zu einem der bedeutsamsten Denker der modernen jüdischen nationalen Renaissance und ihrer sozialen Rekonstruktion, weil er Theorie und Praxis in einer Synthese verband, die ansonsten weder bei Theoretikern noch Praktikern verbreitet war. Womöglich waren Entsprechungen nur in den Entwicklungsjahren der Russischen Revolution zu finden gewesen.[55]

Im Jahr 1930 spielte Arlosoroff eine Rolle bei der Vereinigung der Organisationen Poale Zion und Hapoel Hatzair, die zur Gründung der *Mapai* [Arbeiterpartei; wörtl.: Partei der Arbeiter von Eretz Israel; d.Ü.] führte. In der Nachfolge war er Redakteur der Theorie-Zeitschrift dieser Partei, *Achdut ha'Avoda* (Arbeiter-Einheit). Arlosoroff wurde auf dem Zionismus-Kongress von 1931 ins Exekutivkomitee der Zionistischen Weltorganisation gewählt und später zum „Vorsitzenden der politischen Abteilung der *Jewish Agency* für Palästina“ ernannt – eine Position, die er noch innehielt, als er 1933 ermordet wurde.[56]

Gordonia

Es soll an dieser Stelle noch erwähnt werden, dass der Einfluss A.D. Gordons im Kvutzot ebenfalls noch weithin spürbar blieb. Obwohl Gordon als Person ideologisch nicht so recht einzuordnen war und sich gegen enge „ideologische Definitionen“ sperrte, entschied der Kongress der Kvutza-Mitglieder im Jahre 1923:

> Die grundlegenden Prinzipien der Lebensweise im Kvutza und deren Zweck, der in einer Veränderung der gesellschaftlichen Rahmenbedingun-

> gen liegt, können mittels der Umsetzung der Grundsätze der Gleichheit, gegenseitigen Hilfe und gegenseitiger Verantwortung durchgesetzt werden.[57]

Gordon starb im Jahre 1922, aber sein Einfluss blieb in der Bewegung präsent. Wie oben bereits ausgeführt, bezogen sich die frühen Gruppen der Hashomer Hatzair auf ihn. Er selbst bewunderte im Gegenzug ihren Enthusiasmus, ihre Ernsthaftigkeit und ihren Idealismus. In den Jahren 1923 und 1924 gründeten Anhänger*innen der Hapoel Hatzair in Galiläa die Gordonia youth movement und versuchten so, die Philosophie A.D. Gordons lebendig zu halten, die dieser in die frühen Kvutzot gebracht hatte.

Gordonia wollte durch diesen Namensbezug dem tolstojanischen Programm des „Zurück-aufs-Land-Anarchismus" Ausdruck verleihen und wurde durch ihre Ablehnung marxistischer Programme bekannt, die andere zeitgenössische Bewegungen gerade übernahmen. Abstrakte Sozialmodelle wurden verworfen und Gordonia unterschied sich im Weiteren von anderen Bewegungen durch ihre entschiedene Haltung, nichts mit parteipolitischen Aktivitäten zu tun haben zu wollen.

Wenn man das ansteigende Niveau der Feindschaft zwischen Juden/Jüdinnen und Araber*inne während der späten Zwanzigerjahre in Betracht zieht, ist es außerdem bezeichnend, dass Gordonia Gordons pazifistischen Weg weiter verfolgte. Diese Jugendbewegung verweigerte die Zusammenarbeit mit jeder Gruppe oder Bewegung, deren Perspektive auch nur annähernd einen Beigeschmack von Militarismus hatte. Gordonia verfolgte auch weiterhin Gordons Schwerpunktsetzung auf landwirtschaftliche Gemeinschaften und verband sich lediglich mit den kleineren Kvutza-Siedlungen, die von der *Degania*-Siedlung beeinflusst waren. Aus diesen Verbindungen ging 1925 dann eine Vereinigung in Form der ersten zusammenhängenden Föderation hervor, der *Hever HaKvutzot* [wörtl. Gruppe oder Gruppierung der Kvutzot; also: Föderation der Kvutzot; d.Ü.].

Gedud HaAvoda (Arbeits- und Verteidigungsbrigade Josef Trumpeldor)

Bis hierher haben wir gesehen, dass die anarchistischen Ideen und Denkweisen ein gemeinsamer Hintergrund waren für zwei der drei relativ früh entstandenen Kibbuzim-Föderationen: Hever HaKvutzot und die Artzi-Kibbuzim. Die dritte bedeutende politische Kraft in der Formierungsphase der Kibbuzim dieser Zeit war Gedud HaAvoda – eine Organisation, die sich nach den Ideen Josef Trumpeldors (1880-1920) ausrichtete, der sich selbst als „Anarcho-Kommunist" bezeichnete.

Wie bereits in Kapitel I ausgeführt, hatte Trumpeldor schon 1904 einen Plan für die Schaffung anarchistischer Kommunen in Palästina entworfen. Die sich auf ihn beziehende Pioniergruppe kam in Palästina im Jahr 1913 an. In den frühen Zwanzigerjahren entwickelte sich die Gedud HaAvoda zu einer der wichtigsten Organisationen in der Besiedlung des Landes und wurde später zur dritten Strömung der Kibbuzim, den *Kibbuzim HaMeuhad* (Vereinigte Kibbuzim), der in den Jahren vor der Staatsgründung Israels größten Strömung der Kibbuzbewegung. Neben Trumpeldor, der schon im März 1920 in Tel Hai getötet wurde [er wurde als Kommandeur jüdischer Verteidigungsgruppen, die in Kämpfen islamisch-arabischer Aufständischer gegen französische Mandatstruppen neutral bleiben wollten, getötet; d.Ü.], war derjenige, der am meisten engagiert war, die Ideen Kropotkins innerhalb dieser Gruppierung zu verbreiten, Yitzhak Tabenkin (1888-1971), der „geistige Anführer"[58] von HaMeuhad.

Es ist ein Kennzeichen für die Komplexität der politischen Haltung Trumpeldors oder vielleicht nur der selektiven Erinnerung des israelischen Establishments geschuldet, dass Trumpeldor bis heute als Held der israelischen Rechten gilt, weit mehr jedenfalls als der israelischen Linken. In vielerlei Hinsicht war Tabenkin keine weniger komplexe Persönlichkeit. Obwohl er mehrfach versicherte, er sei kein Anarchist per se, stand Tabenkin doch anarchistisch-kommunistischen Ideen nahe und bewunderte explizit den Beitrag des Anarchismus für das sozialistische Denken allgemein. Er schrieb:

> Ich sympathisiere mit dem Anarchismus. Mir ist bewusst, was im Anarchismus revolutionär ist und was ethisch.[59]

Während Tabenkin also die Gefahren einer politischen Regierung kannte, so glaubte er doch, dass die Arbeiterbewegung die staatlichen Institutionen nutzen könnte, um ihre Ziele zu erreichen. Nach Angaben von Yaccov Oved zweifelte Tabenkin daran, dass der Staat nur eine historische Stufe sei, die „übersprungen oder in einmaliger Aktion negiert"[60] werden könnte (oder sollte). Trotzdem hat Tabenkin sehr wohl gesehen, dass die spezifischen Bedingungen in Palästna der jüdischen Arbeiterbewegung eine Möglichkeit boten, dort eine Gesellschaft aufzubauen, ohne dass diese notwendig eine Regierung haben müsste. Und er betonte, dass diese Möglichkeit nicht ignoriert werden sollte. Tabenkin waren die anarchistischen Ideen im Kontext der Siedlungsprojekte in Palästina wichtig und er argumentierte, dass die Pionier*innen der Kibbuzim „sich mit den wichtigsten Inhalten des anarchistischen Denkens vertraut machen müssen", denn dabei gehe es um „soziale Moralvorstellungen und eine kritische Analyse von Bürokratie und politischer Regierung."[61]

Gedud HaAvoda stützte sich auf Trumpeldors Vorstellung einer gesamtgemeinschaftlichen Arbeitskraft, die es ermöglichen sollte, Arbeitskräfte relativ schnell dahin zu bewegen, wo es wirtschaftlich notwendig ist. Organisatorisch bedeutete das, kleine Einheiten von Arbeitskräften zu bilden, die nach Bedarf innerhalb des Jishuw überall hin geschickt werden konnten – frei nach dem Motto: „Eisen kann umgegossen werden in jede Form, die gerade benötigt wird."[62] Letztlich war das Ziel, eine „allgemeine Gemeinschaft der Arbeiter" zu schaffen, eine landesweite, ständig expandierende Gemeinschaft mit einer gemeinsamen Kasse, um den Bedürfnissen aller Mitglieder gerecht zu werden, – anstelle einer föderalistischen Verbindung kleinerer, intimerer Siedlungen wie bei den frühen Kvutzot und den Gemeinschaften der Hashomer Hatzair.

Trotz der ständigen Streitereien über Struktur, Denkrichtungen und dergleichen, wurde die Zielvorstellung einer kommunitären, egalitären Gesellschaft zum Konsens ihres äußerst ernsthaften Engagements. Als die Zeit fortschritt, nahmen die grundlegenden Ziele und der allgemeine Rahmen der Gedud HaAvoda Form an. Sie wurden im Haupt-Camp der Brigade in Migdal institutionalisiert.

Das *Migdal-Camp* diente als „lebendiger Beweis für andere Siedler*innen, dass eine große Anzahl von Menschen tatsächlich in einer gemeinschaftlichen Gesellschaft mit gemeinsamer Kasse existieren konnte."[63] Was die Arbeitseinsätze anbetraf, so teilte sich die Organisation, das heißt die ihr angeschlossen Gruppen, in diverse Arbeitsbereiche auf. Innerhalb eines Jahres nach Gründung waren Einheiten von Arbeitskräften entstanden, die auf gemeinschaftlich verwalteten Bauprojekten im ganzen Land eingesetzt wurden, die Straßen und Eisenbahnen bauten, eine Infrastruktur schufen und Sümpfe trocken legten. Sie lebten dabei in Zeltlagern und teilten alles auf gemeinschaftlicher Grundlage unter sich auf. Obwohl die Gedud HaAvoda bereits den Anfang einer anderen Tradition als der kleinen Kvutzas repräsentierte, hatten beide Kibbuz-Modelle gemeinsame Grundwerte und Ideale.

Im Gegensatz sowohl zur Hever HaKvutzot und zur Hashomer Hatzair wandten sich die Gedud HaAvoda gegen jeden selektiven Ansatz bei der Aufnahme neuer Mitglieder. Ihr oberstes Ziel bestand in der Transformation des gesamten Jischuw in einen einzigen, großen Kibbuz, dessen einzige Größenbeschränkung nur die der Wirtschaftlichkeit sein sollte. Der Brigade Gedud HaAvoda waren persönliche Eignung und die ideologische Solidarität untereinander nicht so wichtig wie der Hashomer Hatzair, die in der Tat gemeinsame kulturelle Werte und Ideale betonte, um ein maximales Niveau des Zusammenhalts zu erreichen.[64] Der Ansatz des „großen Kibbuz" von Gedud HaAvoda war vielmehr, dass der umfassendere Rahmen, den sie mit ihrer Größe schuf, es Mitgliedern mit unterschiedlichen Ansichten ermöglichen würde, trotzdem zu „verschmelzen" und dadurch eine exemplarische Gesellschaft zu schaffen.[65]

Während diese Vorstellung einer „allgemeinen Gemeinschaft der Arbeiter" als genereller Ansatz der Gedud HaAvoda betrachtet werden kann, bestand auf organisatorischer Ebene eine breite Vielfalt politischer Meinungen und unterschiedlicher Ideen, wie genau etwa eine Landbesiedelung aussehen sollte. Diese Diversität führte in der insgesamt neun Jahre dauernden Praxis der Gedud HaAvoda real aber doch zu einer Reihe von Kontroversen und Spaltungen. Eine der zentralen Kontroversen entwickelte sich zwischen der zentralistischen Konzeption und der autonomen, unabhängigen Konzeption, die von den viel kleineren Kvutzot inspiriert war.

Zur Zeit des Niedergangs der Gedud HaAvoda – der nach einer zweiten großen Spaltung im Jahre 1926 unvermeidlich war –, teilte sich die Organisation in 44 Unter-Einheiten auf, die übers ganze Land hinweg zersplittert waren. Doch noch immer wurden in dieser Phase 3000 Neuankömmlinge ausgebildet. Das bedeutende Vermächtnis der Gedud HaAvoda für die Kibbuzbeewegung war dann die Kibbuz-HaMeuhad-Föderation. Eine der Schlüsselpersonen innerhalb dieser Organisation, Shlomo Lavi [1882-1963], sowie eine kleine Gruppe seiner Anhänger*innen hatten in vielen verschiedenen Kvutzot-Gemeinschaften gearbeitet und waren dann zu der Einsicht gekommen, dass die Kvutza zu klein und zu introvertiert, auf sich selbst bezogen war, um zu einem wünschenswerten, nützlichen, praktikablen sowie verlässlichen Werkzeug für das Projekt des Nation-Building werden zu können. Lavi zweifelte auch daran, dass das Modell der Kvutzot auf ökonomischer Ebene nachhaltig war. So schlug er einen größeren

Rahmen von Kibbuzim vor, der eine Synthese von Industrie und Landwirtschaft beinhalten sollte – im Kern bedeutete das, die Prinzipien der Gedud HaAvoda auf eine dauerhaft angelegte Organisationsform der Landbesiedelung auszuweiten.

Im Jahr 1921 entwarfen Lavi und Tabenkin gemeinsam das Modell einer großen, offenen Kibbuz-Gemeinschaft entlang dieser Leitlinien für den Ort *Ein Harod* im Jezreel-Tal in Unter-Galiläa. Der Kibbuz Ein Harod sowie der gleich darauf errichtete *Kibbuz Tel Yosef* sollten zu Musterbeispielen für die HaMeuhad-Föderation werden. Sie waren der historische Ursprung der großen und ständig wachsenden Kibbuz-Formen, die von Lavi und Tabenkin vorangetrieben wurden. Sie sollten Tausende von Mitgliedern aufnehmen können und ökonomisch auf einer Mischung von Landwirtschaft und Industrie basieren. Auch wenn Tabenkin unterschiedliche Haltungen zum Anarchismus einnahm, betrachtete die HaMeuhad-Föderation nach Angaben ihrer Gründer*innen Kropotkin als jemanden, der „von all diesen Theoretikern uns am nächsten stand".[66] Sie vertraten entschieden die Ansicht, dass die Form der freiwilligen Organisation ohne Regierung „am besten geeignet für die durch die Kibbuz-Bewegung entstehende Wirklichkeit" war.[67] Yacoov Oved schrieb:

> In dieser Phase waren Kropotkins Ideen attraktiv, weil sie die gegenseitige Hilfe betonten, die Verbindung von Stadt und Dorf, Landwirtschaft und Industrie sowie den Aufbau eines Netzwerkes neuer, auf föderalistische Weise verbundener Gemeinschaften, die dann ihren Ausdruck im Konzept der „großen Kvutza" fanden. Diese sollte den kleinen, intimen Kvutza ersetzen, als die große Immigrationswelle nach dem Ersten Weltkrieg einsetzte.[68]

Tatsächlich sollte der „große Kibbuz" nicht sofort den kleinen Kvutza „ersetzen", aber diese Diskussion markierte die Anfänge einer neuen Kibbuz-Strömung. Die HaKibbutz HaMeuhad existierten faktisch parallel zu den Kvutzot, bis zu einer Reihe von Vereinigungen, die erst in den frühen Fünfzigerjahren entstanden.

Der Staatsaufbau

So wie die jüdische Besiedlung Palästinas in den Zwanziger- und Dreißigerjahren an Fahrt aufnahm, so wurden auch die politischen und moralischen Zwickmühlen, welche die Schaffung eines jüdischen Staates nach sich ziehen würden, von Teilen der weltweiten jüdischen Bevölkerung stärker beachtet.[69] Im März 1919 übergab der US-Kongress-Abgeordnete Julius Kahn eine Petition, in der Bedenken gegen die Idee einer jüdischen Eigenstaatlichkeit geäußert wurden, an Präsident Woodrow Wilson, kurz bevor dieser nach Frankreich zur Pariser Friedenskonferenz abreiste. Diese Petition war von einer langen Liste prominenter US-amerikanischer Juden und Jüdinnen unterzeichnet worden, die protestierten:

> Gegen die Wiedererrichtung eines spezifisch Jüdischen Staates in Palästina, die vollkommen gegen die demokratischen Prinzipien gerichtet ist, die zum erklärten Zweck der kommenden Weltfriedenskonferenz gehören.[70]

Unter den zahlreichen jüdischen Koryphäen, die ähnliche Meinungen äußerten, war auch Albert Einstein. Im Januar 1946 hielt er einen Vortrag vor dem „Anglo-Amerikanischen Untersuchungsausschuss", welche die Palästina-Frage untersuchte. Dort brachte er seine Besorgnis über eine mögliche Monopolisierung der Macht durch die jüdische Gemeinschaft in Palästina zum Ausdruck. Und vier Jahre später meinte er, er würde es vorziehen,

> wenn es eine vernünftige Einigung mit den Arabern auf der Basis des gemeinsamen Zusammenlebens in Frieden geben würde, [anstelle] der Schaffung eines jüdischen Staates.[71]

Der Zionismus der frühen Kibbuzniks hatte sich nie eine nationale Erneuerung vorgestellt, welche die Form des Prozesses einer Staatenbildung annehmen könnte. Für sie bedeutete die Balfour-Deklaration von 1917, in der eine „nationale Heimstätte" für die Juden und Jüdinnen versprochen wurde, lediglich eine Gelegenheit, um eine völlig neue Form von Gesellschaft aufzubauen, und ihre Träume und Visionen in die Praxis umzusetzen. Die kollektivierte Siedlung wurde von ihnen keineswegs als einfachste und effizienteste Form der Kolonisierung des Landes angesehen, um dort einen jüdischen Staat und marktkapitalistische Ökonomie aufzubauen, wie manche seitdem argumentiert haben.[72]

Obwohl sich die Bewegung später immer deutlicher um die Gründung und Verteidigung von Israel drehte, ist die Interpretation, dass die Pionier*innen auf den Kollektivismus zurückgriffen, um dadurch angemessene Bedingungen für die staatliche Institutionalisierung zu schaffen, weitestgehend ein Mythos. Die Gründer*innen von *Degania* waren strikt gegen die Benutzung von Begriffen wie Regierung und Staat. Und in der Epoche, als die Gruppen der dritten Alija ankamen, war die von Degania ausgehende Idee der Schaffung einer staatslosen Gesellschaft weitgehend übernommen worden. Der gemeinsame Ansatz vieler in Palästina ankommender Gruppen in den Zwanzigerjahren war der Versuch, den Jischuw in ein staatsloses Gemeinwesen autonomer Gemeinschaften zu transformieren, das nur wenige nichtkollektive Alternativen beinhalten sollte, wenn überhaupt.

Anarchismus in den Kibbuzim

Die Rhetorik von einem palästinensisch-jüdischen Anarchismus starb nach den ersten Entwicklungsphasen nicht einfach aus. Obwohl er an Stärke verlor, blieb der Anarchismus weiterhin, wenn auch in sporadischen Wellen, eine intellektuelle Strömung innerhalb der Kibbuzim, und zwar während der gesamten Geschichte dieser Bewegung. Während des Spanischen Bürgerkriegs gab es ein großes Interesse innerhalb der Kibbuz-Bewegung an den Aktivitäten der anarchistischen Milizen in Spanien. In den späten Dreißigerjahren fand sich unter der Leitung von Ytzhak Tavori eine Gruppe Jugendlicher zusammen, manche aus der Kibbuzbewegung, manche von außerhalb. Ytzhak Tavori kam aus dem Kibbuz Afikim im Jordantal. Unter der Bezeichnung *Die freien Sozialisten* veröffentlichten sie eine Zeitung, in der sie Auszüge aus Schriften klassischer anarchistischer Denker wieder abdruckten; direkt daneben publizierten sie Artikel über die spanischen anarchistischen Gruppen im Kampf gegen die Faschisten Francos. Tavori schrieb außerdem Artikel über die Geschichte des Anarchismus im Nachrichtenbulletin des Kibbuz Afikim.[73] In den Dreißigerjahren reisten viele Anarchist*innen aus der Kibbuzbewegung nach Spanien, um sich den Milizen der CNT-FAI [Confederación Nacional del Trabajo-Federación Anarquista Ibérica; CNT: anarchosyndikalistisch; FAI: anarchistisch; d.Ü.] anzuschließen.

Ungefähr zu jener Zeit, als der Staat Israel gegründet wurde, erlebte das Land eine Einreisewelle westeuropäischer Überlebender des Nazi-Regimes, unter denen der Anarchismus ebenfalls „eine bestimmte und sichtbare Präsenz“[74] aufwies. Viele dieser neuen Immigrant*innen gingen in die bestehenden Kibbuz-Siedlungen; einige von ihnen errichteten auch neue, andere bereiteten den Boden für neue antiautoritäre Organisationen, die im Lande Wurzeln schlagen, aber nicht mit der Kibbuz-Bewegung in Verbindung stehen sollten (vgl. dazu Kapitel VI). Später, in den Jahren direkt nach dem Sechs-Tage-Krieg von 1967, begann für Gruppen innerhalb der Kibbuzbewegung eine Phase, in der weltanschauliche Fragen neu aufgeworfen wurden und eine erneute Hinwendung zu Buber und Landauer innerhalb der intellektuellen Zirkel der Kibbuzim entstand. Mit diesem Ziel gründete sich aus der Föderation *Ihud HaKvutzot VehaKibbutzim* (Vereinigung der kollektiven Siedlungen) eine Gruppe junger Intellektueller, der *Shdemot*-Kreis, der „auf der Suche nach etwas war, was dem Alltagsleben in den Kibbuzim fehlte".[75] Nach dem israelischen Historiker Gad Ufaz antwortete der Shdemot-Kreis auf die Stimmungslage der zweiten Generation der Kibbuzniks, der angeblich „der Zugang zur Tiefe des geistigen Reichtums, der in Tradition und Geschichte des Judentums kultiviert wurde"[76], fehle. Nach Ufaz „spürte die Gruppe, dass die Kibbuzim Erneuerung benötigten, sowohl was ihr Gedankengut als auch die Art und Weise anbetraf, wie die Verantwortung auf die nächste Generation übertragen wird (...). Sie versuchte, die vorherrschende kollektivistische und aktivistische Herangehensweise durch eine neue Sozialethik zu ersetzen."[77]

Der Shdemot-Kreis entstand um eine Zeitschrift gleichen Namens, die 1960 von Avraham Shapira, einem jungen Kibbuznik, gegründet worden war. An der Hebräischen Universität Jerusalems hatte Shapira Seminare von Gershom Scholem, Samuel Hugo Bergmann und Ernst Simon besucht, die ihn in die Gedankenwelt Bubers einführten. Unter dem Einfluss Bubers, der sich zu dieser Zeit von den Kibbuzim abwandte und nunmehr quasi isoliert in Jerusalem leben sollte, gründete Shapira die Zeitschrift mit dem Ziel, Bubers Philosophie durch den Umweg über Aktivist*innen der Jugendbewegung erneut in der Kibbuzbewegung zu verankern. Ufaz gibt an, dass diese Zeitschrift eine „mystische Aura verbreitete, die sowohl die jüdische Kabbala, die indische Kultur, den Existentialismus sowie die Philosophie des Dialogs im Sinne Bubers und seiner Kolleg*innen aus Osteuropa umfasste."[78] Die Zeitschrift repräsentierte eine „organische Herangehensweise traditionell midrathischen Stils [der altjüdischen Bibelexegese; d.Ü.], die den alten Schriften neuen Sinn und Inhalt gaben, indem sie sie in einem veränderten Kontext anordneten."[79]

Der Kreis entstand dann aus einem festen Kern von Leser*innen. Ufaz beschreibt den Geist dieser Gruppe wie folgt:

> Ihr neuer Ansatz rückte die persönliche und individuelle Selbstverwirklichung ins Zentrum der intellektuellen Zielsetzungen. In dieser Hinsicht knüpften sie direkt an die Anfänge der Kibbuzbewegung, an A.D. Gordon und die Schüler*innen von Hapoel Hatzair an. Das Erste, was für die Veränderung der Verhältnisse zu tun war, bestand in einer Öffnung der Kommunikationsformen, um einen Dialog und eine freie Diskussion zu ermöglichen, die den Menschen seinem Nächsten annähern und so den Geist der Gemeinschaft heben sollten.[80]

Im November 1963 erschienen die Ausgaben Nr. 11 und 12 von *Shdemot*, die sich in der Rubrik „Persönlichkeiten" mit Gustav Landauer beschäftigten. Einige Artikel Landauers und Aufsätze über sein Denken wurden dort veröffentlicht, außerdem Auszüge aus dem *Aufruf zum Sozialismus*. Im Editorial stand zu lesen:

> Unter allen, die sich dem Anarchismus zurechnen, gehört Gustav Landauer zur klarsten und am stärksten der Wahrheit verpflichteten Strömung des utopischen Sozialismus. Sie strebt den Aufbau einer neuen Gesellschaft sowie ein neues Leben von unten an. Dabei sollen sich die Individuen bilden und kleine Einheiten schaffen, die aus Personen bestehen, welche sich für diesen Ausweg aus freiem und bewusstem Willen entschieden haben. (...) Durch seine Werke und seine Worte ist Landauer zum eindeutigsten Ausdruck dieser Strömung innerhalb der jüngsten Generationen geworden, die einen großen Einfluss auf die *Kvutza* und die Kibbuzim ausgeübt hat.

In dieser Phase gab es einen bedeutenden Unterschied zwischen den Diskussionen in intellektuellen Zirkeln und den generellen Ausrichtungen der Mehrheit der Bewegung. Dieser Orientierungswechsel war jedoch nicht notwendigerweise ein Wandel der Kibbuzbewegung als Ganzer. Als die Desillusionierung hinsichtlich des marxistischen Sozialismus stärker wurde – aufgrund vor allem der Wahrnehmungen, wie seine Umsetzung in den totalitären Regimes aussah –, wurde auch eine Nähe zum Anarchismus wieder erneuert. Obwohl es zu dieser Zeit bereits zu spät war, um die Uhr zurückdrehen zu können, wurden Persönlichkeiten wie Landauer erneut zu einer intellektuellen Inspiration für viele Kibbuzniks. Die Kibbuzbewegung begann allmählich anzuerkennen, in welch tiefer Schuld sie bei ihren anarchistischen Vorläufern stand.

KAPITEL IV

Der Kibbuz
Die Dynamiken
einer freien Kommune

Wir sind Kommunisten. Doch unser Kommunismus ist nicht derjenige der Phalansterien [Utopische Kommunen Fouriers; d.Ü.] noch derjenige der autoritären deutschen Theoretiker. Er ist der anarchistische Kommunismus, der Kommunismus ohne Regierung – derjenige freier Menschen. Er ist die Vereinigung der beiden von der Menschheit seit alters her verfolgten Ziele: der ökonomischen Freiheit und der politischen Freiheit.
Peter Kropotkin: Die anarchistisch-kommunistische Gesellschaft, 1892.

Die vorhergehenden drei Kapitel hatten zum Ziel, uns eine Vorstellung davon zu vermitteln, wie anarchistische Ideen in das Denken derjenigen diffundierten, die für die Entstehung der Kibbuzbewegung prägend waren. Wir wissen, dass die Werke von Kropotkin, Proudhon, A.D. Gordon, Tolstoi und Landauer unter den Kibbuz-Pionier*innen weithin gelesen und anerkannt wurden. Und wir können ebenso sicher sein, dass viele Persönlichkeiten, die auf Form und Ausrichtung der Bewegung Einfluss hatten, diese Ideen aufnahmen und die Verwirklichung ihrer Prinzipien in Palästina aktiv vorantrieben. Die Vielzahl an Dokumenten und Beweisen hierfür lassen wenig Raum für Zweifel, wie stark anarchistische Ideen in der Gründergeneration der Kibbuzniks verbreitet waren. Die genauere Untersuchung der Frage, ob und wie sich der theoretische Einfluss des Anarchismus auf die praktische Entwicklung der Gemeinschaften ausgewirkt hat, erfordert jedoch eine Untersuchung des alltäglichen Verwaltungslebens in diesen Siedlungen, um dadurch konkret die Übereinstimmungen zwischen dem Kibbuz-Modell und den verschiedenen Strömungen der anarchistischen Weltanschauung, die unter den jüdischen Siedler*innen in Palästina zirkulierten, festzustellen.

Bevor wir damit fortfahren zu diskutieren, wie der Kibbuz im Detail funktionierte, sollten wir zuerst einige der wichtigsten Bereiche der Bewegung betrachten und dabei einen Blick darauf werfen, was eine typische Kibbuz-Siedlung ausmacht. Die vorhergehenden Kapitel informierten über die Vielfalt der Denkströmungen in Palästina während der ersten drei Wellen jüdischer Immigration und zeigten, wie sich diese Vielfalt in eine Praxis der ersten Siedlungen umsetzte. Die politischen Motivationen der Gründergeneration der Kibbuzniks hatten in dieser Hinsicht gemeinsame weltanschauliche und historische Grundlagen: die Ideale einer egalitären, kommunitären, direktdemokratischen und auf Eigenarbeit beruhenden Gemeinschaft, die weithin geteilt wurden. Die darauffolgende Entwicklungsphase der Bewegung war jedoch geprägt von ständigen Disputen und Streitereien, Meinungsunterschieden, auch Spaltungen und dann wieder Vereinigungen, wobei jede Vereinigung nur wieder von einer Spaltung gefolgt wurde – und jede Spaltung wieder zu einer neuen Zusammenfassung führte.

Die theoretischen Debatten, welche die Phasen der Bewegung im Laufe der Jahre kennzeichneten, die schließlich in die Unabhängigkeit von Großbritannien im Jahre 1948 führten, eskalierten dabei oft zu terminologischen Haarspaltereien, die trotz einem im Grunde vorhandenen, allgemeinen Konsens über den Aufbau eines Kibbuz und dessen Lebensstil auftraten. In den frühen Jahren der Kibbuz-Bewegung führten organisationsinterne Differenzen zur Entstehung verschiedener Föderationen, die sich dann durch bestimmte, sie spezifisch charakterisierende Qualitäten auszeichneten.

Während manche Gruppen eine mikro-utopische Strategie anstrebten, die darauf abzielte, ein Netzwerk kleinerer Kommunen innerhalb des Jischuw zu schaffen und dies als wirksamsten Weg zur Institutionalisierung ihrer Ideen ansahen, so verfolgten andere, wie *HaMeuhad* (Vereinigte Kibbuzim), einen Ansatz, der beabsichtigte, den gesamten Jischuw in eine einzige, große, allumfassende Kommune umzuwandeln. Die *Hever HaKvotzot* (Föderation der Kvutzot) blieb der Idee einer kleinen, intimen, hauptsächlich landwirtschaftlich orientierten Bewegung treu: Sie sollte dann in den Fünfzigerjahren die *Ihud HaKvutzot VehaKibbutzim* (Vereinigung der kollektiven Siedlungen), zusammen mit einer Abspaltung von HaMeuhad, bilden, die sich beide wiederum noch später mit dem Rest von HaMeuhad zur *TAKAM* (Vereinigte Kibbuz-Bewegung) verbinden sollten. Die *Kibbuz Artzi-Föderation* [Artzi: Hebr. Nachname mit Bedeutung: „Mein Land"; d.Ü.] ihrerseits blieb ihren Prinzipien des organischen Wachsens und der selektiven Integration treu; sie verlangte von ihren Mitgliedern weiterhin, dass sie sich zu einem kollektivistischen Ethos und einer gemeinsamen Weltanschauung bekannten.

Im historischen Prozess lief es darauf hinaus, dass sich die inhaltlichen und strukturellen Unterschiede zwischen den Kibbuzim der verschiedenen Organisationen zunehmend einebneten. Als klar wurde, dass die Eigenstaatlichkeit unmittelbar bevorstand, wurde die schnelle und nachhaltige ökonomische Entwicklung des Landes zu einem dringlichen Imperativ auch für die Bewegung. In den Dreißiger- und Vierzigerjahren empfand man die Notwendigkeit, eine Ökonomie aufzubauen, die in der Lage sein würde, mit den technischen Anforderungen von Industrie und Landwirtschaft mithalten zu können – was faktisch zu einer Art Uniformierung sowohl von Theorien als auch von Praktiken innerhalb der gesamten Bewegung führte.[1] Die Vereinigung von Ihud HaKvutzot VehaKibbutzim und HaMeuhad zur TAKAM im Jahr 1973 kann als beispielhaft betrachtet werden für das beinahe völlige Verschwinden der noch übriggebliebenen, miteinander in Konflikt stehenden Konzepte.

Sie ist die Illustration eines völligen Dahinschwindens jedweder im Konflikt miteinander liegender Konzeptionen, oder auch für die „Verengung der ideologischen Konfliktlinien in den sozio-ökonomischen und politischen Sphären".[2]

Der Kibbuz

Während die Struktur und die Kultur des Kibbuz immer fließend und dynamisch waren, so ist es noch immer zulässig, von „dem Kibbuz" als eines allgemeinen Oberbegriffs zu sprechen, denn man kann Merkmale und Praktiken identifizieren, die alle Formen dieser Siedlungen gemein hatten.

Wie bereits im Kapitel I angeführt, beschrieb ein Brief der *Romni*-Gruppe im Jahre 1910 an Arthur Ruppin den Kibbuz als „eine kooperative Gemeinschaft ohne Ausbeuter und Ausgebeutete"[3]. Dies blieb die prägnanteste Definition für die Kibbuzim in den Jahren vor 1948. Sie gründeten auf den Idealen politischer und materieller Gleichheit, Freiheit und direkter Demokratie. Der Kibbuz begann als soziale Einheit, basierend auf der Abschaffung aller hierarchischen, ausbeuterischen und autoritären politischen Strukturen. Privateigentum existierte nicht und jede Form von Eigentum, das der Produktionsmittel eingeschlossen, stand unter Gemeinbesitz. Die Produktion und der Konsum wurden auf gemeinschaftlicher Basis organisiert und alle Verwaltungsentscheidungen wurden kollektiv in einem Prozess direkter Demokratie und informeller Diskussion getroffen. Die systematische Rotation der Arbeitsaufgaben führte dazu, dass die Kibbuz-Mitglieder sich an jeder erdenklichen Arbeitstätigkeit beteiligten.

Die wichtigste Institution der kollektiven Verwaltung war die Vollversammlung. Das war ein Treffen aller Gemeinschaftsmitglieder, in dem alle Themen, die das Leben im Kibbuz betrafen, diskutiert wurden. Entscheidungen wurden dann per Mehrheitsentscheid getroffen. Alle erwirtschafteten Erträge oder hereinkommenden Gelder kamen in eine Gemeinschaftskasse, aus der dann alle Mitglieder nehmen konnten, so viel sie benötigten. Dadurch verhinderten die Kibbuz-Gründer*innen jede Verbindung zwischen Eigenbeitrag und Entlohnung, wodurch jeder nach seinen Fähigkeiten arbeitete und nach seinen Bedürfnissen Produkte oder Gelder erhalten konnte.

Dies war die Basis, auf der das Modell Kibbuz Form annahm. Innerhalb kurzer Zeit entwickelte sich daraus ein dauerhaftes Sozialsystem, das sich durch die Vernetzung ähnlicher Kommunen in eine Föderation konstituierte und damit auch Probleme der Isolation überwinden konnte. Die Definition dessen, was einen Kibbuz ausmacht, verdeutlichten die *Kibbutz Society Regulations* (Regeln der Kibbuz-Gesellschaft). Sie können ein Bild davon vermitteln, wie sich wie sich diese ursprünglichen Ideale herausbildeten:

> Der Kibbuz ist eine freie Vereinigung von Personen zum Zwecke der Siedlung, Integration und Aufrechterhaltung einer kollektiven Gesellschaft, die sich durch die Prinzipien gemeinsamen Besitzes von Eigentum, der Eigenarbeit und der Kooperation in allen Bereichen der Produktion, des Konsums und der Bildung organisiert. (...) Der Kibbuz sorgt für alle materiellen, sozialen und kulturellen Bedürfnisse seiner Mitglieder. (...) Die Befriedigung dieser Bedürfnisse wird gewährleistet durch den Versuch, die Prinzipien kooperativen Konsums und gleicher Rechte unter gleichen Bedingungen umzusetzen – im Einklang mit den Regeln und Verfahren zur Umsetzung, die vom Kibbuz bestimmt wurden.[4]

Die Werte und Praktiken, die dem Kibbuz, wie er sich über ein ganzes Jahrhundert hinweg entwickeln sollte, zugrunde liegen, sind daher der gemeinsame Besitz allen Eigentums, die Produktions- und Konsumptionsmittel eingeschlossen; die gegenseitige Verantwortung und die gegenseitige Hilfe; die gemeinschaftliche Produktion und Konsumption; sowie die direktdemokratische Selbstverwaltung sowohl im wirtschaftlichen als auch im sozialpolitischen Bereich. Durch die Verteilung der Güter, Dienstleistungen und Rohstoffe, die strikt nach den Bedürfnissen durchgeführt wurde, hatten alle Mitglieder Anteil an der Akkumulation von Produkten aus der Mehrarbeit – oder sie litten gegebenenfalls gleichwertig unter dem Produktionsmangel.[5]

Das Kollektiv, das heißt die gesamte Kibbuz-Gemeinschaft, hatte die letztgültige Entscheidung über jeden Aspekt der inneren Verwaltung. Das schloss die ökonomische und industrielle Aktivität der Siedlung ebenso ein wie die Tatsache, dass die Macht zur Entscheidungsfindung bei der Vollversammlung aller Mitglieder verblieb. Das Kollektiv war die Grundlage aller sozialer, ökonomischer und politischer Aktivität und bedeutete, dass sich politische und ökonomische Entscheidungen gleichsam überlappten: die ökonomische Basis der Siedlung (seine Produktionsmittel) und der nicht-ökonomische Überbau (die sonstigen kulturellen und politischen Aspekte der Gesellschaft) blieben in den Händen derselben Individuen und Gruppen.

Seit die Bewegung existierte, war die Ökonomie der Kibbuzim die meiste Zeit über eine Mischung aus Industrie- und Agrarbetrieben. Obwohl die Siedlungen oft vereinfacht als „gemeinschaftliche Bauernhöfe" bezeichnet werden, was sie in den frühen Jahren der Bewegung auch tatsächlich waren, hat seit langem die Industrie die Landwirtschaft als bedeutendste Produktionsform ersetzt. Fast alle Kibbuzim Israels haben heute Industriebetriebe irgendeiner Art, zum Teil mit dem Ziel, die Arbeitsmöglichkeiten innerhalb der Bewegung zu variieren und zu vervielfältigen – auch mit der Absicht, angemessene Arbeitsplätze für ältere Kibbuzniks oder Menschen mit Behinderung oder für diejenigen, für die landwirtschaftliche Arbeit schlicht zu anstrengend ist, bereit zu halten. Zum anderen Teil liegt das aber auch daran, dass, aufgrund des zunehmenden Wettbewerbs auf dem Weltmarkt, ein rein landwirtschaftlicher Betrieb nicht mehr genug Einkommen für das Überleben abwirft.

Während die heutigen Industrieprojekte der Bewegung oft noch immer mit der Landwirtschaft verbunden sind - sie spielen gleichzeitig eine führende Rolle bei Israels Forschung und Produktion in Bereichen wie den Bewässerungsmethoden, der Lebensmittelverarbeitung Israels, der Feldabdeckung durch Kunststoffplanen, dem Weinanbau usw. –, so sind die Kibbuzim inzwischen führend im Bereich der High-Tech-Unternehmen, die so unterschiedlich wie zahlreich sein können:

etwa die Produktion von Gesundheitsartikeln, von Diamantwerkzeugen als Abfallprodukt der Schmuckindustrie, von Druckmaschinen, Fernsehern, Qualitäts-Glas, Möbeln, Spielzeug, Musikinstrumenten sowie Rüstungs- und Verteidigungsprodukten.[6]

Obwohl nur ca. 15 Prozent der heutigen Erwachsenenbevölkerung der Kibbuzim noch in der Landwirtschaft arbeitet, produzieren die Kibbuzim noch immer rund 40 Prozent der Bruttowertschöpfung an Israels Landwirtschaftsprodukten.[7] Zu Beginn des 21. Jahrhunderts gab es 327 Kibbuz-Industrieunternehmen in ganz Israel, sowie 11 regionale Betriebszusammenfassungen, die ca. 50 industrielle Einheiten umfassten. Sie machen heute alle zusammen 8,5 Prozent der Einnahmen aus industrieller Produktion aus. Die Produktion konzentriert sich dabei in drei Hauptproduktionsbereichen: 37 Prozent der Produktion von Kunststoffen und Kautschukprodukten, 17 Prozent der Produktion von Metallen und Maschinen, sowie 15 Prozent der Produkte in der Nahrungsmittelverarbeitung entstehen in Kibbuzim. Heute umfasst der industrielle Bereich rund 70 Prozent der Gesamtproduktion der Kibbuzim und rund 25 Prozent der erwachsenen Bevölkerung der Kibbuzim arbeitet in ihm.[8]

Eine partizipative Ökonomie

Im Grunde kann als Fundament des ökonomischen Modells der Kibbuzim eine Verknüpfung von mehreren ethischen Imperativen gelten: die Abschaffung des Privateigentums, die Abwesenheit eines Lohnsystems, die Integration von körperlicher und geistiger Arbeit sowie ein Glaube an einen fundamentalen Wert der Arbeit. In vielerlei Hinsicht sind diese grundlegenden Werte eng miteinander verbunden und können – realistisch betrachtet – nicht voneinander getrennt werden, weder hinsichtlich ihrer ideengeschichtlicher Ursprünge noch hinsichtlich ihrer praktischen Auswirkungen auf den Lebensstil im Kibbuz.

Der gemeinschaftliche Besitz wurde vom ersten Tage an als eine Priorität angesehen, vor allem deshalb, weil er die Solidarität und den sozialen Zusammenhalt fördert und damit das Auftreten anti-sozialer Instinkte der Selbstsucht, der Gier, des Besitzdenkens und der Konkurrenz zu vermeiden hilft, die – so wurde das empfunden – nur die Verbindungen der Brüderlichkeit kappen würden, welche die Kibbuz-Pionier*innen für ihre neue Gesellschaftsform hervorbringen wollten.[9] Innerhalb der Kommune hatte das Individuum nur wenige persönliche Güter für sich. Alles, von Haushaltsgeräten über Landwirtschafts- und Industriemaschinen bis hin zu Kleidung und Essen, war Gemeineigentum der Kibbuz-Mitglieder. Das Land, auf dem ein Kibbuz errichtet wurde, gehörte dem *Keren Kayemet* (Jüdischer Nationalfonds), einer landesweiten Verwaltungsstelle, die 1901 gegründet wurde. Sie verpachtete das Land an den Kibbuz auf der Basis einer für 99 Jahre gültigen und dann zu erneuernden Pacht, wobei die nominelle Pacht 2 Prozent des ursprünglichen Betrags des Landkaufs plus der Aufbaukosten, die bis zum fünften Jahr der Existenz bezahlt wurden, betrug. Bis zum Jahr 2007 bestand eine Gesetzesnorm, welche die legale Möglichkeit des Verkaufs des Kibbuzvermögens sowie dessen Selbstauflösung unterband und dafür sorgte, dass im Falle einer Beendigung der wirtschaftlichen Aktivitäten das Kibbuz-Vermögen auf andere Siedlungen der Bewegung verteilt wurde. Dies verhinderte die Möglichkeit einer individuellen Kapitalakkumulation.

Das allererste Prinzip des wirtschaftlichen Modells eines Kibbuz besteht darin, dass jedes benutzte und produzierte Eigentum der gesamten Gemeinschaft als eine Art Gemeinschaftsvermögen gehört. Das zweitwichtigste Prinzip besteht darin, dass jegliche Arbeit im Kibbuz freiwillig durchgeführt wird und unbezahlt bleibt. Zu der Zeit, als diese Zeilen verfasst werden [2009, d.Ü.], gelten diese Prinzipien immer noch für die Mehrheit der Kibbuzim – doch die Praxis verändert sich gerade. Schon in den Neunzigerjahren wurde damit begonnen, unterschiedliche Formen der Bezahlung in die Kibbuz-Praxis einzuführen. Dies war der Beginn einer der schärfsten Kontroversen in der jüngsten Geschichte der Bewegung. Für die Kibbuzim bedeutete diese Einführung einen großen Wendepunkt. Bis zu dieser Zeit gab es überhaupt kein Lohnsystem in irgendeiner dieser Siedlungen. Eine Verbindung zwischen Beitragsleistung, physischer Anstrengung einerseits sowie der Verteilung von Gegenleistungen andererseits waren in der ökonomischen Kultur des Kibbuz gerade nicht vorgesehen. Die jeweilige berufliche Funktionsausübung oder der Status sollten keine Folgen für die materielle Honorierung haben. Die egalitäre Verteilung von Ressourcen und Dienstleistungen bestand unabhängig von der realen Arbeitsleistung des Einzelnen, was die völlige Trennung von Honorierung und jeweiliger individueller Anstrengung bedeutete.[10]

Und das dritte hier zu benennende Prinzip, auf dem die Kibbuz-Ökonomie und das entsprechende Wertesystem basiert, ist das Konzept des moralischen Werts von Arbeit. Wie schon in den vorangegangenen Kapiteln immer wieder erwähnt, entsprang dieses Prinzip den besonderen historischen Bedingungen in der Gründerzeit des Arbeiter-Zionismus. Die Aufwertung der körperlichen Arbeit durch A.D. Gordon bedeutete, dass Arbeit von den frühen *Halutzim* (Pionier*innen) nicht nur als ein Mittel zum Zweck betrachtet wurde, sondern als ein Ziel an sich. Und diese Sichtweise war ein elementarer Teil des Kibbuz-Lebens seit der Zeit der ersten Siedlungen. Ein Mitglied der *Betanya*-Kommune meinte dazu in den Zwanzigerjahren:

> Die Arbeit ist Teil unseres Lebens und eine gemeinsame Schöpfung. Aufgrund der Liebe zur Gesellschaft wird eine positive Haltung zur Arbeit eingenommen. Sie wird verstanden als eine Zeit der Gemeinschaftlichkeit unter den Arbeitern und Arbeiterinnen. In der Arbeit bringt das Individuum all seine Fähigkeiten und Stärken zum Ausdruck und betrachtet sich als jeweils auf unabhängige Weise als Teil des Aufbaus der Gemeinschaft. Jede Art von Arbeit, selbst die allereinfachste, erhält somit einen Wert als geheiligtes Mittel für die Errichtung und Stärkung der Gemeinschaft. Dieser Wert gibt der Arbeit ihren vollständigen Inhalt und sie hört damit auf, ein Anhängsel oder untergeordneter Teil des Lebens zu sein.[11]

Dieses Arbeitsethos ist vielleicht das am längsten nachwirkende Erbe der Gründungsgeneration und blieb bis zum heutigen Tage vorherrschend. Obwohl dieses Ethos aus einem spezifisch ideengeschichtlichen Ursprung kam und im Zusammenhang mit dem besonderen jüdischen Charakter der Kibbuz-Siedlungen steht, hat es doch auch eine eindeutig programmatische Dimension – wenn auch vielleicht eine eher prosaische statt der kosmischen Qualitäten, die der Arbeit von A.D. Gordon zugesprochen wurden. Der gemeinsame Besitz von Eigentum, die gleiche Verteilung von Ressourcen und Dienstleistungen unabhängig vom individuellen Arbeitsbeitrag sowie die egalitäre Konsumption von Gütern kann nur verwirklicht werden, wenn es den Willen jedes Mitglieds dieser Gesellschaft gibt, auf der Basis der Freiwilligkeit zu arbeiten. Ohne einen solchen ideengeschichtlichen Ursprung könnte kein ökonomisches Modell, das auf freiwillige Partizipation setzt, funktionieren. Die Motivation jedes Individuums, sein oder ihr jeweils Bestes in jeder Wirtschaftsbranche zu geben, ist die Bedingung *sine qua non* für die Lebensfähigkeit des Kibbuz-Systems.

Unmittelbar damit verknüpft ist die Integration der Arbeit von Handwerker*innen und Angestellten in dieses System. Die Kibbuz-Pionier*innen waren sich dessen sehr bewusst, dass die Arbeit oft genug zu einem „Fluch des Schicksals“ geworden ist. Ihnen ging es deshalb von Anfang an darum, dass die Notwendigkeit eines erfüllten und ausgeglichenen Lebens anerkannt werden sollte. Sie wollten sicherstellen, dass ihr kollektives Lebensmodell dem Individuum die Freiheit garantieren sollte, jedwede Art von Arbeit ausführen zu können.[12] Dieses einzigartige Modell, das sie schufen, bewegt sich irgendwo zwischen einem Arbeitssystem des *Fair-Share* (gerechter Anteil) und dem Modell einer *Anti-Akkord-Arbeit*.[13] Die Kibbuz-Mitglieder führten unterschiedliche Arbeiten in verschiedenen Zeiträumen durch, darunter auch tägliche Routinearbeiten wie bei der Essenszubereitung und in den kollektiven Speisesälen. So arbeiteten in den frühen Jahren in einem Kibbuz die Mitglieder regelmäßig einige Monate bei der Essenszubereitung, in der Rinderscheune ungefähr jedes halbe Jahr, im Gemüsegarten, beim saisonalen Viehauftrieb auf den Weiden, in den Ackerbaufeldern, aber gleichzeitig auch immer wieder im Büro bei den anfallenden Verwaltungsarbeiten.

Indem man sicherstellte, dass alle Mitglieder sich an allen anfallenden Arbeiten beteiligten, wurde, so die vorherrschende Meinung, die Grundlage dafür geschaffen, dass die Arbeit erfüllend und bereichernd ist, oder, wie es ein Betanya-Mitglied ausdrückte, „aufhörte, ein Anhängsel oder untergeordneter Teil des Lebens zu sein". Dies bedeutete: Jede Arbeit hat denselben sozialen Wert und es wird keine Unterscheidung gemacht zwischen „respektierten" und „entwürdigenden" Arbeitsformen. So konnte ein Kibbuznik eine Woche lang in der Molkerei arbeiten, in der nächsten Woche in einer Fabrik, in der darauf folgenden Woche auf dem Feld und so weiter. Das Rotationssystem bedeutete, dass die Arbeit so organisiert sein sollte, dass von niemandem erwartet wurde, seine gesamte Arbeitszeit mit harter körperlicher Arbeit zu verbringen. Aber eine Person mit spezifischen Fähigkeiten sollte auch nicht von unangenehmen oder stumpfsinnigen Arbeiten befreit werden. Jede*r sollte dasselbe Recht auf die Annehmlichkeiten bestimmter Arbeiten in der Gemeinschaft bekommen, aber niemandem ein größerer Anteil an diesen Arbeiten zugestanden werden. In einer Analyse in dem Flugblatt „Community Overseas" (Gemeinschaft in Übersee), das in den Fünfzigerjahren vom *Community Service Committee* (CSC) verteilt wurde, beobachtete Maurice Pearlman, dass trotz einer gewissen Form der Spezialisierung in den Gesundheits- und Bildungseinrichtungen

> harte körperliche Arbeiten wie die Bedienung im Speisesaal oder der Abwasch (...) von allen durchgeführt wird, ohne jedes Klassenressentiment. Die Frauen führen nicht nur dieselben schweren Arbeiten aus wie die

> Männer, sondern die Männer beteiligen sich auch an den Küchenarbeiten, die traditionellerweise die Aufgabe der Frauen waren. Ein Arzt hat denselben beruflichen Status wie ein Müllarbeiter und ein Dozent einer hohen Bildungsinstitution kann im Speisesaal beim Tischeabräumen beobachtet werden, bevor er wieder einen Vortrag hält.[14]

Die Kibbuz-Pionier*innen glaubten zu Beginn, dass ihre Gemeinschaften

> alle Arbeiter*innen vereinigen, ob sie nun Handarbeit oder Kopfarbeit leisten. Die einzige Bedingung ist, dass sie ihren Lebensunterhalt aus ihrer eigenen Arbeit bestreiten – und nicht durch die Ausbeutung anderer.[15]

Der wichtigste Grundsatz der wirtschaftlichen Aktivitäten in einem Kibbuz war der Gedanke, dass ein sozioökonomisches Modell, das bestimmten Formen der Arbeit höheren Wert beimisst als anderen, auch weniger rational und gerecht ist als ein Modell, das allen Arbeiten gleichen Wert zuspricht.

In gleicher Weise wurden innerhalb des Kibbuz-Systems menschliche Eigenschaften als gleichwertig betrachtet: Intellektuelle Klugheit erntete nicht mehr Respekt als handwerkliche Fingerfertigkeit; physische Fähigkeiten nicht mehr als organisatorische oder verwaltungstechnische Kenntnisse.[16]

Aufgrund der Tatsache, dass die Arbeiter*innen über ihre eigenen Aufgaben entscheiden sowie durch die Art, wie diese Entscheidungen umgesetzt werden, bringt der Kibbuz bis zum heutigen Tage Folgendes zum Ausdruck: eine Vereinigung von Planung und Ausführung im Arbeitsprozess – und zwar so, dass kein Unterschied gemacht wird zwischen geistiger und körperlicher Arbeit.[17]

Die Kibbuz-Industrie: Verwaltung ohne Autorität

Das eben beschriebene System war genauso von den Kibbuz-Gründer*innen geschaffen worden. Zwar befanden sich die Siedlungen seit ihren Anfängen in einem beständigen Evolutionsprozess, doch hat dieses System über die gesamte Geschichte der Bewegung hinweg die Organisation des wirtschaftlichen Lebens gestützt. Auch wenn sich in den Dreißiger- und Vierzigerjahren die kleinen *Kvutzot* [Mehrzahl von *Kvutza*, rein landwirtschaftliche Kollektivsiedlung; d.Ü.] und die

Kibbuzim der zweiten und dritten Alija zu großen agrar-industriellen Unternehmen weiterentwickelten, so konnten die Kibbuzim insgesamt gewährleisten, dass ihr Wertekanon und ihre Praktiken auch in die Organisationsgrundlagen großräumiger Industrieproduktion übersetzt und integriert wurden.

Bis in die Dreißigerjahre hinein war die Landwirtschaft der Schwerpunkt der Wirtschaftsaktivitäten in den Kibbuzim, während die Industrieunternehmen kaum über das Niveau einer „Werkstätten-Ökonomie" hinauskamen. Die Feindseligkeit der Kibbuz-Pionier*innen gegen industrielle Unternehmen war ein Erbe ihres Anspruchs, die sozioökonomische Struktur der Diaspora umwandeln zu wollen: Deren bourgeoiser, urbaner Industrialismus wurde zurückgewiesen zugunsten einer als organisch empfundenen, landwirtschaftlich ausgerichteten Lebensweise. Die Industrieproduktion wurde von jenen als Fluch angesehen, die den Ideen A.D. Gordons folgten, die also Wurzeln im Lande schlagen wollten und eine spirituelle Erneuerung durch die Verbindung mit der Natur verfolgten. Trotzdem rückte in der zweiten Hälfte des 20. Jahrhunderts der Industrialisierungsprozess in den Fokus der Aufmerksamkeit innerhalb der Bewegung. Als die Gründung des Staates Israel absehbar wurde, begann die Bewegung, ihre Energien in die Rationalisierung und Anpassung an diesen Übergang zu lenken. Die Anwendung neuer Technologien sowie die Ausbildung entsprechender industrieller Verarbeitungsweisen wurden zu Prioritäten der Wirtschaftsentwicklung in den Kibbuzim.

Die industrielle Expansion führte zu neuen Herausforderungen für Verwaltung, Management und Organisation. Es wurde schwieriger, ein hohes Maß an direkter Demokratie, reiner Eigenarbeit und der Entscheidungsfindung durch die Arbeiter*innen selbst aufrecht zu erhalten, wie das in den kleineren Siedlungen der frühen Jahre der Kibbuzbewegung möglich gewesen war. Die partizipative Selbstverwaltung und die Demokratie am Arbeitsplatz in den frühen Kvotzot wurden nicht nur durch die geringe Größe und die nahezu intimen Kommunikationsformen gefördert, sondern auch durch das allgemeine Bewusstsein der Dringlichkeit der auszuführenden Aufgaben, denen die frühen Kibbuzniks mit ihrem Pioniergeist – oder ihrem *élan* – gegenüber standen. Ein Mitglied von *Degania* beschrieb das als

> unser Gefühl von innerer Stärke, die dazu führte, dass wir unsere Kräfte zusammenführten, um etwas Wertvolles in Gemeinschaftsarbeit zu erschaffen; etwas, das sich von den bestehenden Mustern unterschied.[18]

Als die Siedlungen größer wurden und die Projekte ambitionierter, sahen sich die Mitglieder einer Realität gegenüber, in der solche industrielle Produktion irgendeine Art von Management erfordert – und die Protokolle der Vollversammlungen in Degania aus jener Zeit zeigen, dass die Mitglieder „unfähig waren, uns aufzuteilen in Verwalter und Verwaltete".[19] In einem Versuch, die Situation zu bewältigen, ohne die Siedler*innen in Manager und Untergeordnete einteilen zu müssen, entschieden sich die Mitglieder von Degania dafür, ihre Siedlungen in zwei funktional unterschiedliche Kibbuzim aufzuteilen, um wieder zu der konstruktiven Atmosphäre zurückzufinden, die nur in kleineren Gruppen möglich sei.

In der Regel behielten die kleineren Kvutzot diesen Ansatz bei und versuchten explizit, die Bevölkerungszahl ihrer Siedlungen auf einem Minimum zu halten. Dem lag die Annahme zugrunde, dass für ein optimales Funktionieren einer Face-to-face-Demokratie die Siedlungen so klein und persönlich wie möglich bleiben sollten. Aber letztlich gab es die Notwendigkeit, eine Ökonomie aufzubauen, die einer Massenimmigration gewachsen war – und noch später, als die Staatsgründung unmittelbar bevorstand, waren alle Kibbuzim angehalten, zahlenmäßig zu expandieren. Obgleich es die Industrialisierung und die zunehmende Anzahl der Kibbuzniks schwieriger machten, ein so hohes Niveau an direkter Demokratie wie in den intimen Siedlungen der frühen Jahre aufrechtzuerhalten, entstanden innerhalb der Gemeinschaften neue Mechanismen, die es dem Kibbuz ermöglichten, seine eigene wirtschaftliche Kultur auch in den Industrieunternehmen durchzusetzen, die gegründet wurden. Eine Art „inhaltliche Konformität" hinsichtlich der ursprünglichen Werte und Praktiken wurde aufrecht erhalten und ermöglichte es dem Kibbuz, „eine Form freier, klassenloser und arbeitsamer Industrialisierung" anzunehmen.[20]

Es wurde schließlich ein ideenpolitisches Umfeld geschaffen, das die Entwicklung einer horizontalen Verwaltungsstruktur möglich machte, die sich aus einem Netzwerk von Verwaltungskomitees zusammensetzte, deren Mitglieder von einer Vollversammlung demokratisch gewählt wurden und mittels eines Systems regelmäßiger Rotation funktionierte. Für jeden Industriezweig wurde ein Manager bestimmt, wobei jeder Zweig aus vielen autonomen und unabhängig vorgehenden Einheiten bestand: So gab es in der Produktion zum Beispiel die Untereinheiten für Fabrikproduktion, für Feldarbeit, für Avocado-Kulturen oder Apfelhaine; im der Konsumption die Untereinheiten für Wäschereien und Küchen. Jeder Zweig hatte getrennte

Arbeitsguppen mit ihren eigenen Betreuer*innen und einer/m Koordinator*in, welche die allgemeinen Zielsetzungen für die unterschiedlichen Teams formulierte. Der Koordinator oder die Koordinatorin arbeiteten, wenn sie nicht gerade Planungs- und Verwaltungsfunktionen erfüllten, innerhalb der Teams mit, wie jedes andere Mitglied auch. So schrieb etwa Menachem Rosner:

> Die Arbeitsgruppen entwickeln Freundschaften untereinander und ein hohes Zusammengehörigkeitsgefühl in der Gruppe. Jeweils etwa sechs bis zwölf Mitglieder arbeiten zusammen Seite an Seite auf den Feldern (...), in den Werkstätten oder in den Fabriken. Sie frühstücken zusammen, essen zusammen zu Mittag und halten Treffen in regelmäßigen Abständen ab. (...) So werden enge persönliche Beziehungen in einer Atmosphäre gegenseitigen Vertrauens und gegenseitiger Verantwortlichkeit geschmiedet, die dann auch im außerberuflichen Sozialleben bestehen bleiben.[21]

Die Entscheidungsfindung innerhalb dieser Gruppen wurde auf direktdemokratischer Grundlage durchgeführt, wobei jede Gruppe eine*n Betreuer*in wählen konnte, die als Ansprechpartner*in für die alltäglichen Angelegenheiten der Gruppe fungierte. Der/die Betreuer*in teilte die zu erledigenden Aufgaben unter die Gruppenmitglieder auf, die dann unter sich entschieden, wie sie die Arbeit durchführen wollten. Gleichzeitig behielt der/die Betreuer*in einen Überblick über den gesamten Arbeitsprozess.

Das kontinuierliche Festhalten am Rotationsprinzip garantierte, dass die Anstellung im industriellen Sektor des Kibbuz nicht zur permanenten Beschäftigung wurde, weil die Mitglieder ihr Arbeitsleben zwischen der Fabrik und anderen Arbeitsbranchen aufteilten.[22]

Wer wo an einem beliebigen Tag arbeitete, wurde in der Regel am vorhergehenden Abend von einem gewählten Komitee entschieden, aber oftmals ging die Zuweisung der Jobs auch offener und informeller vor sich – dabei kam es auch vor, dass rund ein Dutzend oder noch mehr Mitglieder der abendlichen Komiteesitzung beiwohnten, um sicherzustellen, dass die Arbeitsvorlieben jedes Individuums mit berücksichtigt wurden. Denn die Arbeitszuweisungen sollten, soweit es irgendwie möglich war, immer die Präferenzen der individuellen Mitglieder mit in Betracht ziehen, damit jede Person ihren besonderen Stärken und Interessen nachgehen konnte. Die ökonomische Diversifizierung brachte es natürlich mit sich, dass auch logische Verknüpfungen eine immer wichtigere Rolle spielten, um die Zuweisung von

Arbeiten mit der persönlichen Befähigung zusammenzubringen. Doch noch immer blieben es hauptsächlich die Persönlichkeiten, bestimmte Wünsche und Vorlieben der Beteiligten, die ausschlaggebend für die Arbeitszuweisung waren.[23]

Bevor sie an einem Arbeitsplatz für längere Zeit blieben, arbeiteten die Mitglieder in verschiedenen Produktionszweigen, um herauszufinden, was ihnen am ehesten entsprach – doch es war ihnen auch jederzeit möglich, einen Wechsel des Arbeitsplatzes zu beantragen. Obwohl jedes Mitglied auch einmal an einen Arbeitsplatz gesandt werden konnte, wo gerade hoher Bedarf bestand, so konnte doch jede Person nach einer gewissen Zeit wieder tun, was ihr am besten gefiel.[24]

Dieses System blieb intakt bis in die Achtzigerjahre des 20. Jahrhunderts. Im Wesentlichen ist es auch noch das System, das in den Kibbuzim bis zum heutigen Tag praktiziert wird, obgleich die jüngsten Entwicklungen zu einer zunehmenden Komplexität bei den Netzwerken von Komitees und Verwaltungsgremien geführt haben. Deshalb haben die verbreitete Bürokratisierung innerhalb der Bewegung und der zunehmende Rückgriff auf Vollzeit-Managerposten – ein erst jüngst einsetzendes Phänomen, das noch nicht in allen Kibbuzim übernommen wurde – zu Vorwürfen geführt, dass die Bewegung inzwischen ihre ursprünglichen Werte aufgegeben habe. Wenn man nach der Studie von Christopher Warhurst zum Kibbuz *Geffen* urteilen will, dann reflektiert zwar die Management-Struktur, der er vor Ort begegnet ist, die zunehmende Komplexität der ökonomischen Organisationsstrukturen, die Kibbuz-Industriebetriebe hielten sich aber auch zu dieser Zeit noch an die Prinzipien der Arbeitsplatz-Demokratie und der Selbstverwaltung, die schon in den frühen Siedlungsphasen sichtbar war, nur eben ausgeweitet auf ein größeres wirtschaftliches Niveau.

Laut Warhurst organisierte jeder Arbeitszweig ein Komitee, das die Verantwortung für jede Produktionsbranche übernahm, von denen letztlich wiederum alle dem „Komitee für wirtschaftliche Angelegenheiten" unterstellt waren. Die Beteiligung am „Komitee für wirtschaftliche Angelegenheiten" geschah auf freiwilliger Basis und zusätzlich zum normalen, alltäglichen Arbeitspensum. Das Betriebskomitee repräsentierte eine gemeinsame Gruppe der Betriebsverwaltung des Kibbuz und fungierte als eine Art Aufsichtsinstanz, in der die Politik, welche den Betrieb betrifft, diskutiert wurde. Diese Instanz bestand aus den Bereichsleitern, den Abteilungsleitern, dem Sekretariat des Kibbuz, zwei oder drei Arbeiter*innen aus dem Betrieb und einem Arbeiter oder einer Arbeiterin von außerhalb des Betriebs – um „eine inoffizielle Einschätzung direkt aus der Kibbuz-Mitgliedschaft abzugeben“.[25]

Sogar auf dieser komplexeren Ebene der Komitees und der Verwaltungs-Manager*innen ist es den Kibbuzim gelungen, das Auftreten einer Manager-Hierarchie nach dem Prinzip „Verwalter und Verwaltete“ zu verhindern, wie sie von den Mitgliedern des Kibbuz Degania einst befürchtet worden war. Noch heute unterscheidet sich die Funktion eines Managers in den meisten Kibbuzim scharf von derjenigen in einem kapitalistischen Betrieb, weil seine Rolle darin besteht, „die Arbeiter*innen oder die laufenden Arbeiten nur zu koordinieren und nicht zu kontrollieren“.[26] Weder die Arbeits-Koordinator*in, das heißt die Betreuer*in, noch sonst jemand in einer Verwaltungsposition hat zum Beispiel die Macht, einen Arbeiter oder eine Arbeiterin zu entlassen. Die Entscheidungsfindung findet weiter auf partizipatorischer Grundlage statt und jeder am Arbeitsplatz auftretende Konflikt muss vor die Gesamtgruppe gebracht werden, wo kollektiv darüber diskutiert wird.

Warhurst berichtet darüber, was ein Kibbuz-Arbeiter über einen Manager der zweiten Führungsebene sagte: „Er ist Manager, aber er kann mich nur darum bitten, die Dinge zu tun, er kann es mir nicht befehlen.“[27] Und der besagte Manager bestätigte:

> Es ist nicht meine Aufgabe, im Produktionsbereich Disziplin zu erzwingen. Wenn ich mit anderen Arbeiter*innen zusammenarbeite, gibt es keinen Unterschied zwischen uns. Es ist nicht meine Aufgabe, sie zur Disziplin oder auch zur Verantwortung zu erziehen. Die Disziplin sollte von den Mitgliedern selbst kommen – eben Selbst-Disziplin. Das gehört nicht zu meinen Aufgaben.[28]

Das heißt, ein*e Manager*in hat aufgrund dieser Stellung nicht mehr Macht oder einen höheren Status als jede*r andere Arbeiter*in auch – und die regelmäßige Rotation im Verwaltungsbüro garantiert, dass die Manager*innen bei körperlichen Arbeiten ebenso beteiligt werden wie jedes andere Kibbuz-Mitglied. Die Manager*innen, aber auch die Arbeiter*innen haben eine beträchtliche Autonomie, was die Art und Weise betrifft, in der sie ihre Arbeitsaufgaben ausführen – und es bleibt dem Individuum überlassen, diejenigen Jobs zu übernehmen, denen es sich gewachsen fühlt. So meinte etwa ein*e Betreuer*in:

> [Mir] steht es völlig frei, wie ich meinen Job erledige. Niemand schreibt mir vor, wie ich produzieren soll, nicht einmal der Produktions-Manager.

> (...) Ich kümmere mich da nicht um jedes Detail. Ich glaube, man muss den Leuten den Raum geben, sich zu entfalten. (...) Jede Person hat eine eigene Art zu arbeiten. Ich weiß das und lasse sie machen. Ich mische mich nur ein, wenn es dabei Probleme gibt.[29]

Trotz der Schwierigkeiten, die beim Versuch auftraten, das demografische Wachstum und den technologischen Fortschritt mit den ursprünglichen inhaltlichen Zielen in Einklang zu bringen, hat sich die Kibbuzbewegung darum bemüht, ein maximales Ausmaß an Freiheit und Egalitarismus bei der Entscheidungsfindung als zentrale Pfeiler des *Modus Operandi* innerhalb der Kibbuz-Industrie aufrechtzuerhalten. Weil die Rolle des Managers nur nominell ist und er keine Zwangsmacht ausüben kann oder auch keinen besonderen Status oder privilegierte Honorierung genießt, sind alle Hierarchien, die sich in der Kibbuz-Struktur dennoch finden, weicher und durchlässiger. Die direkte und demokratische Wahl sowie die regelmäßige Rotation der Funktionsausübenden verhindern die Herausbildung einer separaten Klasse von Manager*innen.[30]

Effizienz ohne Zwang

Es ist wichtig, hier anzumerken, dass es kein offizielles Minimum eines geforderten Arbeitsbeitrags im Kibbuz gibt. Das Management hat nie formelle Statistiken darüber geführt, wer, wann und wie lange jemand arbeitet. Die einzige Regulation bestand in der Selbst-Motivation jedes und jeder Arbeiter*in. Weil die Arbeiter*innen selbst über ihr Leben bestimmen und nicht einfach nur ein Werkzeug im von oben angeordneten Arbeitsprozess sind, können sie auch eine eigene Entscheidung zur Arbeit treffen, die gerade ausgeführt wird – und zwar auch darüber, wie sie ausgeführt wird; und sogar darüber, wann sie ausgeführt wird. Warhurst schreibt dazu:

> Dass sich die Mitglieder nicht nach einem Zeitplan richten mussten, an dem sie etwa ihren Arbeitsplatz verlassen konnten, zeigte in der Regel das ständige Hinein- und Hinausfahren der Fahrräder in die Fabrik und aus der Fabrik, zu jeder Stunde der Arbeitszeit. Jedes Mitglied (...) konnte zu jeder Zeit die Fabrik verlassen, um sich etwa um persönliche Angelegenheiten zu kümmern.[31]

Wenn aber die persönliche Freiheit ein fast schon starres Prinzip des Wirtschaftslebens im Kibbuz ist, zusammen mit der Abwesenheit von Verwaltungsautorität, keiner Androhung von Sanktionen oder auch keinem Versprechen von Prämien – wie kann dann der Kibbuz sicherstellen, dass die Produktionsziele erreicht werden? Was passierte zum Beispiel mit einem Kibbuz-Mitglied, der seine Arbeit einfach vernachlässigt hat? Als einem Mitglied von Degania in den Zwanzigerjahren diese Frage gestellt wurde, antwortete es einfach: „Wir hätten ihn nicht länger geliebt."[32] Das mag simpel klingen, aber über das vergangene Jahrhundert hinweg hat diese Haltung eine Schlüsselrolle dabei gespielt, das Ethos im Arbeitsmodell des Kibbuz zu definieren. Die Erfüllung der Produktionsnormen wurde generell immer gewährleistet durch einen sozial definierten Rahmen von Sanktionierung und Verhaltensanpassung mittels öffentlicher Meinung und des Drucks von Arbeitskolleg*innen.[33]

Das war eine Art Nebenprodukt der intensiven Intimität der zwischenmenschlichen Beziehungen unter den Kibbuzniks und überdies durchaus charakteristisch für die Sozialbeziehungen in Kibbuz-ähnlichen gemeinschaftlich orientierten Gesellschaften.

Darum blieb das Ansehen der Arbeit eines Individuums entscheidend für den sozialen Zusammenhalt und das fortlaufende Funktionieren des partizipatorischen ökonomischen Modells. Die Einstellung gegenüber der Produktivität eines Kibbuzniks oder dem Arbeitsbeitrag basierte also auf der „Kenntnis (...) und dem Ansehen, das die Individuen innerhalb der Gemeinschaft genossen, d.h. der wahrgenommenen Anstrengungen und dem gezeigten Engagement". Das Mittel, mit dem dies weitergegeben wurde, war im Grunde Hörensagen oder personaler Tratsch oder – wie es Warhurst formulierte, „die informellen, interpersonellen Kommunikationswege".[34] Durch den Druck der öffentlichen Meinung anstatt durch das typische marktorientierte System der Leistungsgesellschaft war der Kibbuz also fähig, eine Konformität gegenüber seinen Sozialnormen und den Arbeitserwartungen herbeizuführen.

Der Konsum innerhalb der Gemeinschaft

Kollektiver Besitz und die Kontrolle über die Produktionsmittel bedingt den gemeinsamen Genuss an den Früchten dieser Produktionsform. Deshalb soll das Kibbuz-System sicherstellen, dass die Produkte aus der Arbeit der Gemeinschaft allen Mitgliedern zur Verfügung stehen. Im Kibbuz wurde immer versucht, die Bedürfnisse aller Mitglieder in vollständiger und egalitärer Weise zu befriedigen, wobei der Zugang zum Konsum nicht auf dem Input und dem Output der jeweiligen Person basierte.

Der Entwurf einer Kvutza-Verfassung aus dem Jahre 1924 spricht an, wie etwa Nahrung, Wohnung und Kleidung „aus der gemeinsamen Kasse gedeckt" werden müssen. In der Praxis führte das zu einem System, in dem die wirtschaftlichen Bedürfnisse der Gemeinschaftsmitglieder vollständig durch den Kibbuz befriedigt werden. Alles – von der Nahrung über die Kleidung bis hin zu den Zigaretten (kalkuliert wurde eine Schachtel pro Tag für die Raucher*innen) – wurde vom Kibbuz bereitgestellt. Weil Privateigentum nicht existierte, wurde die Unterbringung jedes Individuums vom Kibbuz organisiert und deshalb entfiel die Miete. Kein Kibbuz-Mitglied hatte je monetäre Ausgaben für den Kauf von Nahrungsmitteln, denn es aß im Speisesaal des Kibbuz. Und selbst die Kleidung gehörte dem Kibbuznik nicht persönlich, sondern er lieh sie auf Wochenbasis vom Gemeinschafts-Kleiderladen aus. Kleinere personale Dinge wie z.B. ein Kamm oder eine Zahnbürste konnten im Gemeinschaftsladen erworben werden. Auch die Kindererziehung wurde von der Gemeinschaft bezahlt. Wenn ein Kibbuznik krank wurde, beglich der Kibbuz die Rechnung des Arztes oder des Krankenhauses.[35] Obwohl jedes Kibbuz-Mitglied einen kleinen finanziellen Zuschuss für Reisen außerhalb des Kibbuz erhielt – jedes Individuum hatte ein Recht auf alljährlichen Urlaub auf Kosten des Kibbuz –, gab es innerhalb des Kibbuz keinen Geldumlauf. Das war auch nicht nötig, denn die alltäglichen Bedürfnisse der Gemeinschaftsmitglieder wurden vollständig von der gemeinsamen Kasse getragen.

Die Kibbuzim hielten diese Struktur einer geldlosen Gesellschaft auch noch nach Gründung Israels lange aufrecht, wobei Solidarität, die öffentliche Meinung und „die soziale Identifikation des Individuums mit dem System und seiner Verwaltung"[36] die einzigen Garanten gegenüber potentiellen Tendenzen der Verschwendung und des Überkonsums waren, die oft unvermeidliche Begleiterscheinungen solch einer freien Verteilung sind. In einer Studie mit dem Titel „The Use and Division of Income in the Kibbuz" (Verwendung und Aufteilung des Einkommens im Kibbuz), die auf der „Internationalen Konferenz über das Gemeinschaftsleben" im Jahre 1981 vorgestellt wurde, sprach Amir Helman von einem System der Verteilung und der Konsumption, das in den Kibbuzim jener Zeit noch immer den andauernden Einfluss des Prinzips „Jedem nach seinen Bedürfnissen“ erkennen ließ, wobei also jedes Kibbuz-Mitglied einen gleichen Anteil an den freien Gütern erhielt, die vom Kibbuz bereitgestellt wurden.[37]

Gleichwohl sollte dieses System im weiteren Verlauf der Achtzigerjahre erodieren. Aus einer Reihe von Gründen – die später im Kapitel V diskutiert werden – begann das ideelle Bewusstsein, auf das sich die Kibbuzim als Stabilisator der Ökonomie bislang stützten, zu schwinden.[38] Vor allem die zunehmende Überkonsumption freier Güter führte zur Einführung der Messung des Energieverbrauchs, was bedeutete, dass die Leute von nun an die Elektrizität, die sie verbrauchten, selbst bezahlen mussten – wodurch sie wiederum eigenes Geld besitzen mussten. Eine private Kontoführung wurde dadurch erstmals in das Kibbuz-Leben eingeführt. Solche Veränderungen weiteten sich blitzschnell in andere Konsumbereiche aus, etwa im Essensbereich durch die Ersetzung der gemeinschaftlichen Speisesäle – früher der zentrale Treff im Gemeinschaftsleben des Kibbuz – durch spezielle Cafeterias [mit „pay-as-you-go“, also umlagefinanziertem Lohnabzugsverfahren; d.Ü.] mit kürzerer Aufenthaltsdauer in der Mehrheit der Kibbuzim.

Die politische Ordnung im Kibbuz: Das Nicht-Regierungs-System

Das wirtschaftliche Modell der Kibbuzim vor 1948 gründete auf den Prinzipien des Gemeineigentums, wobei die Produktion in den Händen der Gemeinschaft und die Konsumption gemäß der Maxime Marxens, „Jeder nach seinen Fähigkeiten, jedem nach seinen Bedürfnissen“, ablief. Weil die ökonomische Aktivität und die Entscheidungsfindung am Arbeitsplatz auf egalitärer und partizipativer Basis durchgeführt wurde, hing weder die Reproduktion noch die Umsetzung von Arbeitermacht von den Produktionsverhältnissen ab, unter denen die Waren und Dienstleistungen hergestellt und verteilt wurden.[39] Anders gesagt: Die Produktionsverhältnisse innerhalb des Kibbuz-Modells waren nicht die von Arbeitgeber*in und Arbeitnehmer*in. Verbunden mit der Abwesenheit von Lohnarbeit bedeutete dies, dass die Kibbuz-Mitglieder nicht ausgebeutet oder unterdrückt wurden, woraus wiederum folgte, dass die sozialen und wirtschaftlichen Widersprüche, die für die Ökonomien des freien Marktes galten, ebenfalls abwesend waren.

Wir wollen an dieser Stelle einen Augenblick zu Kropotkin zurückkehren. Der russische Anarchist nahm ja zunächst die ursprünglich von Marx formulierte Kritik der politischen Ökonomie auf. Aber er argumentierte dann, dass das politische System einer gegebenen Gesellschaft deren ökonomischer Struktur entsprechen solle.[40] Für jede neue ökonomische Phase im Leben gebe es, so meinte er, eine entsprechende neue politische Phase: Der monarchische Absolutismus entsprach demnach der Leibeigenschaft, die repräsentative Demokratie entsprach der Herrschaft des Kapitals usw. In einer Gesellschaft, in welcher der Unterschied zwischen Kapitalist*in und Arbeiter*in verschwunden wäre, sei jede Regierung überflüssig:

> Freien Arbeiter*innen entspricht eine freie Organisation, und diese kann keine andere Grundlagen haben als die freie Vereinbarung und die freie Kooperation. (...) Das nicht-kapitalistische System bedingt das Nicht-Regierungs-System.[41]

Entsprechend der Wirtschaftsstruktur der Kibbuzim war dieses „Nicht-Regierungs-System“ dasjenige, das in den Siedlungen seit ihren Anfängen umzusetzen versucht wurde.

Indem sie sich auf die Beteiligung aller Mitglieder in allen Bereichen des täglichen Lebens verließ, war die letztgültige Autorität der kollektiven Verantwortung die Vollversammlung – auf Hebräisch *asefa* genannt. Die Vollversammlung, zu der jedes Kibbuz-Mitglied gehörte, traf sich einmal wöchentlich, üblicherweise im gemeinsamen Speisesaal, und war das Forum, in dem die Entscheidungsfindung der Gemeinschaft stattfand. In ihr konnten die Kibbuzniks soziale, politische und ökonomische Themen erörtern oder auch neue Kandidat*innen für die Mitgliedschaft diskutieren. Jedes Mitglied hatte eine Stimme und die Entscheidungen wurden per Mehrheitsvotum gefällt. Die direkte Beteiligung und das Einbringen aller innerhalb der Vollversammlung wurde geradezu erwartet. Während dieses Ideal aus den frühen Gemeinschaftstagen stammt, besuchen heute nur rund 35 bis 40 Prozent der Mitglieder die Treffen der Vollversammlung.

Die direkte Demokratie, welche die Pionier*innen zu verwirklichen suchten, verlangte von jedem Mitglied, sich im Prozess der Entscheidungsfindung zu beteiligen, wobei der Ansicht jeder einzelnen Person die gleiche Bedeutung beigemessen wurde. In den ersten Tagen der Bewegung, als die Bewohner*innen im Kvutzot noch an den Fingern zweier Hände abzuzählen waren, war der Entscheidungsprozess natürlich informell und sporadisch, geprägt durch spontane Formen der direkten Demokratie und durchlässige Formen organisatorischer Institutionalisierung.[42] Die Entscheidungen wurden damals noch strikt durch Konsens getroffen und informelle Gruppendiskussionen, Debatten und Argumente waren die wichtigsten Formen politischen Austausches – die auch damals schon üblicherweise im Speisesaal der Kommune ausgetragen wurden, unter einem Vorsitzenden und einer vorher festgelegten Tagesordnung.

Die frühesten Kibbuzniks nahmen an, dass diese Arbeit durchgeführt werden konnte, ohne irgendein Individuum oder eine Gruppe mit Macht über ihre Kolleg*innen ausstatten zu müssen. Und in dieser Phase funktionierte das auch. Aber durch die demografische Erweiterung und die ökonomische Diversifikation kam die Erkenntnis, dass die Face-to-face-Demokratie sowie die auf dem Konsenssystem basierende Entscheidungsfindung in den kleinen, auf persönlicher Bekanntschaft gründenden Gemeinschaften der Gründerjahre sich weiterentwickeln musste. Nun war durch die Diversifizierung, die Expansion und die zunehmende wirtschaftliche Komplexität der Kibbuzim zwar irgendeine Form formaler Organisierung nötig, doch diese Einsicht war noch immer gekoppelt an ein ideelles Bekenntnis dazu, ein Individuum oder eine Gruppe davon abzuhalten, persönliche Macht zu erobern. Jedes Entstehen einer sich institutionalisierenden Bürokratie innerhalb des Kibbuz – also das Auftreten einer separaten politischen Klasse oder einer regierenden Elite – sollte untergraben werden.[43]

Mit diesen Gedanken im Hintergrund entwickelte sich das Entscheidungssystem im Kibbuz weiter. Gemäß dem Kvutza-Verfassungsentwurf von 1924 blieb die Vollversammlung das „höchste Organ der Kvutza", wie sie es immer gewesen war. Aber sie übernahm nunmehr die Verantwortung, „ein Exekutivkomitee, das für eine bestimmte Zeit die täglichen Geschäfte verwalten"[44] sollte, einzusetzen. So blieb es zwar dabei, dass die Vollversammlung das letztgültige Entscheidungsforum war, in dem die Hauptlinien der politischen Entscheidungen entstanden, aber gewisse Verantwortlichkeiten der speziellen Umsetzung wurden nunmehr an verschiedene Komitees delegiert.

Das von der Vollversammlung gewählte Exekutivkomitee wählte nun einen Sekretär oder eine Sekretärin für ein oder zwei Jahre. Und Subkomitees wurden ernannt, um sich mit verschiedenen Aspekten des Gemeinschaftslebens zu befassen. Bereiche wie die Arbeitszuteilung, Kultur, Dienstleistungen, Wirtschaftsplanung, Landwirtschaft, zwischenmenschliche Beziehungen, Gesundheit, Bildung, Sport, Unterhaltung usw. hatten nun alle eigene Komitees. Zu all diesen Gremien kam ein Sekretariat hinzu, das aus einem Sekretär, Schatzmeister und Wirtschaftskoordinator bestand, die während einer Vollversammlung kandidierten und von ihr gewählt wurden. Diese unterschiedlichen Verwaltungsbüros wurden zeitlich befristet besetzt und rotierten nach zuvor festgelegten Perioden – in der Regel zwischen einem und fünf Jahren.

Nach der Einführung dieses Systems von Verwaltungsbüros galt noch immer die Maßgabe, dass in diese Positionen gewählte Mitglieder keinen materiellen Vorteil gegenüber anderen Mitgliedern erzielen durften. Und ihre persönliche Ansicht war nicht bedeutsamer als die jedes anderen Kibbuznik. Sie hatten kein größeres Prestige oder einen höheren Status als die anderen. Anerkennung durfte ausschließlich daher rühren, dass „aus der dienenden Arbeit Befriedigung entstehe und jede Person, die ihre Aufgaben erfüllt, wertgeschätzt wird“.[45] Leitende Positionen rotierten regelmäßig und mehr als die Hälfte aller Kibbuzniks beteiligten sich zu jeder Zeit an den unterschiedlichen Komitees. So blieb das demokratische Kibbuz-System nach wie vor daran orientiert, die Entstehung irgendeiner Art von machtvoller, institutionalisierter und bürokratischen Elite zu verhindern.

Jedes Kibbuz-Mitglied, das eine Aufgabe in den Komitees erfüllte, musste diese spezielle Aufgabe nach der Arbeit nachts erledigen, ob es nun den Beruf des Sekretärs, des Kassenwarts oder des Wirtschaftsplaners ausführte. Nur eine Erkrankung wurde als Grund akzeptiert, um anderntags nicht bei der Landarbeit mitzuhelfen.[46] Die Rolle dieser Amtsträger*innen wurde als rein organisatorisch betrachtet und sie hatten nicht die Möglichkeit, ihre ausgesprochenen Empfehlungen mit irgendeiner Art von Strafe, Zwang oder quasi-regierungsamtlicher Macht durchzusetzen. Die Komitees blieben, auch wenn sie nur Verwaltungsfunktionen ausfüllten, unter dem prüfenden Blick der gesamten Gemeinschaft. Alle politischen Entscheidungen wurden noch immer in den öffentlichen Treffen der Vollversammlung ausdiskutiert. Der Kibbuz-Soziologe Josef Blasi schrieb Mitte der Achzigerjahre:

> Die eng gezogene Gemeinschaftsstruktur, die ökonomische Gleichheit, die direkte Demokratie und die Abwesenheit von Lohnunterschieden verhindern gemeinsam die Bildung von Elitegruppen. Von den verschiedenen zentralen Mechanismen, die die Hierarchisierung reduzieren, steht an erster Stelle das kollektive Lohnsystem. Die Mitglieder werden in öffentliche Ämter ernannt, nicht gewählt; darum kommt es kaum einmal zu Kampagnen mit dem Ziel der Beeinflussung von Wähler*innen. Die Macht in sol-

> chen Ämtern und Komitees ist koordinierender, nicht exekutiver Art, und nie endgültig verliehen. Die Menschen überzeugen sich gegenseitig, beziehen sich aufeinander und lenken dann zusammen. Doch es ist die Vollversammlung, die definiert und entscheidet, und die auch für die Amtsträger*innen die Politik bestimmt und Grenzen setzt. Die Amtsträger*innen erhalten Macht aus der Gemeinschaft, nicht etwa von den Leuten, die vor ihnen in dieser Machtposition waren.[47]

Die sogenannte „Macht“ der Amtsträger*innen ist also weithin eingeschränkt durch die Tatsache, dass die wichtigen Entscheidungen nach wie vor nicht von ihnen, sondern von der Vollversammlung der Kibbuz-Mitglieder getroffen werden, bei der die letzte Autorität über die Verwaltungsmaßnahmen verbleibt. Die Vollversammlung behielt in der Tat ihre Funktion als „höchstes Organ“ des Kibbuz sowie das Vorrecht, eine Amtsträger*in zu jeder Zeit abzusetzen, wenn er/sie den Erwartungen der Gemeinschaft nicht entsprach.

Über die Jahre hinweg mündete dieses System aufgrund der zunehmenden Komplexität der sozialen Organisation des Kibbuz und aufgrund der demografischen Expansion in ein enorm kompliziertes und umfassendes Netzwerk verschiedener Komitees, von denen jedes mit der Verantwortung für die Organisation und Verwaltung unterschiedlicher Bereiche im sozialen und wirtschaftlichen Leben des Kibbuz betraut war. Obwohl die generelle Expansion bedeutete, dass Sozialbeziehungen weniger persönlich und weniger sichtbar wurden, blieb dieses vernetzte Entscheidungsfindungssystem von untereinander verbundenen Komitees, Zweigen und Gruppen bis zum heutigen Tag eine Stütze des Lebens in den Kibbuzim. Es mag heute mehr Komitees als früher geben; und sie mögen weitaus spezifischere Aufgaben erfüllen; auch mag sich die generelle politische Richtlinie des Kibbuz über eine Vielfalt von beratenden und ausführenden Gruppen verteilen, die wiederum zu neuen Zentren der Entscheidungsfindung geworden sind; aber die Souveränität bleibt letztendlich noch immer bei der Vollversammlung der Mitglieder, in die alle Funktionen des politischen Prozesses im Kibbuz noch immer integriert sind.

Ordnung ohne Gesetz

So wie das Modell der partizipativen Arbeit im Kibbuz durch die öffentliche Meinung, informelle Gespräche und soziales Bewusstsein zusammengehalten wird, so stabilisieren dieselben hauptsächlich informellen Mechanismen auch das soziale und politische Leben der Gemeinschaft. Der Kibbuz verwendet keinerlei formale Zwangsmechanismen, um den sozialen Zusammenhalt sicherzustellen. Er verlässt sich stattdessen auf Tendenzen des sozialen Drucks im allgemeinen Gruppenleben und die ausgeprägte Vertrautheit der zwischenmenschlichen Beziehungen innerhalb der Gemeinschaft, um die freiwillige Einhaltung seiner selbst auferlegten und kollektiv entschiedenen Verhaltensnormen sicherzustellen. Die Tatsache, dass die Sozialbeziehungen im Lebensalltag eines Kibbuz so intim sind, bedeutet, dass der direkte Austausch, die Diskussion und die Lösung verschiedener Meinungen auf informeller Grundlage zur alltäglich gelebten Praxis im Kibbuz geworden sind. Diese Interaktion von Angesicht zu Angesicht wird als wesentliche Grundlage dafür betrachtet, dass hier direkte Demokratie aufblühen kann – und zwar ganz unabhängig von möglicherweise vorhandener offizieller Gesetzgebung oder Aufsichtsorganen.[48]

In einem Referat mit dem Titel „Laws and Legalism in Kibbutz" (Gesetze und Legalität im Kibbuz), das 1985 auf einer internationalen Konferenz über Kommunen und Kibbuzim gehalten wurde, vertrat Avraham Yassour die Meinung, dass die Kibbuzim keine formalisierten Regularien und Strafen brauchten, die von einer speziellen behördlichen Struktur mit rechtlich bindenden Institutionen und Zwangsmaßnahmen durchgesetzt werden, und zwar weil sie durch ihre eigene Natur organische Gesellschaften seien, die auf freiwilliger Vereinigung, einer Verantwortung für die Gemeinschaft, gegenseitigem Vertrauen und durch kollektive Entscheidungen entstandenen Übereinkünften basierten.[49] Die Behauptung Yassours wurde gestützt durch eine Studie von Josef Blasi über den Kibbuz *Vatik*, die 1986 veröffentlicht wurde.

Demnach gab es in dieser Gemeinschaft während ihrer gesamten Existenz noch nie die Erfahrung eines schweren Verbrechens. In einem Brief an die Londoner anarchistische Zeitung *Freedom* berichtete ein in Palästina stationierter britischer Soldat der Luftwaffe Ähnliches. Innerhalb der Kibbuzim, so schrieb er, „gibt es schlichtweg kein Gewaltproblem" und er meinte, dieser Trend sei typisch für die gesamte Kibbuzbewegung.[50] Und Yassours eigene Untersuchung hat zum Ergebnis, dass das Phänomen des Verbrechens innerhalb dieser Siedlungen „faktisch verschwunden" sei.[51]

Diese Beobachtungen zum Nichtvorhandensein des Verbrechens in den Kibbuzim stammen alle aus einer Zeit, als die dortigen Gemeinschaften die Größe von kleineren Städten hatten oder zumindest von größeren Dörfern mit jeweils gut mehr als tausend Bewohner*innen. Blasi und Yassour reflektieren zwar beide nicht über andere Formen des sozialen Drucks, die innerhalb der Gemeinschaften direkt zu solidarischen Verhaltensweisen führten und dadurch die Fähigkeit förderten, eine verbrechensfreie Gesellschaft aufrechtzuerhalten, doch zweifellos ist die Tatsache, dass ein Organisationsverbund von der Größe der Kibbuzbewegung den Großteil eines gesamten Jahrhunderts ohne schwere Verbrechen durchlebte, keine vernachlässigenswerte Errungenschaft.

Mit dieser Abwesenheit von Verbrechen untrennbar verknüpft ist die Tatsache, dass die Kibbuzgemeinschaft inzwischen ein soziales Wohlstandsniveau erreicht hatte, das bis dahin in der modernen, industrialisierten Welt noch nicht da gewesen war. Blasi berichtet etwa, dass Suizide, psychische Erkrankungen, Jugendkriminalität oder auch Drogenmissbrauch unter ihren Mitgliedern fast vollständig verschwunden sind. Nach Meinung des Soziologen Menachem Rosner waren dafür ein Zugehörigkeitsgefühl und eine gemeinsame Identität verantwortlich, die durch die Formen der Kooperation, der gegenseitigen Hilfe und der Solidarität in ihrer Gruppe von Gleichaltrigen gestärkt wurden.[52] „Das Zugehörigkeitsgefühl des individuellen Kibbuzmitglieds zu seiner Gruppe von Gleichaltrigen und zum Kibbuz als Ganzem", schrieb Rosner, „hat Gefühle der Isolierung, der Einsamkeit innerhalb der Menge, der Vereinzelung, die für die moderne Massengesellschaft so typisch sind, fast vollständig unmöglich gemacht." Die wahre Natur der Kibbuz-Mitgliedschaft, so Rosner weiter, „begründet ein Gefühl des Dazugehörens, des Teilens eines bestimmten Schicksals zusammen mit Anderen, somit Grundbedingungen für ein wirkliches Zusammenfließen der Energien und der Kooperation menschlicher Wesen."[53]

Daniel Katz stimmte dem zu: „Das Gefühl, ein sinnvolles Leben als Teil von etwas Größerem als man selbst zu führen, wird ständig sozial reproduziert. Es geht darum, sich völlig integriert zu fühlen und nicht nur zum Teil."[54] Dieses Phänomen eines Zusammenflusses der Energien im Sozialleben der Kibbuzim gehört zu ihrer Erfolgsgeschichte und wird in vielen Darstellungen der Kibbuzbewegung sowohl von Beteiligten als auch externen Forscher*innen bestätigt. Solche Erfahrungsberichte müssen gleichwohl durch das Zugeständnis ergänzt werden, dass das Kibbuzleben natürlich nicht ohne Probleme ablief – besonders in jüngster Zeit, als zeitgenössische Trends hin zum Individualismus anfingen, die festgeknüpfte Gemeinschaftsstruktur zu untergraben. Doch im Vergleich zum Rest der israelischen Gesellschaft blieb der Kibbuz noch immer ein wahres Experimentierfeld für Studien über Sozialpsychologie oder Kriminologie.

In ihrem Buch *Reform through Community* aus dem Jahre 1991 beschrieben der Sozialwissenschaftler Michael Fischer und die erziehungswissenschaftliche Philosophin Brenda Geiger ein Versuchsprojekt, in dem einigen jugendlicen Straftäter*innen das letzte Drittel ihrer Gefängnisstrafe erlassen wurde, wenn sie als Kibbuz-Mitglieder lebten und arbeiteten. Fischer und Geiger referierten den Bericht der Jugendstraftäter*innen über ihr Leben im Kibbuz und erklärten auf dieser Grundlage, wie dieses eher Schutz bietende Umfeld, die täglichen Routinearbeiten, der Egalitarismus, die erfahrene Gruppenunterstützung, die Anerkennung und das ihnen entgegengebrachte Vertrauen dazu führten, dass sie sich freiwillig beteiligten, sich sogar engagierten und zu einer wachsenden Selbstachtung fanden. Die beiden Wissenschaftler*innen verbanden die Tendenzen des Kibbuzlebens, die auf eine harmonischere Sozialordnung hindeuteten, mit zeitgenössischen Theorien der Sozialpsychologie und der Kriminologie und argumentierten, dass ein Leben im Kibbuz Einsichten dafür bietet, wie eine Kombination von verschiedenen Techniken der Gruppendynamik und des sozialen Lernens bei sinnvoller Arbeit wirksam werden kann. Diese Arbeit und der soziale Respekt für die Arbeitenden führten demnach zu einer Lösung der Problematiken instabiler sozialen Beziehungen in modernen Gesellschaften.

Das Bildungssystem im Kibbuz

Für die Gründergeneration der Kibbuzniks war „die Solidarität aus der Gruppe von Gleichaltrigen“, auf die Rosner hingewiesen hatte, ein Schlüsselfaktor für die friedlichen und den Zusammenhalt fördernden Sozialbeziehungen im Kibbuz. Sie war auch Folge der schwierigen Lebensbedingungen, mit denen sie es zu tun hatten. Sie entstand auch aus dem Gründer-*élan*, dem Pioniergeist – und ebenso aus der simplen Tatsache, dass die frühesten Siedlungen aus dem Kern einer Gruppe von Freund*innen entstanden, die zusammen aufgewachsen waren, die Alija gemeinsam durchgemacht hatten und schon vor der Gründung ihres Kvutzot zusammengelebt hatten.

Für die nachfolgenden Generationen jedoch – diejenigen also, die in den Kibbuz *hineingeboren* wurden – war das Bildungssystem für die Schaffung der Solidarität unter den Mitgliedern der Bezugsgruppe verantwortlich. Es versteht sich von selbst, dass dabei Fragen der Familie und der Kindererziehung Gegenstand starker Konflikte innerhalb der Bewegung waren, und zwar von Anfang an. Solche Fragen stehen noch immer im Zentrum lang andauernder, komplexer und emotionsgeladener (sowie von Mythen durchdrungener) Streitigkeiten innerhalb der Kibbuzbewegung.

Von ganz praktischen Betrachtungen einmal abgesehen, waren schon die Geburt der ersten Kinder im Kvutzot Anlass für eine gravierende inhaltliche Krise. Sollten die Eltern ihr Kind erziehen – oder sollte das irgendjemand anders übernehmen? Sollten die Kinder mit ihrer Familie zusammenleben oder separat untergebracht werden? Waren die Kinder „Privatbesitz" oder gehörten sie der Gemeinschaft? Die Antwort auf diese letzte Frage war in vielerlei Hinsicht ziemlich eindeutig: Weil es die Gemeinschaft der frühen Siedlungen zum Prinzip erhoben hatte, kollektiv alle Ausgaben und Kosten zu übernehmen, wurde es ebenfalls als selbstverständlich angesehen, dass die Kosten für Kinderbetreuung und Bildung von allen getragen werden. Davon war niemand ausgenommen, nur weil er oder sie keine Kinder hatte.[55] Darüber hinaus war das Gefühl dominant, dass ein individueller Zugang zur Elternschaft schädliche Auswirkungen auf die kollektive Arbeitsorganisation haben würde. Es wurde unmissverständlich vorausgesetzt, dass, wenn ein Kind Teil der Kibbuzgemeinschaft wird, es den Egalitarismus und das gleiche Niveau der Beteiligung am Gemeinschaftsleben nicht beeinträchtigen dürfe.

Doch die Geburt der ersten Babys im Kibbuz Degania führte zu einem anderen, noch weitreichenderem Problem für die Kommunard*innen. Als die ersten Kinder in der Siedlung aufwuchsen, waren die Eltern geradezu schockiert über deren egozentrische Neigungen. Beim Aufbau des Bildungssystems im Kibbuz war es deshalb absolut vorrangig sicherzustellen, dass diese Charakterzüge durch Kooperation, gegenseitige Sympathie und Rücksicht auf die Anderen ersetzt wurden. So wurden innerhalb des Kibbuz Bildung und Sozialisierung ein gemeinsames Anliegen sowohl der Eltern, der *metaplot* (Hausmütter), der *madrichim* (Erzieher*innen) und der Lehrer*innen, die jeweils gemeinsam die Verantwortung für die verschiedenen Bildungsprogramme, ihre Planung und ihre Umsetzung, übernahmen.

Das Bildungssystem, das in den Kibbuzim geschaffen wurde, gründete auf dem Gedanken, dass die Kinder in ihrer eigenen Gemeinschaftsumgebung leben sollten, eben einer „Gemeinschaft Jugendlicher". So wurde die Gruppe von Gleichaltrigen zum wichtigsten Sozialisierungsfaktor anstelle der traditionellen Struktur einer Kleinfamilie. Schon vom Alter eines Kleinkindes an lebten die Kinder der meisten Kibbuzim in einem „Kinderhaus" zusammen, wo sie von ihren Eltern für einige Stunden an Wochentagen und für den größten Teil des Tages am Sabbat und in den Ferien besucht wurden. [56] In der Regel lebten etwa 16 Kinder vom Kindergarten bis zum Abschluss – vergleichbar mit dem Abitur – zusammen. Das Leben dieser Gruppen vollzog sich nach denselben demokratischen Prinzipien, die auch in der Erwachsenengesellschaft des Kibbuz zur Anwendung kamen.

Die „Gesellschaft der Jugendlichen", die sich aus Heranwachsenden im Alter von 13 bis 18 zusammensetzte, war eine eigenständige Institution der Selbstverwaltung mit eigenem Plenum und eigenen Arbeits- und Sozialkomitees. Ein Erzieher oder eine Erzieherin leitete die Gruppe an und intervenierte nur, wenn die Verhaltensweisen der Kinder auf drastische Weise von den Normen des Kibbuz abwichen. Landwirtschaftliche Ausbildungseinheiten oder praktische Übungen in anderen Berufen wurden genauso wertgeschätzt wie intellektuelles Lernen. Vom frühesten Alter an wurden die Kinder dazu ermutigt, sinnvolle Arbeiten zu verrichten und ihre natürliche Rolle im produktiven Gemeinschaftsleben zu finden.[57]

Ein gewisser Wettbewerb unter den verschiedenen Gruppen wurde gefördert, aber auf einer soliden Basis gegenseitiger Solidarität und Kooperation und nur unter der Zielsetzung, gleichzeitig die Solidarität und das Teamwork innerhalb einer Gruppe zu stärken. Die Gemeinschaft übernahm dadurch viele Pflichten, die traditionell in den Aufgabenbereich der Eltern fallen. Zwar wurden die frühen, „extrem" kommunistischen Praktiken in vielen Kibbuzim nach relativ kurzer Zeitspanne wieder aufgegeben, denn eine längere Trennung zwischen Eltern und Kindern überforderte letztlich beide, aber das Bildungssystem sorgte auch weiterhin dafür, dass die autoritäre Struktur der traditionellen Kleinfamilie als solche nicht mehr existierte.

Ob ein solches Bildungssystem erfolgreich oder gesund sein kann, war als generelle Frage Gegenstand zahlreicher kontroverser Debatten unter Psycholog*innen und Soziolog*innen in der ganzen Welt. Vielleicht noch spannender ist aber das bemerkenswerte Ausmaß der polarisierten Meinungen über das Bildungssystem im Kibbuz unter denen, die es selbst durchlebten. Hinsichtlich ihrer Erziehung im Kibbuz *Nachshon* erinnerte sich Dorit Friedman: „Das war unmenschlich, wirklich unmenschlich."[58] Andere Kibbuzniks kritisierten an ihrer Schulzeit, dass das Verhältnis zu den Eltern und auch ihren Geschwistern so angespannt wurde, dass es nie mehr wirklich überwunden werden konnte. Pädagog*innen haben beschrieben, dass solche „widernatürlichen Gefühlslagen", die im Verlauf der Eltern-Kind-Trennung entstanden, bestehen blieben, auch unter den Kibbuzniks der zweiten und dritten Generation, die alle niemals eine traditionelle Erziehung innerhalb der Familie erfahren haben.[59]

Andererseits erinnerte sich eines der ersten Kinder, das im Kibbuz Degania geboren wurde, später an eine glückliche Kindheit, in der „gegenseitige Anteilnahme untereinander" vom frühesten Kindesalter an wuchs bis hin zu dem Punkt, dass sie regelrecht intuitiv wurde. Sie sei zu einem Impuls geworden, dem das Individuum instinktiv folgte. So sei „mir nie in den Sinn gekommen, dass ich eine Orange nicht sofort mit den anderen Kindern geteilt hätte".[60] Das Bildungssystem in den Kibbuzim veränderte sich im Großen und Ganzen nach dem Prinzip „Versuch und Irrtum". Viele würden sagen, der größte Irrtum sei gewesen, dass die meisten Kibbuzim ab Ende der Siebzigerjahre viele der hier dargestellten Praktiken ablegten und zu einem traditionellen Familienleben zurückkehrten. Doch bis dahin war es dieses Gefühl der als selbstverständlich verstandenen gegenseitigen Hilfe und Solidarität, das die frühen Kibbuzniks weiter versuchten, in ihrem Nachwuchs zu fördern. Es war die von ihnen geschaffene Grundlage des Bildungssystems. Aus demselben Grund waren solche Erziehungsideale bereits zentraler Bestandteil der Vorbereitung für die europäischen Jugendgruppen, die zum Aufbau der Kibbuzim in den Zwanziger- und Dreißigerjahren des 20. Jahrhunderts beitrugen. *Hashomer Hatzair* (Der junge Wächter) war hierfür ein Paradebeispiel. Als Jugendbewegung mit pädagogischer Ausrichtung war diese Organisation davon überzeugt, dass Bildungsprogramme und die besondere Form der Disziplin, die durch die Beteiligung an einer Jugendgruppe eingeübt wurde, der Schlüssel für kollektive Siedlungsprojekte und das wirksamste Mittel für den Aufbau einer überlebensfähigen und lang andauernden Gemeinschaft waren. Man bekommt einen guten Einblick in die erziehungspolitischen Konzepte der Kibbuzim, die die Beteiligten aufzubauen versuchten, wenn man deren organisatorische Aktivitäten im Europa der Dreißigerjahre des 20. Jahrhunderts beobachtet.

Die Bewegung teilte sich dabei in verschiedene Altersgruppen (*shichvot*) auf: *Bnei Midbar* (zwischen 9 und 12 Jahre alt); *Zofim Zeirim* (zwischen 12 und 13 Jahre) und *Zofim* (zwischen 14 und 15 Jahre) – beide kurz *Zofim* genannt; sowie *Zofim Bogrim* (zwischen 17 und 18 Jahre) und noch einmal *Zofim* (18 Jahre und älter); beide kurz *Bogrim* genannt. Gemäß des Kibbuz-Forschers Michael Tyldesley bestand die Arbeit der Bnei Midbar „aus einem gefühlsmäßigen Zugang zu den Gewohnheiten, Symbolen und Geboten der Bewegung“, während die Zofim-Programme dann „die Ausbildung des Charakters und einer inhaltlichen Grundlage für die marxistisch-zionistische Weltsicht“ beförderten. Die Bogrim arbeiteten an einer Vertiefung ihres Verständnisses der politisch-ideellen Wurzeln von Hashomer Hatzair vor dem Hintergrund der aktuellen Situation und Rolle dieser Organisation innerhalb der jüdischen Gemeinschaftsbildung in Palästina, während die Zofim direkt an wichtigen Texten arbeiteten, wie etwa am *Kommunistischen Manifest* oder an Schriften von Kropotkin und Landauer.[61]

Dieses Bildungssystem war die Grundlage für den Aufbau der Kibbutz-Artzi-Föderation, deren „organisch“ strukturierte Kibbuzim einen sozialen Zusammenhalt aufrecht erhalten und eine weltanschauliche Norm entwickeln konnten – und somit Kohärenz und Nachhaltigkeit auch als sozioökonomische Einheiten. Denn ihre Mitglieder hatten alle diesen Bildungsprozess durchlaufen. Die Schwerpunktsetzung auf die Weiterentwicklung dieses „ideologischen Kollektivismus“ der Hashomer Hatzair als bildungspolitische Jugendbewegung wurde in den Kibbuzim der Organisation institutionalisiert.

Die Kibbuz-Föderationen

Bereits auf einer frühen Stufe begannen in den Siedlungen fortgeschrittene Formen des gegenseitigen Austausches zwischen den Gemeinschaften und ziemlich komplexe Handels- und Kommunikationsnetzwerke Fuß zu fassen. Von Anfang an war die Idee der Föderation prägend für die Kibbuzbewegung. Sie war durch Landauer, Arlosoroff, Buber und Yaari verbreitet worden, um hier nur vier der einflussreichsten Denker der frühen Bewegung zu nennen. Sie alle strebten eine jüdische Nation in Palästina an, die auf einer Vereinigung von Gemeinschaftssiedlungen aufbaute. Man könnte auch sagen, dass diese Konzeption eine Art Ergänzung zur anderen „Makro“-Konzeption des Kibbuz war, über die in der Frühphase der *Gedud HaAvoda* (Arbeitsbrigade) und später in der HaMeuhad-Strömung (Vereinigte Kibbuzim) diskutiert worden ist. Die Organisationsform der Föderation – ein loser, sporadischer und zunächst sogar spontan entstandener Zusammenschluss – übernahm hier viele verantwortliche Aufgaben, die normalerweise dem Staat übertragen werden.

Die Idee, die Entwicklung hin zu einer Föderation zu formalisieren, blieb bis 1925 genau das – nur eine Idee. Das Protokoll einer Kvutza-Versammlung von Delegierten, die im Kibbuz Degania ein Jahr davor, 1924, abgehalten wurde, zeigt, dass zwar die Frage einer Föderation noch nicht völlig durchdacht worden war, sie aber bereits als „wichtig eingeschätzt wird, weil sie die Beziehungen innerhalb des Kvutzot" [der landwirtschaftlichen Kollektivsiedlungen; d.Ü.] verbessern würde[62] und dabei gegenseitige Hilfe als Mittel angesehen wurde, „den Gemeinschaftsgedanken weiter zu verbreitern."[63] In der berühmten, rückblickenden Analyse Martin Bubers ist zu lesen:

> Schon in ihrer ersten undifferenzierten Gestalt hat der Kvutza ein Zug zur Föderierung, zu einem Zusammenschluss der Kvutzot in einer höheren sozialen Einheit innegewohnt; ein höchst wichtiger Zug, da sich darin kundgab, dass die Kvutza sich, wenn auch nicht explicite, so doch implicite als Zelle einer restrukturierten Gesellschaft verstand. Mit der Abspaltung und Entfaltung der verschiedenen Formen, von der halbindividualistischen, die in Hauswirtschaft, Lebensordnung, Kindererziehung die persönliche Selbständigkeit wahrt, bis zur reinkommunistischen, ist an die Stelle des einen Verbandes eine Reihe von Verbänden getreten, in jedem von denen eine bestimmte Siedlungsform und damit mehr oder weniger ein bestimmter Menschentypus sich föderativ konstituiert hat, wobei die Grundvoraussetzung war, dass die örtlichen Gruppen sich miteinander unter demselben Gesetz der Gemeinschaftlichkeit und der gegenseitigen Hilfe verbinden, das in der einzelnen Gruppe waltet.[64]

Im Kapitel über Kropotkin seines Buches *Pfade in Utopia* bestätigte Buber die Ansicht des russischen Anarchisten:

> Kropotkin hat mit völliger Klarheit erfasst, [dass] ein sozialistisches Gemeinwesen nur auf der Grundlage einer doppelten interkommunalen Verbindung, nämlich der Föderation der Ortsgemeinden und der Föderation der Werkgemeinden, errichtet werden könne, die sich vielfältig miteinander verschränken und einander unterstützen.[65]

Genau entlang dieser Vorgaben sollten sich die Kibbuzim schießlich verwirklichen. Die Gemeinschaften, die von den Pionier-Organisationen in der zweiten und der dritten Alija gegründet wurden, entwickelten sich langsam aufeinander zu und legten so den Grundstein für die nachfolgende Entwicklung der Kibbuz-Föderationen. Die Gedud HaAvoda (Arbeitsbrigade) wurde später zur HaMeuhad, die Kibbuzim der Hashomer Hatzair (Junge Wächter) erweiterten sich zur Kibbutz Artzi Hashomer Hatzair (Nationale Kibbuz-Föderation der Jungen Wächter) und noch im Jahre 1951 trat Hever Hakvutzot (Vereinigung der landwirtschaftlichen Kollektivsiedlungen), deren erste Föderation bereits 1925 gegründet wurde, der größeren Föderation der Ihud Hakvutzot Vahakibbutzim (Vereinigung der Kollektivsiedlungen) bei.

Während des gesamten 20. Jahrhunderts hindurch arbeitete die Bewegung auf dieser föderativen Grundlage mittels des Prinzips der gegenseitigen Hilfe unter den Kibbuzim, auch wenn sie in dieser Zeit komplexe und umfangreiche Prozesse von Spaltungen und Neuformierungen durchlebten. Im Jahr 2009 umfasst die Kibbuzbewegung als Geflecht aus den beiden größten Föderationen, *TAKAM* und *Artzi* ungefähr 94 Prozent der in den Kibbuzim lebenden Gesamtbevölkerung. Die restlichen sechs Prozent leben in den *Dati*-Kibbuzim, den explizit religiösen Kibbuzim.

Aus den Vertreter*innen eines jeden Kibbuz organisieren diese Föderationen jeweils eine zentrale Behörde mit jährlichen regelmäßigen oder auch außerordentlichen Versammlungen. In jeder Phase seiner Existenz arbeiten in einem Kibbuz rund sechs Prozent seiner Mitglieder hauptamtlich für Angelegenheiten der Föderation. Leute, die mit solchen Funktionen betraut sind, rotieren ungefähr alle zwei Jahre. Neben Planungsprojekten, Forschungsvorhaben, Evaluierungs- und Beratungsarbeiten und Trainingsprogrammen im beruflichen und pädagogischen Bereichen bieten die Föderationen eine umfassende Krankenbetreuung, Sozialversicherungen sowie weitere für die Föderationen angebotene Dienstleistungen, etwa die wirtschaftlichen und technischen Beratungsdienste der *Kibbutz Industries Association* (KIA; Vereinigung der Kibbuz-Industrien), die 1962 als Freiwilligenorganisation entstand. Dort sind alle laufenden Industrieprojekte der Bewegung vertreten und es finden Beratungssitzungen statt.[66] Zwar gilt jeder Kibbuz als autonome Einheit, doch die Verflechtungen der gegenseitigen Hilfe und Kooperation aus den Anfangszeiten der Bewegung bleiben in diesen auf nationaler Ebene organisierten Föderationen lebendig. Die Föderationen entwickelten ein progressives Steuersystem, das es den gutgehenden Kibbuzim ermöglichte, erst seit jüngerer Zeit bestehenden oder weniger produktiven Siedlungen zu helfen. Das ist ein Beispiel für gegenseitige Unterstützung, die schon in der Gründerzeit zwischen den Kibbuzim bestand und überlebte.

Obwohl die wichtigste Funktion der Kibbuz-Föderationen darin besteht, die Wirtschaftsaktivitäten innerhalb und unter den Kibbuzim zu koordinieren, waren sie immer schon ein Bestandteil des gesamtgesellschaftlichen Lebens. Ein bedeutendes Beispiel dafür ist die *Branch for Involvement in Israeli Society* (Abteilung für die Beteiligung an der israelischen Gesellschaft), die speziell dafür aufgebaut wurde, um mit ihren Hilfsprogrammen die Unterprivilegierten Israels zu unterstützen.

Die Föderationen koordinierten politische Programme auf nationaler Ebene und entwickelten die erwarteten Verhaltensnormen für die Kibbuzmitglieder in den Bereichen Konsum und Bildung sowie Regeln für die weiteren, unterschiedlichen Lebensbereiche. Das nationale Sekretariat der Kibbuzim in Tel Aviv hat keine wirkliche Macht über den einzelnen Kibbuz. Bevor nicht eine Entscheidung des Sekretariats von der Generalversammlung jedes Kibbuz akzeptiert und ratifiziert ist, kann diese Zentralbehörde kaum Zwang ausüben, wodurch jeder einzelne Kibbuz in seiner grundlegenden Autonomie gewahrt bleibt.[67]

Die Gewerkschaftsbewegung Histadrut

Zwar waren die Kibbuzim ein unabhängiges soziales Modell, das durch diese föderative Struktur zusammengehalten wurde, aber zugleich waren sie immer verbunden mit der Gewerkschaftsbewegung des Landes, der *Histadrut*. Die Histadrut hatte einen enormen Einfluss dabei, das inhaltliche Selbstverständnisses der Kibbuzbewegung mit zu definieren, aber in diesem Zusammenhang ist die Histadrut auch unabhängig davon eine interessante Organisation. Sie wurde in Haifa im Dezember 1920 gegründet. Die Histadrut sollte alle jüdischen Arbeiter*innen zusammenfassen, dabei Siedlungen auf dem Lande propagieren und für Arbeiterrechte kämpfen sowie Angebote schaffen wie Arbeitsvermittlung, Krankengeld und Vergünstigungen für ihre Mitglieder.

Sie sollte auch soziale Dienste anbieten, etwa einen Austausch über Arbeitsstellen, Zahlungen im Krankheitsfall und Konsumentenrabatte für Gewerkschaftsmitglieder. Die Histadrut war in den Jahren vor der Staatsgründung mehr als nur eine Gewerkschaftsbewegung im konventionellen Sinne, sie war vielmehr eine Art „Alternativgesellschaft".

Ab 1920 besaß und kontrollierte die Histadrut viele unterschiedliche Unternehmen über ganz Palästina hinweg. Eine Zeit lang war sie sogar der größte Arbeitgeber im Land. Neben der Verwaltung zahlreicher Geschäfte und Fabriken gehörte zur Histadrut auch ein Netzwerk an Schulen. Sie führte Fortbildungen für Lehrer*innen durch, verwaltete Bibliotheken und kulturelle Treffs im ganzen Land. Mit ihr verbundene Arbeiterräte in den Städten, aber auch in den Kibbuzim, organisierten verschiedene Kulturprogramme, förderten Sportvereine oder gründeten gut laufende Buchverlage.[68] Walter Laqueur bemerkt für das Palästina vor 1948:

> Ein Gewerkschaftsmitglied musste sich im Lebensalltag nicht weit außerhalb des Rahmens der Histadrut begeben, selbst wenn er nicht in einer ihrer Unternehmen arbeitete. Er kaufte im Geschäft einer Kooperative ein, zahlte sein Geld auf einer Arbeiterbank ein, brachte seine Kinder in Kindergärten und Schulen, die von der Histadrut finanziell gefördert wurden, und er besuchte seinen Arzt in der ‚Kupat Holim' (der Krankenkasse der Histadrut), die ihren Gesundheitsdienst für bis zu 65 Prozent der Bevölkerung zur Verfügung stellte. Letztere war faktisch eine Art halb-offizieller nationaler Gesundheitsdienst. Hätte sie auch noch Friedhöfe besessen, könnte man fast behaupten, dass die Histadrut nahezu die gesamte Bevölkerung von der Wiege bis zum Grab mit ihren Dienstleistungen begleitete.[69]

Schon zwei Jahre nach Gründung hatte die Histadrut mehr als 8000 Mitglieder und repräsentierte damit mehr als die Hälfte der jüdischen Arbeiterklasse in Palästina. Bis 1927, nunmehr mit 25.000 Mitgliedern, vereinte sie 75 Prozent der gesamten jüdischen Arbeitskräfte im Land. Obwohl infolge der Staatsgründung einige der früher von der Histadrut ausgeführten Funktionen nicht mehr gebraucht wurden, blieb diese Organisation eine wichtige Stütze der Arbeiterbewegung und fuhr bis in die Neunzigerjahre fort, Schlüsselfunktionen der Gemeinwirtschaft bereitzustellen.

Und der Anarchismus im Kibbuz?

Es wäre ein Fehler, das einzigartige Organisationsmodell der Kibbuzim, das in diesem Kapitel beschrieben wurde, als Mikrokosmos eines

Staatssozialismus oder eines Marxismus zu beschreiben, wie viele es getan haben. Diese zugleich politische und ökonomische Organisation unterscheidet sich so grundlegend von den meisten theoretischen Konzepten oder historischen Beispielen des Staatssozialismus, dass beide Systeme nicht vergleichbar sind. Natürlich gab es ab den frühen Dreißigerjahren des 20. Jahrhunderts einen breiteren Diskurs über die Siedlungen, der fast vollständig innerhalb eines marxistisch-leninistischen Kontextes geführt wurde, und die offizielle ideologische Ausrichtung der Kibbuzim ist vor dem Hintergrund des umfassenderen politischen Diskurses in Israel (besonders vor dem Hintergrund der Histadrut) zugegebenermaßen pro-kommunistisch geworden. Doch die wesentlichen Voraussetzungen des *staatlichen* Sozialismus, wie er von Marx und seinen Schüler*innen definiert worden ist, waren im Kibbuz-System nicht gegeben. Dagegen waren die entscheidenden Charakteristika des anarchistischen Sozialismus eindeutig sichtbar.

So sieht es etwa der israelische Journalist und Mitglied des Kibbuz, Giora Manor, der in seinem Artikel aus dem Jahre 1993, „The Kibbuz: Caught Between ‚Isms'" versuchte, die Vorstellung der Kibbuzim als praktisches Beispiel für den Marxismus oder als eines Mikrokosmos von staatlich begründeten Sozialismusformen zu widerlegen, für die sie gemeinhin gehalten werden. Manor argumentierte, dass der Wandel hin zu marxistischen Ideen, der in den Zwanzigerjahren des 20. Jahrhunderts begann, keinen prägenden Einfluss auf die Wirklichkeit des Lebens im Kibbuz hatte, sondern nur „eine immer größere Kluft zwischen einer sich in Parolen und politischen Erklärungen ausdrückenden Ideologie und der Realität"[70] schuf.

Manor meint außerdem, dass der Anarchismus „noch immer im Kibbuzleben verwirklicht war, nur nicht mehr als solcher bezeichnet wurde".[71] Er glaubte, dass es vor allem die Erzieher*innen in den Kibbuzim waren, welche die Diskrepanz zwischen Ideologie und Praxis am deutlichsten spürten. Deren Aufgabe war es, den Schüler*innen die theoretischen Grundlagen der Gemeinschaft, in die sie hineingeboren wurden, zu erläutern. Während der Dreißigerjahre des 20. Jahrhunderts wurde diese Aufgabe durch die stark antizionistische Haltung von Kommunist*innen in der ganzen Welt besonders erschwert – einige prägende Persönlichkeiten im Kibbuzleben sprachen von einer „unerwiderten Liebesbeziehung" zwischen der UdSSR und der Kibbuzbewegung. Auch wenn die offiziell pro-kommunistische Haltung der Kibbuzim durch den Kampf der UdSSR gegen Hitler im Zweiten Weltkrieg und im Anschluss der Einfluss der UdSSR auf die UN bei ihrer Entscheidung zur Schaffung des Staates Israel leichter begründet werden konnte, „gaben die Erzieher*innen weiterhin nur Lippenbekenntnisse zum Marxismus ab und versuchten nicht, ihn mit der Kibbuz-Theorie in Verbindung zu bringen."[72]

Manor vertrat die Auffassung, dass es mit der Zeit innerhalb der Kibbuzim obsolet wurde, irgendeine Theorie über die grundlegenden Prinzipien des Kibbuz in einem größeren weltanschaulichen Rahmen zu formulieren und er bemerkte: „Bis zu den Fünfzigerjahren nahm kaum jemand von der Absurdität Notiz, dass hier Marxismus gepredigt wurde, während man gemäß der Grundsätze des Anarchismus lebte."[73] Diese Aussage muss in einem zeitgenössischen Rahmen gesehen werden, in welchem die Bedeutung des Marxismus – besonders des Leninismus – für die palästinensisch-jüdische und die frühe israelische Gesellschaft gar nicht überbewertet werden konnte. Gleichwohl hat Manors These, dass die Übernahme einer marxistisch-sozialistischen Weltanschauung zu einer „vollständigen Trennung zwischen Theorie und Praxis des Kibbuz" führte – und eben nicht zu einer Aufgabe des anarchistischen Lebensstils – eine plausible Grundlage.

Zwar war also die Rhetorik im Hinblick auf die internen Strukturen und Praxen der Gemeinschaften marxistisch geworden, doch blieben die Kibbuzim in diesem Zeitraum trotzdem stärker dem sozialen Anarchismus zugewandt, als es die üblichen Darstellungen vermuten lassen. Einerseits bedeutete die Mischung von Landwirtschaft und Industrie nun eine Abkehr vom ganzheitlichen Tolstojanismus der frühen, landwirtschaftlich orientierten Kvutzot und führten zu neuem Nachdenken über die organisatorischen Strukturen der Kibbuzim, andererseits rückte die wirtschaftliche Diversifizierung die Gemeinschaften wieder näher an das Ideal Kropotkins und Landauers von der Verknüpfung von Industrie, Handwerk und Landwirtschaft auf lokaler Ebene heran, das sie auch früher schon gewesen waren. Der Ökoanarchist Graham Purchase fasste dies wie folgt zusammen: Die ursprüngliche Einführung kleiner, leichtindustrieller Werkstätten und ihre später erfolgende Einbindung in größere Industrien sowie intensiven, technologisch fortgeschrittenen Gartenbau und ebensolche Landnutzung hatte schließlich zum Ergebnis, dass das Modell der Kibbuzim „genau zu einem Lebensmodell jener Art von Gemeinschaftsdörfern oder Kleinstädten wurden, die Kropotkin vorhergesehen hatte."[74]

KAPITEL V

Eine neue Kibbuzbewegung?

Der Kibbuz
im 21. Jahrhundert

*Für Anarchist*innen und Sozialist*innen der alten Garde (...) war die Kibbuzbewegung in Palästina ein Beispiel dafür, wie Menschen ohne den Staat, ohne einen Chef und ohne den Leistungsdruck des Kapitalismus zusammenleben und arbeiten konnten. Aber leider existieren die Kibbuzim heute nur noch dem Namen nach, weil all die Werte und Zielsetzungen, die sie so einzigartig gemacht hatten, aufgegeben wurden.*
The Raven, Anarchistische Vierteljahreszeitschrift, London, Sommer 1995.

Noam Chomsky bemerkte in einem Interview von 1999, dass die frühen Kibbuz-Gemeinschaften „dem anarchistischen Ideal näher gekommen sind als andere kurzlebige Versuche, bevor diese wieder zerstört wurden.“[1] In ihrem Innern waren diese Kommunen dazu fähig, ein funktionierendes Sozialsystem zu schaffen und aufrechtzuerhalten, das auf den Prinzipien der klassischen anarchistischen Theorie fußte. Aber zusätzlich zu einem angenehmen und egalitären Leben für ihre eigenen Mitglieder gelang ihnen – in der Zeit vor der Staatsgründung – eine Entwicklung, bei der andere utopische Experimente bisher gescheitert waren. Es war ihnen möglich, ihre Struktur auf die landesweite Ebene auszuweiten. Sie konnten durch den Erfolg kooperativer Arbeit eine ganze nationale Infrastruktur aufbauen, ein föderales Bündnis horizontal verwalteter Gemeinschaften.

Die organisatorische und ökonomische Struktur des *Jischuw* hatte in den frühen Jahren der jüdischen Besiedlung ein pan-archistisches[2] Muster unterschiedlicher, aber koexistierender Kollektive, aus Quasi-Kollektiven oder auch aus weniger kollektiven Institutionen: von den Kibbuzim und der nahezu allumfassenden, gewerkschaftsbasierten *Histadrut-Föderation* am einen Ende des Spektrums bis zu kapitalistischen Unternehmen wie etwa den Rothschild-Siedlungen auf der anderen Seite.[3]

Parallel zu den jüdischen Kooperativen, die das wirtschaftliche Rückgrat des Jischuw bildeten, entwickelte sich auch die palästinensische Ökonomie die ganze Zeit hinweg weiter. Die arabischen Dörfer, die in einer im Großen und Ganzen kollektiven Form verwaltet wurden, fuhren damit fort, ihre Ernte einzuholen und ihre Erträge zu den Märkten in Hebron, Beersheba und Jaffa zu bringen. Bis zum Arabischen Aufstand von 1936 waren beide Ökonomien im Wesentlichen miteinander verschachtelt, wobei manche Waren – zum Beispiel Gemüse – vorwiegend im arabischen Sektor produziert oder auch aus benachbarten arabischen Ländern eingeführt wurden, wie etwa verschiedene Obstsorten.[4]

Obwohl dieses dezentrale Netzwerk von Kommunen, Kooperativen und weiteren kollektiven und quasi-kollektiven Unternehmen die gesamte Zeit hindurch letztlich der Rechtsprechung fremder Mächte unterstand, war es dazu fähig, die wichtigsten Funktionen auszuführen, die normalerweise von den zentralisierten Institutionen des Kapitalismus und des Staates übernommen werden. Im Zuge dieses kollektiven Unterfangens wurden Industrie, Landwirtschaft, vielfältige Formen kultureller und sozialer Programme und sogar ein rudimentäres Gesundheitssystem erfolgreich zusammengeführt. Die Individuen waren frei, dem System ihrer Wahl anzugehören sowie den Verfahren der Rechtsprechung dieser Gemeinschaften nach eigenem Ermessen beizutreten oder es wieder zu verlassen.

Der Verrat eines Traums

Wie wir gesehen haben, war diese Situation eine, von der viele Kibbuz-Gründer*innen sich ursprünglich erhofften, dass sie zu einem Dauerzustand werden könnte. Was die prinzipielle Möglichkeit betrifft, hätte es auch so kommen können. Dass diese Utopie letztlich aber nicht in Permanenz verwirklicht werden konnte, liegt an einer ganzen Reihe von groß angelegten Formen des Verrats, die schon während der Zeitperiode der Britischen Mandatsverwaltung [1917-1948; d.Ü.] begannen und die dafür sorgten, dass dieser Traum der frühen Kommunard*innen auf systematische Weise manipuliert und instrumentalisiert worden ist – und zwar von den entstehenden zionistischen Institutionen eines im Werden begriffenen Staates.

Ein böses Omen für das Kommende – und wahrscheinlich einer der frühesten und auffallendsten Verratsmomente – kann in den Ereignissen rund um den Kibbuz *Tel Yosef* im Jezreel-Tal in den frühen Zwanzigerjahren gesehen werden. Tel Yosef war 1922 von Mitgliedern der *Gedud HaAvoda* (Arbeitsbrigade) als Ableger des Kibbuz *Ein Harod* aufgebaut worden. Im Sommer 1923 wurde er zum Zentrum einer Zusammenballung sich steigernder Spannungen zwischen *Ahdut HaAvoda* (Arbeitereinheit) und Gedud HaAvoda. Seit 1919 versuchte Ahdut HaAvoda die Gedud unter ihre Kontrolle zu bringen. Unter der Führung eines Mannes, der später Israels erster Premierminister werden sollte, David Ben-Gurion, drängte die Ahdut zur Zusammenlegung beider Kibbuzim. Nach der zweiten *Histadrut*-Konferenz von 1922, zu einem Zeitpunkt, als die Kontrolle der Ahdut HaAvoda über die Histadrut noch nicht durchgesetzt war, wollte Ben-Gurion die Gedud und die anderen Kibbuzim aus dem Jezreel-Tal vereinnahmen, um die Unterstützungsbasis für die Ahdut HaAvoda zu verbreitern und zu stärken.

Am 3. Dezember 1922 hielt Ben-Gurion eine Ansprache an ein Treffen aus Kibbuzdelegierten in Tel Yosef. Er zweifelte dabei die Verlässlichkeit der Histadrut – wie sie zu jener Zeit existierte – an und betonte die Notwendigkeit einer „straff organisierten Institution, die den Arbeitermassen den Weg vorgeben“[5] könne. Er beklagte sich über die Schwäche der Histadrut und deren Unfähigkeit, all die unterschiedlichen Elemente innerhalb der Organisation wirksam kontrollieren zu können. Er argumentierte, das Wichtigste sei von nun an die Stärkung dieser Organisation, die, so meinte er, „das Ein und Alles in diesem Land werden kann und werden sollte“, die aber „noch nicht einmal geboren“[6] sei. Ben-Gurion legte sein Vorhaben dar, die Kibbuzim zu seiner Machtbasis zu machen und er warb um Unterstützung für seine Intention, die Finanzflüsse in der *Zionistischen Weltorganisation* unter seine Kontrolle bringen zu wollen. Er argumentierte, ohne eine unabhängige Basis an Finanzmitteln gebe es keine Hoffnung auf die Erringung von Autonomie.

Ben-Gurion hatte ein beträchtliches Talent für Manipulationsstrategien. So erwähnte er in der ganzen Rede mit keinem Wort die ideologischen Bündnisse, die ihm vorschwebten, weil er genau wusste, dass seine Pläne so für die Kibbuzim leichter akzeptiert werden konnten.[7] Viele Kibbuz-Vertreter*innen stellten sich zu jener Zeit die Histadrut als eine Art landesweite „Kooperative organisierter Institutionen“ vor, aber Ben-Gurion glaubte, dass diese Arbeiterföderation viel leichter zu kontrollieren war, wenn sie nicht aus Gruppen, sondern aus individuellen Mitgliedern bestand.[8] Er wusste: Wenn man die Kibbuzim einfach machen ließe, wie sie es wollten, dann würde die Histadrut zu einer Organisation werden, die sozialistische, aus seiner Sicht ideologisch motivierte Kommunen fördern würde, welche einen ökonomischen Egalitarismus und vollständige Autonomie vertraten. So könnte sie sehr leicht zur ernsthaften Konkurrenz der Ahdut HaAvoda werden. Solch ein Risiko wollte Ben-Gurion nicht eingehen. Nach der zweiten Histadrut-Konferenz war deutlich geworden, dass die Gedud nicht die Absicht hatte, mit der Ahdut HaAvoda zu verschmelzen. So entschied er sich dazu, diese bedrohliche Konkurrenz ein für alle Mal auszuschalten.

Die Unterschiedlichkeit der beiden Organisationen sowie ihrer Leitungsstrukturen sollte für jemanden vom politischen Kaliber eines Ben-Gurion niemals ein besonderes Problem darstellen. Die führenden Leute der Gedud hatten kein Talent für manipulative Strategien wie er. Sie zogen es stattdessen vor, genau das zu praktizieren, was sie predigten. Ze'ev Sternhell schrieb:

> Im Gegensatz zur Ahdut HaAvoda blieb die Gedud nicht nur kompromisslos ihren Prinzipien der Gleichheit, gegenseitigen Hilfe und der kollektiven Verwaltung der gemeinsamen Finanzen treu, sondern auch ihre Führungspersönlichkeiten wollten durch ihr Leben ein persönliches Beispiel abgeben. Sie arbeiteten tüchtig; zuerst bauten sie Straßen, dann machten sie Feldarbeit im Jezreel-Tal. Sie gründeten Ein Harod und Tel Yosef mit ihrer eigenen Hände Arbeit und litten zusammen mit den Anderen unter Schwächeanfällen und Unterernährung. Das war wohl ihr großer Fehler gewesen. Sie schlugen keine politische Karriere ein und übernahmen auch keine Verwaltungsposten im Büro für Öffentliche Arbeiten, solange das noch möglich war. Sie besetzten auch keine Schlüsselpositionen in der Histadrut. Sie fuhren einfach damit fort, hart zu arbeiten und die Prinzipien der Gleichheit, der selbständigen Arbeitsweise und des Vorangehens mit persönlichem Beispiel umzusetzen. Während also (die Führungspersönlichkeiten der Gedud) weitere Kibbuzim aufbauten und die Gedud-Läden vom Oberen Galiläa bis nach Jerusalem verbreiteten, während sie Steine zurechtschlugen und Gebäude bauten, machten die führenden Köpfe der Ahdut HaAvoda die Politik zu ihrem Beruf, erschufen einen Apparat und banden Tausende von isolierten, unorganisierten Arbeiter*innen an die Histadrut, ohne ihnen auch nur einen Augenblick zu vermitteln, dass sie ein persönliches Beispiel abgeben sollten.[9]

Als die Spannungen zwischen Gedud und Ahdut HaAvoda eskalierten, versuchte Ben-Gurion seine politischen Gegner zu schwächen und wandte sich auf Anraten von Shlomo Lavi erneut dem Projekt zu, den Kibbuz Ein Harod aus dem Verband der Gedud herauszulösen. Lavi hatte die Absicht, den Gedud-Verband überhaupt aufzulösen, und zwar durch die Eliminierung der gemeinsamen Finanzkasse. Er wollte verhindern, dass jegliche Gelder, die an Ein Harod flossen, von dort an weitere Kibbuzim weitergeleitet würden. Zu diesem Zweck beschuldigte er die Gedud der Veruntreuung. Mit zahlreichen Anschuldigungen dieser Art ging er zur Verwaltung der Histadrut und forderte sie auf, den Geldfluss an die Finanzkasse der Gedud zu stoppen.[10]

Am 2. Dezember 1922 veröffentlichte Lavi eine öffentliche Erklärung über die angeblichen Fehltransaktionen der Gedud. Ben-Gurion erwähnte diese Erklärung einen Tag später bei seiner Ansprache an die Kibbuzdelegierten in Tel Yosef, als er sie um Unterstützung für seine Wahl als Delegierter zum Histadrut-Kongress aufforderte, mit keinem Wort, obwohl er sie kannte. Auch in den folgenden Wochen erwähnte er die Erklärung nicht, sondern hob den Verweis darauf bis zum geeigneten Augenblick auf. Als aber dieser Augenblick gekommen war, so Ze'ev Sternhell, „benutzte er die ganze Macht der Histadrut wie eine Dampfwalze gegen die Gedud und zum Vorteil der Ahdut HaAvoda."[11] Obwohl die Mitglieder der Gedud in Tel Yosef weitaus zahlreicher als die Unterstützer*innen Lavis in Ein Harod waren, entschied die Histadrut, dass die kollektive Ökonomie der beiden Siedlungen zu gleichen Teilen gesplittet werden müsse.

Der Kibbuz Tel Yosef verweigerte unverhohlen die Aufeilung des Vermögens. Nachdem er ein Ultimatum gestellt hatte und dieses ignoriert worden war, übte Ben-Gurion Vergeltung an dem Kibbuz. Sternhell schrieb dazu:

> Ben-Gurion handelte schnell und rücksichtslos. Und er schreckte vor keinem Zwangmittel zurück, nicht einmal vor dem Zurückhalten medizinischer Hilfe, von Nahrungsmittellieferungen oder der anderer Güter des täglichen Bedarfs. Tel Yosef wurde mit einer kompletten Blockade belegt – von den Gedud-Mitgliedern wurde nichts anderes als die völlige Kapitulation erwartet.[12]

Bauernfiguren auf einem Schachbrett

Diese *Tel Yosef-Affäre* vom Mai und Juni 1923 war der erste Schritt zum Verrat am Traum eines organischen Commonwealth aus autonomen, egalitären Gemeinschaften. Der entstehende Staatsapparat, geführt vom aufstrebenden Karrierepolitiker David Ben-Gurion, bemächtigte sich der utopischen Potenziale der Kibbuzim, erhielt aber gleichzeitig den Mythos dieses Utopias für seine eigenen politischen Zwecke aufrecht. Als Ben-Gurion die Macht über die Distributionsmittel errang und sie gegen einen einzelnen Kibbuz als Vergeltung für dessen Weigerung, die Anweisung einer Zentralbehörde zu befolgen, benutzte, war die Schaffung einer neuen Gesellschaft gestoppt und ihr die realistische Umsetzungsperspektive entzogen worden. Danach war es nur noch eine Frage der Zeit, bis die Kibbuzbewegung von einem landesweiten sozialistischen Experiment innerhalb eines nicht-staatlichen Mandatsgebiets in den kollektivistischen Teil einer staatlich organisierten Befehlswirtschaft überführt wurde.

Wenn also der erste Verrat an dem utopischen Moment begangen wurde, so beging man den zweiten am *revolutionären* Moment. In gewissem Sinne wurde dieser Verrat ebenfalls durch ein staatliches Projekt ausgelöst, aber nicht durch den protozionistischen Staatsapparat, der anfing, in Palästina Gestalt anzunehmen. Sondern diesem Verrat lag die Tatsache zugrunde, dass der Zionismus von Anfang an dem Kolonialismus zu Diensten stand. Wenn man sich den umfassenden Rahmen der verschiedenen Machtpolitiken ansieht, in den das Projekt der Kibbuzim verwickelt war, dann war eine solche Form des Verrats früher oder später zu erwarten.

Für die europäischen jüdischen Jugendlichen aus dem späten 19. Jahrhundert und dem frühen 20. Jahrhundert, die alle im Rahmen sozialistischer Ideen erzogen worden waren, stand der Zionismus nicht nur als Symbol für das Ende des Exils und die Wiedererschaffung von Eretz Israel (Land Israel). Es ging auch darum, eine neue Gesellschaft an einem neuen Ort aufzubauen. Das war ein Projekt wie geschaffen für diese Generation, eine alternative Ausrichtung im Vergleich zu den marxistischen Strömungen – und eine Ausrichtung, die es mit diesen Strömungen aufnehmen konnte, weil sie nämlich dazu fähig war, auf jene Leute attraktiv zu wirken, die ihre Bestimmung und Selbstverwirklichung nicht in den konventionellen revolutionäre Aktivitäten Europas suchten. Ihr *wirkliches* Ziel ließ sich in etwa wie folgt beschreiben: eine Revolution ohne Gegner, in der die Radikalen die Gelegenheit bekamen, etwas vollständig Neues aufzubauen, bei Null anzufangen.

Als diese idealistischen Jugendlichen ihre *Kvutzot* [Mehrzahl von *Kvutza*, rein landwirtschaftliche Kollektivsiedlung; d.Ü.] aufbauten, agierten jedoch die Institutionen des politischen Zionismus im Hintergrund, kauften Land auf und schweißten diplomatische Beziehungen mit der britischen Regierung. Ganz besonders dominant wurde diese Politik nach dem Ersten Weltkrieg im Zuge der Einsetzung des Britischen Mandats, als die politische Macht in Palästina zugleich von den britischen Mandatsträgern sowie von zionistischen Organisationen beansprucht wurde. In den nachfolgenden Jahren brachen sich Interessen Bahn, die in eine Aufspaltung der Welt in zwei antagonistische Blöcke während der Vierzigerjahre mündeten. Dies bedeutete, dass die Zukunft der jüdischen Gemeinschaft in Palästina zu einer Frage ökonomischer und strategischer Bedeutung wurde. Dadurch entstand auch die Diskussion um ein dauerhaftes Bollwerk der westlichen Welt in einer Region, die reich an natürlichen Rohstoffen war, vermittels der Etablierung eines Abgesandten dieses Westens. Die Entscheidungshoheit über die Frage der Staatlichkeit lag dabei nicht bei den Arbeiter*innen im Kibbuzim, sondern bei den globalen Supermächten.

Aus diesem Grund war es die koloniale Dimension des Zionismus, die letztlich den Sargnagel für die ursprüngliche Gesellschaftsvision der frühen Kibbuzpionier*innen darstellte. Die Unabhängigkeit kam nicht, wie gewünscht, vom „kollektiven Willen“, sondern buchstäblich von den Vereinten Nationen. Dass dies von Anfang an so war, war eine Tatsache, die die frühen Kommunard*innen auf tragische Weise vergaßen. Mit welchen Vorhaben die radikalisierten Jugendlichen der zweiten und der dritten Alija auch immer angekommen sein mögen, so war der Spielraum der zionistischen Bewegung und der utopischen Projekte, die zu ihr gehörten, doch immer durch die äußeren Einflüsse der westlichen Staaten beschränkt. Diese Beschränkung definierte sich durch die Einmischung in die vielfältigen Netzwerke der Macht, die diese äußeren Faktoren bewirkten.

Dabei spielte es keine Rolle, wie erfolgreich die Kibbuzniks beim Aufbau und bei der Aufrechterhaltung einer radikal neuen Lebensweise in ihren Siedlungen waren: Das langfristige Potenzial dieser Gemeinschaften als nationaler politischer Faktor war strukturell immer dadurch geprägt, dass sie zugleich Bauernfiguren auf einem Schachbrett der westlichen Staaten und ihrer außenpolitischen Strategien waren. In den theoretischen Modellen und der möglichen Entwicklungsperspektive der landwirtschaftlichen Gemeinschaften, die von den anarchistischen und sozialistischen Denkern entworfen worden waren, war aber eine solche Realität nicht vorhergesehen worden. Doch diese Rolle als Bauernfiguren auf einem Schachbrett externer Interessen machte es nahezu unvermeidlich, dass die Kibbuzim schließlich bei ihrer Integration in einen Staat endeten.

Die Interessenlage auf Seiten der Rechten der jüdischen Diaspora war gewiss ein Katalysator auf dem Weg zur Staatlichkeit und spielte eine Rolle bei der Ausgestaltung des Nationalcharakters des jungen Israel. So machte der italienische Anarchist Alfredo Bonanno die jüdisch-US-amerikanischen und die internationalen Lobbypolitiken dafür verantwortlich, die USA dazu gedrängt zu haben, „das kleine, aber kämpferisch eingestellte Israel die Rolle eines Polizisten für den Mittleren Osten übernehmen zu lassen."[13] Dabei spielte der westliche Imperialismus bei der Zersetzung des utopischen Ethos der jüdischen Gemeinschaft im vorstaatlichen Palästina jedoch eine eher symbiotische Rolle des gleichgerichteten Zusammenwirkens. Während der Fünfzigerjahre fuhren Ben-Gurion und die frühe Führungsriege des Staates damit fort, Israel von einem ausländischen Sponsor zum nächsten zu navigieren. Es war ein Versuch, das Land auf internationaler Bühne für mehrere Spieler als „nützlich" zu etablieren. So bot sich ein verarmtes, verletzliches und sich bedroht fühlendes Israel, das ständig nach Freunden Ausschau hielt, selbst als schlimmstmögliches Werkzeug für den Westen an, um im Austausch dafür Schutz und Finanzspritzen zu bekommen.

Zu dieser Schlussfolgerung kamen Ralph Miliband und Marcel Liebman in einem Briefwechsel, der 1967 unmittelbar vor dem Sechs-Tage-Krieg begann und später unter dem Titel *The Israeli Dilemma*[14] veröffentlicht wurde. Liebman und Miliband diskutierten darin das Verhältnis zwischen Zionismus und westlichem Imperialismus. Sie konzentrierten sich dabei auf die britische und französische Politik im Lichte des Sinai-Krieges (1956-57) und in der Folge auf Frankreichs Verteidigung Israels während der Anfänge des Aufstands in Algerien. Die beiden Autoren – zwei linke Juden mit unterschiedlichen Positionen zu Israel – kritisierten das Land auf das Schärfste für dessen Bereitschaft, sich in den Dienst fast jeder möglichen europäischen Macht zu stellen, die Ben-Gurion in dieser Epoche umwarb.

Gleichwohl ist es wichtig, den Unterschied in den Sichtweisen von Liebman und Miliband wahrzunehmen. Einerseits wurde dabei Israels Nützlichkeit als eine Art Flugzeugträger für die Westmächte im Mittleren Osten (à la Bonnano) angeprangert, andererseits auf die dringliche Thematik verwiesen, welche Auswirkungen diese Rolle Israels auf dessen innenpolitische Ethik und Ideologie hatte – und zwar unabhängig davon, inwiefern sich die staatlichen Außen- und Innenpolitiken verändert hatten: Wenn man sich die Armut und die geradezu verzweifelte Suche nach Unterstützung in den ersten Jahren nach Staatsgründung vergegenwärtigt, konnte die Aufgabe auch nur eines Anscheins von Sozialismus und Liberalismus kaum überraschen. Indem sich Israel so bereitwillig zum Anhängsel des Westens machte, wurde sein Führungspersonal unvermeidlicherweise zum Katalysator einer multiplen Transformation seines Staates – und das bedeutete auch eine schnelle Veränderung innerhalb der nationalen Ideologie, in deren Verlauf die Vision der Kibbuzim mehr und mehr marginalisiert wurde.

Ist die Kibbuzbewegung am Ende?

Nun ist die Rolle der Kibbuzim in der jüdischen Gesellschaft Palästinas und in der zionistischen Bewegung die eine Sache, aber was ist mit dem Lebensstil innerhalb dieser Gemeinschaften? Nach 1948 haben diese Siedlungen noch in gewisser Weise als kleine Inseln des sozialen Anarchismus innerhalb des staatlichen Rahmens existiert, doch seit der Unabhängigkeitserklärung hat diese Bewegung ihren Lebensstil zunehmend verwässert. Zwar wurde über die Siedlungen weiter viel geschrieben und sie wurden als exemplarische sozialistische Gesellschaft hochgehalten, was Buber zu der berühmten Eloge verleitete, sie bildeten „einen Versuch, der nicht missglückte".[15] Doch die Mehrheit der heutigen Literatur über die Kibbuzim befasst sich mit der Darstellung einer Entwicklung hin zum „Ende der Kibbuzbewegung".

Die Integration in den Staat hatte eine tiefgreifende Auswirkung auf die Funktionsweise der Kibbuzim. Dies lag vor allem daran, dass die neuen Mitglieder, die durch den Staat in die Bewegung vermittelt wurden, keine radikalen Positionen mehr teilten, sondern eher konventionelle Positionen mit sozialdemokratischem Hintergrund. In der gesamten zweiten Hälfte des 20. Jahrhunderts ging die Begeisterung für die Vorstellung, einer radikalen Organisation von Pionier*innen anzugehören, stetig zurück. Dies wurde noch dadurch verschärft, dass nun viele im Kibbuz geborene Kinder im Erwachsenenalter Leute außerhalb der Bewegung heirateten und so die ideelle Grundlage der Siedlungen unterminierten.[16] In dieser zweiten Hälfte des 20. Jahrhunderts lebten die Menschen in den Siedlungen außerdem mehr und mehr introvertiert und selbstbezogen. Sie mischten sich nicht mehr so wie vordem in die landesweite Politik ein. So erodierte das Ansehen der Kibbuzim merklich, sowohl im Selbstverständnis ihrer Bewohner*innen als auch innerhalb der israelischen Gesellschaft als Ganzer.

Trotzdem gelang es den Kibbuzim auch noch für viele Jahre nach ihrer Absorption durch den Staat, ihren anarchisch-kommunalistischen Lebensstil aufrechtzuerhalten. In vielerlei Hinsicht entsprach Bubers Sicht auf die Kibbuzim als „Versuch, der nicht missglückte" noch über mehrere Jahrzehnte hinweg durchaus der Realität. Die Gemeinschaften ähnelten noch viele Jahre lang der Vision Kropotkins von anarchistischen Kommunen, wenngleich sie nun unter dem Dach des Staates existierten. Rund vierzig Jahre nach der Veröffentlichung von Bubers *Pfade in Utopia* [1950] sollte Bubers Optimismus jedoch ein- für allemal in Frage gestellt werden, nachdem die Bewegung eine Periode drastischer Veränderungen durchlief, die eine schnelle und radikale Trennung von ihren sozialistischen Idealen einleiteten, für deren Aufrechterhaltung sie doch während der gesamten zweiten Hälfte des 20. Jahrhunderts gekämpft hatten.

Die Krisen der Achtzigerjahre

Die grundlegenden Probleme der Kibbuzim begannen mit dem Sieg von Menachem Begins *Likud-Block* (National-liberale Bewegung) im Jahre 1977 und der nachfolgenden Regierungsbildung. Das war ein bisher einzigartiges Ereignis in der Geschichte Israels, das einen epochalen Wandel in Israels politischer Landschaft ankündigte. Von dieser Zeit an durchlief Israel einen profunden ökonomischen Wandel, durch welchen das wirtschaftliche Staatseigentum und das Eigentum der Histadrut zum ersten Mal in die Hände privater Firmen übergingen. Zusammen mit der *Mapai* (Arbeiterpartei) hatte die Histadrut bis dato auf wirksame Weise die völlige Kontrolle über die Ökonomie des Landes ausgeübt. Sie wurde nun auf drastische Weise in ihrer Macht beschränkt, wodurch die organisierte Arbeiterschaft einen großen Teil ihres Einflusses verlor.

Dieser Wandel war eingebettet in den umfassenden Prozess der Globalisierung, der in der gesamten industrialisierten Welt einsetzte. Internationale Dynamiken, ausgelöst von der Politik Margaret Thatchers und Ronald Reagans, erreichten rasch auch Israel. Die erste und bereits bedeutsamste Transformation bestand darin, dass sich das Land für den globalen Markt öffnete und damit plötzlich den Kräften der Weltökonomie ausgesetzt war. Daraus resultierte ein Trend zur umfassenden Privatisierung und zu Kürzungen im öffentlichen Sektor.[17] Dieser Wandel wurde später noch verschärft durch die Eliminierung aller Beschränkungen im Finanzhandel, die von Likud-Block 1985 durchgesetzt wurde. Das vereinfachte die Bedingungen für ausländische Investitionen und ebnete den Weg für Israelis, sowohl selbst in Übersee zu investieren als auch den israelischen Finanzmarkt zu entwickeln.[18] Einfuhrzölle, die noch 1970 bei 13 Prozent lagen, fielen bis Ende der Achtzigerjahre auf 1 Prozent. Und der Anteil der Importe am Bruttosozialprodukt stieg im selben Zeitraum von 37 Prozent auf mehr als 50 Prozent.[19]

Diese wirtschaftlichen Veränderungen trafen Israel hart. Sie lähmten die Produktion und führten dazu, dass im ganzen Land kleinere Firmen in den Bankrott getrieben wurden. Die meisten der älteren Produktionsbetriebe erlitten massive Schäden, und obwohl die Kibbuzim auch diese Zeit überlebten, zahlten sie einen hohen Preis dafür. Noch im Jahr 1982 machten die Kibbuzim Profite in Höhe von 345 Millionen Schekel. Aber eine schwindelerregende Inflation mit einem Höhepunkt von 400 Prozent im Jahr 1985 in Verbindung mit von der Regierungspolitik kontrollierten Produktionspreisen sowie einer Bankenpolitik, die gegenseitige Garantien unter den Kibbuzim ausbeutete, indem sie unbegrenzte und teure Kredite für Hochrisiko-Investitionen vergab, veränderten dies. Schon zwischen 1984 und 1988 machten die Kibbuzim 470 Millionen Schekel Verluste pro Jahr, die sie dem Bankensystem des Landes schuldeten.[20] Die Kibbuzim glaubten, dass die Inflation dafür sorgen würde, dass ihre Schulden auf einem beherrschbaren Niveau blieben. Deshalb nahmen sie in der ersten Hälfte der Achtzigerjahre exzessiv Kredite auf. Aber als die Regierung dazu überging, eine Austeritätspolitik einzuleiten, sank die Inflationsrate auf 20 Prozent im Jahr. Diese Entwicklung hinterließ bei den Siedlungen einen Berg von Schulden, den sie nie mehr zurückzahlen konnten. Bis 1988 war der kollektive Schuldenberg auf ca. 12 Billionen Schekel gewachsen – was allein Zinszahlungen in astronomischer Höhe nach sich zog. [21]

Obwohl der Likud-Block im Vergleich zu den auf ihn nachfolgenden konservativen und neoliberalen Parteien ähnlicher Art als erste Regierung in der Geschichte des Landes, die nicht von der Arbeiterpartei geführt wurde, noch nachgerade als sozialistisch bezeichnet werden könnte, war er nicht wirklich wohlwollend eingestellt, was die Situation der Kibbuzim anbetraf. Obwohl die Kibbuzim noch immer einen wesentlichen Beitrag zur Produktion des Landes leisteten, wurde ihnen nicht mehr das Prestige, der Einfluss oder auch der Grad an Repräsentation eingeräumt, den sie vorher in der israelischen Gesellschaft hatten. Lage Zeit trafen deshalb Vorschläge für eine umfassende Neubewertung der Schulden der Kibbuzbewegung auf taube Ohren. Erst die Wahl einer Regierung der Nationalen Einheit von Arbeiterpartei und Likud im Januar 1989, geführt von Yizhak Shamir und Shimon Peres, ermöglichte eine Art Annäherung, durch welche die Kibbuzim, die Regierung und Israels Staatsbank eine Übereinkunft unterzeichneten, die Schulden der Bewegung in eine neue Struktur zu überführen.

Leider kam das schon zu spät, um den Schaden, der in dieser Krisenphase entstanden war, beheben zu können. Außerdem waren die schlimmsten Schäden nicht rein ökonomischer Art. Die Regierungspolitik während der Achtzigerjahre beschnitt die Föderationen in ihren Möglichkeiten, Ressourcen je nach Notwendigkeit in einzelne Kibbuzim zu kanalisieren. Dadurch untergrub sie die Beziehungen unter den Föderationen und bewirkte deren Verlust an Einfluss. Weil die einzelnen Siedlungen somit immer mehr selbstbezogen und nur noch mit ihren eigenen internen Problemen befasst waren, begann die gegenseitige Hilfe unter den Kibbuzim zu verkümmern. Die Folgen davon bekamen die Kibbuzmitglieder im Jahre 1987 durch die *Beit Oren-Affäre* am deutlichsten zu spüren.[22]

Wie die meisten Kibbuzim fand sich auch Beit Oren in den frühen Achtzigerjahren mit einer einschneidenden wirtschaftlichen und sozialen Krise konfrontiert. Das war einerseits Ergebnis der regierungsoffiziellen Wirtschaftspolitik, andererseits wurde das verschlimmert durch demografische Veränderungen in der Kibbuzim-Mitgliedschaft: Es gab immer mehr ältere und weniger jüngere Leute, die die wirtschaftliche Last zu schultern hatten. Eine bisher nie dagewesene Wendung, die Schockwellen durch alle Kibbuzim sandte, war, dass die Bewegung auf Beit Orens Notlage mit der einseitigen Einstellung aller Finanzhilfen an die Siedlung und dem Vorschlag antwortete, dass die alten Veteranen den Kibbuz verlassen sollten.

Die Beit Oren-Affäre war nur eines von einer ganzen Reihe an Ereignissen in den Achtzigerjahren, die das Vertrauen der Kibbuzmitglieder sowie die ökonomische Sicherheit zerstörten. Dazu kam, dass dann der Verlust jeder Verbindung zwischen der Kibbuzbewegung und dem israelischen Staat unter der Ära der Regierung Begin (1977-1983) wie eine weitere Schockwelle empfunden wurde. Als der Likud unter Begin ankündigte, eine ganz neue politische Richtung für die israelische Gesellschaft einschlagen zu wollen, hatte das katastrophale Auswirkungen für das Selbstverständnis der Kibbuzim.

Dieser ideologische Richtungswechsel der israelischen Gesellschaft in den Achtzigerjahren führte zu einem schmerzhaften Prozess der Innenschau, der durch ideologische Veränderungen in der Ausrichtung der israelischen Gesellschaft in diesem Jahrzehnt noch verstärkt wurde. Es war die Zeit des aufkommenden Neoliberalismus, und dessen Betonung des Individualismus hatte zur Folge, dass der Kampf für die Schaffung eines kollektiven nationalen Ethos an den Rand des sozialen Bewusstseins des Landes gedrängt wurde. Ähnlichen Trends wie in den Ländern des Westens seit den späten Sechzigerjahren folgend, wurde der historische Konsens hinsichtlich des Säkularismus überlagert durch eine Rückkehr zur Religion und eine Wiedergeburt sowohl der ultraorthodoxen als auch der nationalen Geisteshaltung. Die Kibbuzim mit ihrer typisch progressiven politischen Weltsicht und ihrer säkularen politischen Kultur erschienen nun überholt und keines Respekts mehr würdig.[23]

Diese vielfältigen und dramatischen ideologischen Wendungen bewirkten eine ständig zunehmende Glaubenskrise, was das Pionierideal des Zionismus betraf. Diese Glaubenskrise ließ das Vertrauen in den Lebensstil der Kibbuzim sinken und trug zu einer Schwächung des sozialen Zusammenhalts innerhalb der Gemeinschaften bei. Kurz gesagt: Obwohl die Bewegung die Krisen der Achtzigerjahre überlebte, ging sie daraus nicht nur mit einem Riesenhaufen Schulden hervor, die sie irgendwie zurückzahlen musste, sondern ihre gesamte *Daseinsberechtigung* war in die Brüche gegangen. Die Bewegung misstraute darüber hinaus der teilweisen Überlappung des Zionismus mit dem westlichen Imperialismus und hatte somit ihre institutionelle als auch ihre kulturelle Legitimation verloren. Das Ende des Weges schien erreicht und mit ihm der Tod jedwedes emanzipatorischen, jüdisch geprägten sozialen Projekts im historischen Palästina. Tatsächlich hatte sich Israel mittlerweile in genau jene Sackgasse manövriert, die seine Kritiker*innen immer schon prophezeit hatten. Und in dieser Hinsicht war der Tod der Kibbuzbewegung nur eines von vielen Beispielen des Scheiterns der jüdischen Gemeinschaft, etwas Positives in dieser Region zu erreichen.

Die zeitgenössische Bewegung

Dieser Schwund des Vertrauens in den Lebensstil der klassischen Kibbuzim führte zu weit reichenden internen organisatorischen Veränderungen. In den Achtziger- und Neunzigerjahren kam es quer durch die gesamte Bewegung zu einer grundlegenden Transformation, als die Siedlungen versuchten, sich an die veränderten Bedingungen anzupassen. Faktisch bedeutete das, dass viele Siedlungen einen Kurswechsel unternahmen, der sie weit weg von den marktfeindlichen Ansichten ihrer Gründergeneration führte. Die letzten beiden Jahrzehnte des 20. Jahrhunderts bezeugen somit eine schnelle und nachhaltige Abkehr vom Gemeinschaftsleben in dem Maße, in dem die Kibbuzim die letzten Überbleibsel ihres kollektiven Erbes Stück für Stück preisgaben, um mit dem zunehmenden Druck von außen fertig zu werden.

Der aktuelle juristische Status der Bewegung definiert zwei verschiedenartige Formen der Kibbuzim: Die *Kibbutzim shituf'im* (Kommunale Kibbuzim), in denen nur wenige Änderungen der ursprünglichen Prinzipien durchgeführt worden sind; und die *Kibbutzim mitchadshim* (New-style oder sich verändernde Kibbuzim), in denen beträchtliche Veränderungen stattfanden. Die heutige Bewegung befindet sich in einem Wandlungsprozess und jeder einzelne Kibbuz muss entscheiden, in welche Kategorie es sich einordnet. Ungefähr dreißig Kibbuzim befanden sich im ersten Jahrzehnt des 21. Jahrhunderts im Organisationsrahmen der *Zerem Shitufi* (Kommunale Strömung), die drastische Veränderungen im Lebensstil der Kibbuzim ablehnt. Und rund einhundert Kibbuzim waren auf ähnliche Weise im Rahmen der *Ma'agal Shitufi* (Kommunaler Kreis) organisiert, der jene Kibbuzim umfasste, die sogar vollständig den Grundprinzipien des Kibbuzlebens treu bleiben wollten. Zwar versuchte die Mehrheit der Kibbuzim, ihrem ursprünglichen Ethos auch bei Gegenwind treu zu bleiben, doch eine ständig stärker werdende Minderheit kehrte der sozialistischen Ideologie auch explizit den Rücken und wandte sich bewusst dem Kapitalismus zu. Einer der ersten dieser Art von Kibbuz war *Kfar Ruppin* (Das Dorf Ruppins), der dann auch 1999 seine gesamten industriellen und landwirtschaftlichen Branchen in kapitalistische GmbHs umwandelte, für sie eine Aktiengesellschaft aufbaute und Aktien an seine Mitglieder für die Dauer ihrer Betriebszugehörigkeit ausgab.[24] Während die Privatisierung der Güter der Kibbuzim bis 2009 nur von einer Minderheit umgesetzt worden war, betrachteten es viele innerhalb der Bewegung nur als Frage der Zeit, bis sich dieser Trend weitaus umfassender zeigen werde.

Die Bedrohung, die das für die egalitären und gemeinschaftlichen Produktionsmittel der Kibbuzim bedeutete, blieb eine schwelende Ursache für den Weg in eine prekäre ökonomische Zukunft. Zwar hat nur eine Minderheit diesen marktorientierten Weg bisher ganz offen beschritten, während die meisten jüngeren Siedlungen aus einer Art Mischökonomie bestehen, aber die Anzahl derer, die dem Beispiel Kfar Ruppins folgen wollen, stieg mit jedem Jahr und war zu Beginn des neuen Jahrtausends bei insgesamt 22 angekommen.

Während die meisten Siedlungen am Ende des ersten Jahrzehnts im 21. Jahrhundert noch inmitten eines schwierigen Entscheidungsprozesses waren, ob auch sie den Weg der Privatisierung beschreiten sollten oder nicht, hatte die Bewegung als Ganze bereits eindeutig pro-kapitalistische Züge angenommen. In den Achtzigerjahren wurden die traditionellen und gleichzeitig horizontalen Verwaltungssysteme als anachronistisch und Ursache für die ökonomischen Fehlentscheidungen dieses Jahrzehnts betrachtet. Darum schlugen viele Kibbuzmitglieder vor, horizontale Verwaltungsstrukturen durch moderne Managmentmethoden zu ersetzen, auch wenn dies zur Folge haben würde, dass die partizipatorische Demokratie darunter leiden würde.[25]

Die Managementstrukturen der meisten Industrieunternehmen in den Kibbuzim heute ähneln einer komplexen, zentralistischen und hierarchischen Organisation, wie sie in jedem größeren kapitalistischen Geschäftszweig zu finden ist. Sie erinnern kaum noch an die funktionierenden anarcho-kommunisischen Einheiten aus vergangenen Zeiten. Aufsichtsräte verwalten heute die jeweiligen Wirtschaftsbranchen, besonders die Industriebetriebe. Sie betreiben ein Business-Management, das vom sozialpolitischen Rahmen vollständig getrennt ist. Wirtschaftliche Entscheidungen unterliegen daher nicht mehr sozialen Erwägungen.

Die zunehmende Trennung des wirtschaftlichen Managements vom eigentlichen Kibbuz-Milieu führte zu Betriebsleitungen mit externen Managern, die die früheren, aus der Generalversammlung heraus gewählten Komitees ersetzten. Dies untergrub auf drastische Weise den Charakter der Kibbuzim als einer auf einem Gemeinschaftsleben basierenden Gesellschaft, in der das Kollektiv für jeden Aspekt der Verwaltung dieser Gemeinschaft sowohl verantwortlich als auch daran beteiligt war. In den Neunzigerjahren verbreiteten sich außerdem unterschiedliche Formen der Entlohnung innerhalb des Kibbuz-Systems – je nach Alter, Funktion und Engagement.[26] Es war der Kibbuz *Ein Zivan*, der 1993 erstmals differenzierte Lohnsysteme einführte und zu Beginn des 21. Jahrhunderts waren bereits ein Drittel aller Kibbuzim diesem Beispiel gefolgt. Heute erhält beispielsweise ein Fabrikmanager eine weitaus höhere Vergütung als ein

Fabrikarbeiter oder eine Arbeiterin in einem landwirtschaftlichen Betrieb – so ging ein wichtiger Pfeiler des Egalitarismus in den Kibbuzim verloren.

Auf politischer Ebene führten der demografische Wandel und eine schichtenspezifische Ausdifferenzierung dazu, dass das ursprüngliche demokratische Entscheidungssystem fast bis zur Unkenntlichkeit verändert wurde. Die direkte, partizipative Demokratie wurde durch die zunehmende Einsetzung repräsentativer Körperschaften und geheime Wahlen bedroht. Formen der direkten Demokratie wie die Vollversammlung wurden weitgehend ersetzt durch gewählte Gremien – überhaupt ähnelt die Vollversammlung heutzutage „mehr einem jährlichen Aktionärstreffen als der traditionellen Versammlung aller Kibbuzmitglieder."[27]

In ähnlicher Weise unterlag der Kibbuz seit den Siebzigerjahren grundlegenden Veränderungen bei Sicherung und Aufrechterhaltung der sozialen Ordnung. Die individuelle Freiheit war bereits vor der Krise der Achtzigerjahre durch das sich ständig ausweitende Netz der Bürokratie und immer autoritärer werdende sogenannte „Komitees" bedroht. Sie wurde grundsätzlich unterminiert durch die um sich greifende Institutionalisierung und Formalisierung der Entscheidungsprozesse in der Vollversammlung – vor diesem Phänomen hatte Avraham Yassour bereits seit 1985 gewarnt. Das, so Yassour, „zerrüttet die kontinuierliche Entwicklung und nötigen Feinjustierungen, die lebenswichtig für die Existenz der Kibbuzim als freiwilliger, gemeinschaftsbasierter Gesellschaft sind."[28]

Utopia neu erfinden

Verallgemeinernde Einschätzungen entstehen oft nicht so schnell, wie zeitgenössische Veränderungen vor sich gehen. Wenn heute dennoch ein Schluss gezogen werden kann, dann der, dass das zeitgenössische Kibbuzsystem den streng ideell ausgerichteten Siedlungen aus den jüngeren Tagen der Bewegung kaum noch ähnlich sieht. Trotzdem wäre es verfrüht, aufgrund dieser Erfahrung die Idee des Kibbuz lediglich als ein weiteres gescheitertes Experiment in der Geschichte des Anarchismus ad acta zu legen.

Dafür gibt es zwei Gründe: Erstens liegen zwar Struktur und alltägliche Abläufe der neueren Kibbuzim eindeutig nicht mehr so nahe am klassischen Anarchismus wie früher, doch generell funktioniert die Bewegung noch immer anders als die kapitalistischen oder staatssozialistischen Modelle. Der anhaltende Einfluss des frühen anarchistischen Charakters der Bewegung hat zur Folge, dass auch heute noch Lehren aus dem damit verbundenen Lebensstil gezogen werden. So hebt die „International Communal Studies Association“ (Internationale Assoziation für Studien zum Gemeinschaftsleben) hervor, dass die heutigen Kibbuzim zwar nur noch vage an die Bewegung des frühen 20. Jahrhunderts erinnern, doch in den meisten Fällen sei es gelungen, deren Einzigartigkeit als solidarische Gemeinschaft aufrechtzuerhalten. So gebe es nach wie vor ein gemeinsames Eigentum an Produktionsmitteln, trotz der materiellen und organisatorischen Veränderungen, die seit den Achtzigerjahren stattgefunden haben.[29]

Christopher Warhursts ethnografische Querschnitts-Studie zum Kibbuz *Geffen*, die er in den Neunzigerjahren durchgeführt hat, weist darauf hin, dass trotz der Anpassung der Bewegung an die Marktökonomie innerhalb des Gemeinschaftslebens Vorstellungen der integrierten Arbeitsteilung, der direkten Demokratie (wenn auch in stark veränderten und verkümmernden Formen), der nicht-hierarchischen Verwaltungsabläufe, der Abwesenheit von autoritären Strukturen in politischen oder wirtschaftlichen Bereichen sowie der gemeinschaftlichen Produktion und Konsumption sichtbar bleiben. Dies sei – selbstverständlich – im Vergleich zur kapitalistischen Gesellschaft konstatiert und nicht im Vergleich zu den früheren Umsetzungsformen der Kibbuzim. Trotzdem beobachtete Warhurst in seiner Studie, dass die wesentlichen Vorbedingungen für den Kapitalismus (oder auch den Staatssozialismus nach Marx) in den Kibbuzim noch immer abwesend waren – in einer Zeit, als die Bewegung ins 21. Jahrhundert eintrat.[30]

Angesichts der schnellen und scheinbar unumkehrbaren Negativentwicklung der Kibbuzim ist es vielleicht langfristig noch wichtiger, darauf hinzuweisen, dass die Entwicklungsgeschichte der Bewegung schon immer in einem gewissen dialektischen Rahmen ablief. Von Anfang an befanden sich diese Gemeinschaften in einem kontinuierlichen Veränderungsprozess und reagierten so auf die vielen Herausforderungen, die sich ihnen stellten. Hierzu zählten nicht nur die sich verändernden Kräfteverhältnisse in der Außenwelt, sondern auch unterschiedliche politische, soziale, ideologische und demografische Entwicklungen ihrer Mitgliedschaft. In dieser Hinsicht ist die Phase der Bewegung um die Jahrhundertwende keine Ausnahme.

Kibbuz Samar

Gegen Ende des 20. Jahrhunderts, als die Bewegung mehr und mehr von ihren ursprünglichen weltanschaulichen Zielen abwich, tauchten jedoch übers ganze Land hinweg neue Projekte auf. Es waren die Kinder der alten Kibbuzim, die als Reaktion darauf, was sie als Scheitern der alten Projekte betrachteten, neue Gemeinschaften aufbauten – wodurch eine neue Phase in der dialektischen Entwicklungsgeschichte der Kibbuzim begann.

Eines der mutigsten dieser neuen Projekte und in vieler Hinsicht das Flaggschiff der neuen Generation anarchistisch orientierter Gemeinschaftsexperimente war der Kibbuz *Samar* (Erhaltung). Samar wurde 1976 von Kibbuz-Jugendlichen gegründet, die meinten, sie müssten die Mängel der Kibbuzim ihrer Elterngeneration beheben. Es war eine kleine Siedlung von unter Hundert ständig dort lebenden Mitgliedern. Ein junger Gründer der Gemeinschaft meinte: „Im Wesentlichen dachten wir, dass unsere Eltern gescheitert waren." Und weiter: „Wir kamen alle aus anderen Kibbuzim, waren rund 40 Jahre alt und waren uns der Entfremdung zwischen dem einfachen Kibbuz-Mitglied und dem Kibbuz-Establishment schmerzhaft bewusst. Wir alle kannten die Tyrannei der Arbeitspläne und die entwürdigende Abhängigkeit von den Komitees. Wir schmiedeten unsere eigenen Prinzipien in einer Revolte gegen die etablierten Kibbuzim und sind diesen seither auch treu geblieben."[31]

Viele Kinder anderer Kibbuzim aus dieser Generation empfanden dieselbe Erosion der persönlichen Freiheit und Würde in den Kibbuzim ihrer Eltern wie diejenigen der Gründer*innen von Samar, aber die Mehrheit von ihnen glaubte, dass diese autoritäre und entwürdigende Form des Gemeinschaftslebens eine unumstößliche Tatsache war. So verließen viele einfach ihren Kibbuz und nahmen die Haltung an: „Wenn das Gemeinschaftsleben so aussieht, dann wollen wir das nicht mehr länger so leben." Die jugendlichen Gründer*innen von Samar waren im Gegensatz dazu jedoch felsenfest überzeugt davon, dass eine andere Art der Gemeinschaft möglich war. Sie meinten, individuelle Freiheit lasse sich mit Verantwortung für die Gemeinschaft vereinen und wollten dies praktisch beweisen.

Die Mitglieder Samars nannten sich selbst nicht Anarchist*innen. Sie gründeten ihren Lebensstil nicht bewusst auf den Anarchismus – noch heute kennen die meisten Mitglieder kaum die anarchistischen Theorien – und sie nannten ihre Siedlung auch nie explizit einen anarchistischen Kibbuz. Und doch ist er genau das, worunter er bekannt wurde. Sie hatten aus der Erfahrung der Kibbuzim ihrer Eltern gelernt, dass Autorität die Ursache menschlicher Entwürdigung und Erniedrigung ist. Darum reflektierten die Gründer*innen von Samar ganz einfach jedes Element der Mainstream-Kibbuz-Gesellschaften kritisch, das die Herrschaft einer Person über eine andere beinhaltete. Im Ergebnis funktionierte Samar nach den Prinzipien einer reinen kommunalen Anarchie, ohne jede Form hierarchischer, autoritärer Strukturen oder organisatorischer Rahmenbedingungen, die das Gemeinschaftsleben in den vorhergehenden Kibbuzim unterminiert hatten.[32]

Die Samar-Gründer*innen sicherten sich bewusst so ab, dass keine jener Institutionen, Komitees oder formalisierter Regeln, bindender Entscheidungen oder personenbezogener Finanzbudgets existierten, von denen sie meinten, sie hätten die individuelle Freiheit in den Kibbuzim ihrer Eltern untergraben. Anstelle von Autoritäten sollte es nur noch persönliche Beziehungen zwischen individuell gleichen Menschen geben und die Siedlung sollte sich ausschließlich durch einen Sinn für persönliche Verantwortung eines Mitglieds für die anderen Mitglieder regulieren.

Anders gesagt: Samar funktionierte mehr oder weniger genauso wie die frühen Kvutzot. Sein kleinerer Umfang und die intime Natur der persönlichen Beziehungen ermöglichte die Umsetzung eines Systems, das auf vollständigem Vertrauen, einer Demokratie von Angesicht zu Angesicht und gegenseitiger Verantwortlichkeit aufgebaut war. Direkte Demokratie und die aktive Beteiligung der Mitglieder im Entscheidungsprozess wurden wieder zur Norm. Hier waren die informellen Vollversammlungen, durch die die Angelegenheiten des Kibbuz geregelt wurden, weit entfernt von den komplexen Netzwerken der Bürokratien und Komitees, die seit den ursprünglichen Kibbuzim das Gemeinschaftsleben mehr und mehr charakterisiert hatten. Für das Alltagsleben Samars war der ständige informelle Dialog vielleicht sogar noch bedeutsamer als die nur sporadisch, wenn überhaupt stattfindenden Vollversammlungen. Der Wille, alles offen miteinander zu bereden und zu diskutieren, begründete eine Kultur konstanten, organischen Austauschs als grundlegendem Teil der Existenz des Kibbuz.

Die Einkünfte Samars stammten hauptsächlich aus der Landwirtschaft. Der Anbau von Datteln, Molkereien und Gärtnereien waren die wirtschaftliche Grundlage, aber Samar wurde eine fließende und dynamische Gemeinschaft, die wirtschaftlicher Ausdifferenzierung nicht ablehnend gegenüber stand. Ein Bewohner drückte es so aus:

„Der Kibbuz entwickelt sich gemäß der Wünsche und Bedürfnisse seiner Mitglieder." Als solcher unterscheidet er sich vom komplexen Netz der Komitees, die in den vorangegangenen Jahren zum Schreckgespenst der traditionellen Kibbuzim geworden waren. Und: „Wenn in Samar jemand etwas tun will, dann sammelt er ein Ad-hoc-Komitee hinter sich und macht es."[33] Dieser Zugang ermöglichte ständig neue Experimente mit einer Reihe von Kooperativen – mit unterschiedlichem Erfolg.

Während in vielen der älteren Kibbuzim die Autonomie der Individuen durch zunehmende Bürokratisierung und die Institutionalisierung eines Regelgeflechts bedroht war, kam diese individuelle Autonomie in Samar in jedem Bereich des Kibbuzlebens wieder zum Ausdruck. Während zum Beispiel die Arbeitszuteilung in den größeren, etablierten Kibbuzim der Verantwortung eines nominierten Komitees unterliegt, gibt es in Samar keine Dienstpläne. Es obliegt den individuellen Mitgliedern, ob, in welchem Arbeitsbereich und wie lange sie arbeiten wollen. Während die kollektive Konsumption in den Kibbuzim über viele Jahre hinweg durch ein vom Kollektiv diktiertes Budget bestimmt war, kehrten die Mitglieder Samars zu einem System zurück, das in den allerersten Kvutzot praktiziert wurde: einem gemeinschaftlichen Finanzfonds, von dem die Mitglieder nach eigenem Bedarf herausnehmen konnten, was sie brauchten.

Ein Samar-Mitglied erklärte dazu: „Zunächst gab es eine festgelegte monatliche Geldzuteilung, aber wir änderten das ziemlich schnell hin zu einem offenen System und fuhren damit bis heute fort, es offen zu halten. Jeder nimmt, was er oder sie braucht und nichts davon wird schriftlich registriert."[34] In jüngster Zeit hatte dieses System die Form einer gemeinschaftlichen Kreditkarte angenommen. Und es funktionierte gut.

Das soziale und politische Leben dieser Siedlung gründete sich auf der freiwilligen Zustimmung jedes einzelnen Mitglieds zu den gefällten Entscheidungen. Es gab keinen Zwang oder irgendeine Art von geregelten Bestrafungen bei Ablehnung oder Nicht-Mitmachen. Die von allen anerkannten Grenzen des Verhaltenskodexes, die den sozialen Zusammenhalt garantieren, wurden kollektiv ausdiskutiert und das harmonische Sozialleben wurde ausschließlich von Menschen aufrechterhalten, die freiwillig den sozial definierten Normen aus einem Verantwortungsgefühl für die Gemeinschaft heraus zustimmten.[35] Zwar umfasste der Kibbuz noch immer Verwaltungsangestellte, sie wurden jedoch zahlenmäßig „auf ein absolutes Minimum" reduziert.

So existierten nur wenige Komitees in Samar und die blieben in ihrer Struktur auf einer informellen Ad-hoc-Grundlage.[36]

Es war nicht so, dass es im System Samars keine Probleme gab. So erklärte zum Beispiel ein Kibbuz-Mitglied:

> Wir können nie sicher sein, wie viele Leute an einem bestimmten Morgen zur Arbeit kommen. Vielleicht kommen zehn an einem Tag, an dem nur zwei nötig sind. Und an einem anderen Tag stehen nur drei zur Verfügung, während wir aber einen Riesenhaufen an Arbeit zu erledigen hätten. In solch einem Fall muss ich in andere Arbeitsbereiche gehen und dort Leute rekrutieren. Wenn die kommen können, ist das prima. Aber wenn sie nicht kommen, kann ich nichts mehr weiter tun.[37]

Die meiste Zeit jedoch funktionierten die Arbeitsabläufe in Samar. Michael Liskin schrieb in der Zeitung *The Jerusalem Report*: „Während die Kibbuzbewegung als Ganze im ökonomischen und sozialen Niedergang begriffen ist, blüht Samar so richtig auf."[38]

Und im Gegensatz zu ihren Vorfahren aus der zweiten und dritten Alija hatte es Samar mit der harten Konkurrenz einer hochentwickelten kapitalistischen Gesellschaft zu tun, ganz abgesehen vom generell den Interessen der Kibbuzim feindlich gegenüberstehenden politischen Klima dieser Zeit. Dass Samar die Krisen der Achtzigerjahre völlig unbeschadet überstehen und sogar noch größere Leistungen erbringen konnte, während der bisherige Kern der Kibbuzbewegung auseinander brach, war für den Ansatz Samars ein ziemlicher Erfolg.

Die urbanen Kibbuzim

Samar war und ist eine einzigartige Ausnahme innerhalb der Kibbuzbewegung. So glaubten sogar seine eigenen Mitglieder, ein besonderes Phänomen ihrer eigenen Generation zu sein. Trotzdem waren sie Teil einer neuen Generation von Projekten, die eine neue Phase in der Geschichte der Kibbuzim einläuteten. Diese Phase knüpft in ihrem Kern sichtbar und bewusst an das anarchistische Ethos der frühen Jahre der Bewegung an und bietet eine Antwort auf den Niedergang, der bei den Mainstream-Kibbuzim einsetzte, als sie begannen, von den ursprünglichen Prinzipien abzuweichen.

So ist inzwischen eine stattliche Anzahl neuer Siedlungen und quasi-anarchischer, kibbuzähnlicher Organisationen über ganz Israel hinweg entstanden, die eine Antwort auf die Krisen und Privatisierungstendenzen seit den Siebzigerjahren geben. Doch diese alternative Bewegung von Gemeinschaftsprojekten bestand nun weitgehend aus urbanen, nicht-landwirtschaftlichen, kleinen kommuneähnlichen Gruppen, deren Mitglieder in Gemeinschaft leben und etwa ihre Löhne zusammenlegen, auch wenn sie nicht notwendigerweise zusammenarbeiten.

Versuche, die Idee der Kibbuzim in ein urbanes Umfeld zu integrieren, gab es schon Mitte der Vierzigerjahre. Doch als dann auf landesweiter Ebene Mechanismen der Expansion und der Industrialisierung im Kibbuz griffen und gleichzeitig die Institutionen des neu geschaffenen israelischen Staates Verantwortlichkeiten übernahmen, die vordem von den Kibbuz-Föderationen ausgefüllt wurden, fingen einzelne Gruppen innerhalb des Kibbuzim-Mainstreams damit an, in solch einem sich schnell wandelnden Umfeld die Pionierrolle sowie Sinn und Zweck der Kibbuzim überhaupt infrage zu stellen. Viele kamen zu dem Schluss, dass die Kibbuzbewegung in Israel ihren Einfluss nur dann aufrechterhalten könne, wenn sie sich stärker in die urbanen Regionen einbringe. Erste Versuche, den Kibbuz in solche Regionen zu integrieren, gab es bereits 1947, als eine Gruppe von 200 Personen einen Kibbuz in *Efal*, ganz in der Nähe von Tel Aviv, aufbauten. Sie verfolgten dabei das Ziel, einerseits in einem Kibbuz zu wohnen, andererseits in der Stadt zu arbeiten.

Die Siedlung in Efal hatte jedoch eine kurze Lebensdauer und fiel nur vier Jahre nach ihrer Gründung wieder auseinander. Die meisten direkt darauf folgenden Versuche, die Gedanken des Kibbuzlebens mit den Städten und Stadtzentren in Israel zu verbinden, scheiterten ebenfalls in der Phase ihrer Umsetzung. Gemeinschaften, die sich in den Vororten von Jerusalem, Haifa und Herzliya gründeten, stellten sich schnell als unfähig heraus, sich in die sie umgebende Gesellschaft zu integrieren – und wenn welche davon überlebten, dann wurden sie lediglich selbst zu „kibbuzähnlichen Städten“. Im Jahr 1968 gründete zum Beispiel eine Gruppe aus der Jugendbewegung *Habonim Dror* (Erbauer der Freiheit) eine Siedlung in der Nähe von Haifa, die sie *Kvutsat Shaal* [Kollektivsiedlung mit dem Vornamen Shaal; d.Ü.] tauften. Doch die Siedlung machte es nicht besser als ihre Vorläufer und löste sich 1972 wieder auf.

Heute [2009; d.Ü.], gibt es vier *urbane Kibbuzim*, die trotzdem als erfolgreich angesehen werden können. Das größte von ihnen, *Reshit*, wurde 1979 in einem Jerusalemer Vorort gegründet und hat inzwischen rund 100 Mitglieder. Neben Reshit gibt es *Migvan* in der Stadt Sderot, in der westlichen Negev-Wüste, nur einen Kilometer entfernt vom Gaza-Streifen. Die Siedlung wurde international bekannt als Ziel ständiger Angriffe durch Quassam-Raketen, seit dem israelischen Rückzug aus Gaza im September 2005. Außerdem gibt es noch *Bet Yisrael* in Jerusalem und *Tamuz*, gelegen in der Kleinstadt Beit Shemesh, achtzehn Kilometer westlich von Jerusalem.

Tamuz

Tamuz entstand im Sommer 1987, gebildet von sieben Individuen, die wie viele in ihrer Generation zunehmend unzufrieden mit dem Mainstream der Kibbuzbewegung waren. Aus ihrer Sicht breitete sich der Privatisierungsgedanke im Kibbuzleben immer weiter aus und war dann Ursache und Wirkung des Zusammenbruchs von Gemeinschaften. So bekamen die Tamuz-Gründer*innen den Eindruck, dass der Kibbuz weder fähig noch willens war, die Rolle zu erfüllen, die er früher einmal für die Bedürfnisse des Landes gespielt hatte. Sie versuchten daher aufs Neue, wie die Pionier*innen ein halbes Jahrhundert vor ihnen, eine „gerechte Gesellschaft" aufzubauen, die auf Gleichheit, gegenseitiger Hilfe und Kooperation gegründet ist, also gerade den Ideen, die von der Hauptströmung der Kibbuzbewegung ihrer Ansicht nach zunehmend aufgegeben worden waren.

In dem hochentwickelten Land, das Israel heute ist – in dem die Landwirtschaft für die Ökonomie ihre zentrale Bedeutung verloren hat, deren Grenzen nur noch von der Armee geschützt werden und in der die Linke keine Hegemonie über das politische Leben mehr ausübt –, kamen die Gründer*innen von Tamuz zu dem Schluss, dass Siedlungen im zeitgenössischen Israel nunmehr in einem urbanen Umfeld gegründet werden sollten. So wurde die Siedlung, in ihren Worten:

> ein urbaner Kibbuz, eine kleine jüdische Gemeinschaft; doch wie beim traditionellen Kibbuz auch ist Tamuz ein Kollektiv. Seine 33 Mitglieder bilden eine einzige ökonomische Einheit, die die sozialistischen Ideale der Gleichheit und Kooperation in Theorie und Praxis ausdrückt. Gleichwohl leben wir im Gegensatz zum traditionellen Kibbuz in einem urbanen Umfeld, das es uns ermöglicht, darüber informiert zu bleiben, was in der Gesellschaft um uns herum passiert.[39]

Im Gegensatz zum traditionellen Kibbuz führte Tamuz keine landwirtschaftlichen oder industriellen Firmen in Gemeinbesitz. Die Mitglieder arbeiteten an normalen Arbeitsplätzen und ihr individuelles Einkommen wurde in einen gemeinsamen Fonds überführt. Von diesen offensichtlichen Unterschieden abgesehen, funktionierte die wirtschaftliche Grundlage von Tamuz jedoch mehr oder weniger genauso wie im traditionellen Kibbuz. So besaß das Kollektiv mehrere Autos und übernahm die Gesamtverantwortung für die Finanzierung der Bildung, der Gesundheitseinrichtungen oder den Transport usw. Die Mitglieder lebten als Familien in Häusern in Kollektivbesitz. Die Haushalte waren getrennt, und soziale Zuteilungen richteten sich nach der Größe jeder Familie – insofern blieb auf gelockerte Weise der Grundsatz „jedem nach seinen Bedürfnissen“ bestehen.

Wie viele andere urbane Kommunard*innen auch, lehnten die Mitglieder von Tamuz die zunehmend indirekten Formen der Demokratie und die oft lähmende Bürokratie ab, die sich in den größeren, traditionellen Kibbuzim breit gemacht hatte. Stattdessen praktizierten sie eine direkte Demokratie von Angesicht zu Angesicht, indem kleine Bezugsgruppen aufgebaut wurden. Tamuz glaubte, dass eine wirklich demokratische Gesellschaft das aktive Engagement des Individuums im politischen Prozess und die direkte Beteiligung an den Verwaltungsangelegenheiten der Gemeinschaft benötigt. Die Entscheidungsprozesse in Tamuz fanden in verschiedenen Kollektiv-Foren statt, die sich um die Vollversammlungen herum gruppierten und einmal wöchentlich stattfanden.

Die Vollversammlungen wurden auch immer wieder aufgeteilt in kleinere Diskussionsgruppen. Rund alle zwei Monate fanden außerdem Seminare statt, um eine längere und intensivere Debatte über wichtige Themen zu ermöglichen. Die geringe Größe der Siedlung hatte darüber hinaus den Vorteil, dass es kaum noch zu Abstimmungen an Wahlurnen kam, zu denen die älteren Kibbuzim in den letzten Jahren weitgehend übergegangen waren. Und im Gegensatz zum traditionellen Kibbuz gab es in Tamuz keine Komitees, die Entscheidungen für die individuellen Mitglieder fällten.[40]

Die Individuen sollten so frei sein, ihre eigenen Entscheidungen über ihr persönliches Leben zu treffen – dieser Grundsatz ist beispielhaft für die große Bedeutung, den die individuelle Autonomie in Tamuz erhielt. Diese Schwerpunktsetzung unterschied die Gruppenethik der urbanen Kibbuzim vom Asketismus der traditionellen, eng geknüpften Kvutza: Die Mitglieder von Tamuz widersetzten sich grundsätzlich und vehement der Unterordnung des Individuums unter die Gruppe. Im Gegensatz zu diesem Prinzip der individuellen Unterordnung propagierte die Gemeinschaft von Tamuz die Maxime: „Die Freiheit des Menschen muss in jedem Augenblick des Gemeinschaftslebens zum Ausdruck kommen."

Der Versuch, die individuelle Freiheit und den sozialistischen Kommunalismus zu versöhnen, ist zu einem zentralen Inhalt dieser jüngsten Welle von Gemeinschaftsexperimenten seit der zweiten Hälfte des 20. Jahrhunderts geworden. Der israelische Journalist Daniel Gavron hat dazu beobachtet, dass die Ideale der „Opferbereitschaft für die gemeinsame Sache, der Dienstbarkeit des Individuums für die Gruppe, der persönlichen Entbehrung zugunsten des höheren kommunitären Ziels" dem Lebensstil der heutigen urbanen Kommunard*innen ganz einfach nicht mehr entsprechen würden, so wie das vielleicht noch früher der Fall war. Er fügte hinzu, dass die Mitglieder von Tamuz wie auch die anderer urbaner Kibbuzim „fast besessen sind, was ihre individuelle Autonomie [und] ihre persönliche Freiheit betrifft."[41]

Gavron schreibt weiter, dass die Mitglieder urbaner Kibbuzim das Gemeinschaftsleben

> mehr als alles andere als ein Mittel zur Erringung von größerer persönlicher Freiheit und Erfüllung [betrachten]. Es ist ja nicht so, dass ihnen ihr gesellschaftliches Umfeld nicht bewusst wäre – ganz im Gegenteil: Sie unternehmen wirklich große Anstrengungen, um Kontakt zur urbanen Bevölkerung herzustellen, mit der sie täglich zu tun haben, wo sie leben. Ihre Beteiligung und ihre Interaktion mit der israelischen Gesellschaft im Allgemeinen war auch nur ein Vorläuferphänomen für ähnliche Versuche auch der konventionellen Kibbuzim, die nachfolgten. Doch während die traditionellen Kibbuzim den Anspruch vertraten, das zionistische Vorhaben anzuführen, kam es den modernen urbanen Kibbuzim darauf an, eine höhere Lebensqualität für ihre Mitglieder zu erlangen, während sie gleichzeitig einen Beitrag für bessere Lebensbedingungen der sie umgebenden Gesellschaft leisten wollten.[42]

Das Tamuz-System gründet ausschließlich auf gegenseitigem Vertrauen und gegenseitiger Verantwortung. Ein Bewohner meinte gegenüber Gavron: „Es ist eine entscheidende Voraussetzung, dass jedes Mitglied das will, was auch das Beste für die Gemeinschaft ist." Gavron weiter: „Aber es wird gleichzeitig bewusst vorausgesetzt, dass die Gemeinschaft dem individuellen Mitglied Vorteile bieten soll. Die Mitglieder glauben, das beide Tendenzen miteinander verflochten sind."[43] Deshalb gab es keine Mechanismen der zwangsausübenden Autorität in Tamuz, dessen Mitglieder glaubten, dass „Kontrollmechanismen [...] von der Annahme ausgehen, dass es die Menschen immer darauf absehen, von den anderen Vorteile für sich selbst zu gewinnen und davon abgehalten werden müssen." Ein weiteres Mitglied von Tamuz meinte dazu: „Tamuz geht von der Annahme aus, dass die Menschen ein Leben auf der Basis von Vertrauen und Partnerschaft in jedem Fall einem Leben, das auf Ausbeutung und Betrug basiert, vorziehen. Wenn Kontrollmechanismen fehlen, muss ein kontinuierlicher Dialog unter den Mitgliedern aufrechterhalten werden."[44]

Seit seiner Gründung hat sich Tamuz für verschiedene Bildungs- und Sozialprojekte in der direkten Umgebung engagiert. So wurde 1996 in Zusammenarbeit mit Bewohner*innen der Stadt Beit Shemesh eine nicht-profitorientierte Organisation aufgebaut, *Kehilla* (Gemeinschaft religiös bzw. spirituell Suchender), die Projekte im Bereich der sozialen Partizipation entwickeln und den Dialog zwischen den verschiedenen Bevölkerungsgruppen in der Region fördern wollte. Kehilla versuchte, den schwächeren sozialen Gruppen durch Kurse für Gemeinschaftsbildung und Selbsthilfe beizustehen. Sie unterhielt mehrere Studiengruppen sowohl für Kinder wie Erwachsene und versuchte einen Gemeinschaftsrahmen innerhalb von Beit Shemesh und der unmittelbaren Umgebung zu schaffen, um zum Empowerment der Stadtbewohner*innen beizutragen. Gleichzeitig ging es ihr darum, der Entfremdung und den Auflösungstendenzen der Rahmenbedingungen der israelischen Gesellschaft etwas entgegenzusetzen.[45] Eine weitere Organisation dieser Art nannte sich *Yesod* (ein Akronym für „Ein soziales und demokratisches Israel"), die eine Zeitschrift, *Society*, publizierte, um öffentliche Debatten über ökonomische, politische und kulturelle Themen zu fördern.

Die Tnuat Bogrim-Gruppen (Graduierten-Bewegung)

Tamuz und die urbanen Kibbuzim waren aber nur ein Teil eines vielschichtigen Mosaiks der neuen, stadtzentrierten sozialen Modelle, die in Israel zu Beginn des 21. Jahrhunderts existierten. Als sich die Mainstream-Kibbuzim immer weiter von ihren Wurzeln entfernten, schloss sich eine zunehmende Anzahl von Jugendlichen der Meinung der Gründer*innen von Tamuz an – und in den Neunzigerjahren kam es zu einem steilen zahlenmäßigen Anstieg an Gruppen, die die Kibbuzbewegung verließen, um ihr eigenes Gemeinschaftsprojekt aufzubauen, das sich am ursprünglichen Kibbuz-Gedanken orientierte. In der Zeit der Niederschrift dieses Buches [2009; d.Ü.] leben in Israel bereits mehr als 1500 Leute in Gemeinschaftsprojekten, die völlig ohne jeden Kontakt zur Kibbuzbewegung stehen. Und die Anzahl steigt noch immer jedes Jahr.

Ungefähr drei Viertel dieser Jugendlichen sind Mitglieder der *Tnuat Bogrim* – oder auch „Graduierten-Bewegung" genannt -, das heißt Gruppen aus der Jugendbewegung *Noar Oved ve'Lomed* (Arbeitende- und Studierende-Jugendbewegung). Sie sind auch unter dem Akronym NOAL bekannt. Weil das Leben im Kibbuz wahrscheinlich die höchste Erfüllung ihrer Ideale bedeutet hat, ließ die Aufgabe der ursprünglichen Werte der Kibbuzim gerade die Ausgebildeten der Jugendbewegung ohne das Mittel zurück, mit dem sie ihre *hagshama* (Selbstverwirklichung) umsetzen konnten. Für sie gab es keine Struktur mehr, durch die sie die israelische Gesellschaft verändern konnten. So sahen sich viele NOAL-Mitglieder nach Alternativen um. Durch die Gründung neuer, stärker persönlich ausgerichteter Siedlungen sahen sie eine Möglichkeit, hagshama zu verwirklichen und damit die Werte und Ideen dieser Jugendbewegung in ihrem Lebensalltag umzusetzen.

Historisch gesehen waren NOAL-Graduierte bereits bei der Gründung der traditionellen Kibbuzim beteiligt. Sie reagierten auf die Krise der Achtzigerjahre, indem sie diese, bereits zur Gewohnheit gewordene Rolle innerhalb der Kibbuzbewegung aufgaben und sich stattdessen zu einer spezifischen neuen Strömung wandelten, die James Grant-Rosenhead von Habonim Dror (Erbauer der Freiheit) als „kleine, intime, konsensorientierte, anarcho-sozialistische Gruppen" bezeichnete.[46] Die neueren Graduierten von NOAL aus den Neunzigerjahren

> entschieden sich dafür, ihre Integration in die traditionellen Kibbuzim kritisch zu überdenken. So hielten sie am kleinräumigen, intimen Gruppenleben als Jugendbewegung auch in ihren neuen Erwachsenengemeinschaften fest, nachdem sie ihre Ausbildung in der Jugendbewegung und auch den Kriegsdienst in der Armee abgeschlossen hatten. Anstatt sich wieder in die traditionellen Kibbuzim zu integrieren, übernahmen sie nun Verantwortlichkeiten in der Jugendbewegung, die früher von Abgesandten der Kibbuzbewegung übernommen worden waren.[47]

Diese Graduierten-Gruppen bildeten nun Kommunen, Kibbuzim, Einzelgruppen oder auch Gruppenzusammenhänge über das ganze Land hinweg. Seit den Neunzigerjahren sind solche Zusammenhänge in jeder größeren Stadt verankert. Andere sozialistische Organisationen der zionistischen Jugendbewegungen hatten dieselben Diskussionen über ihre künftige Ausrichtung wie NOAL und bildeten ähnliche Graduierten-Gruppen. Beispiele dafür waren die Kibbuzorte *Pelech*, der zu *Hashomer Hatzair* (Der junge Wächter) gehörte, sowie *Na'aran*, der zu *Machanot HaOlim* [Jugendliche Studiengruppe zu zionistisch-sozialistischer Philosophie; d.Ü.] gehörte, sowie viele andere. Die Graduierten-Gruppen bildeten den Großteil dieser neuen Welle urbaner Gemeinschaftsexperimente. Sie bestanden in der Regel aus 10 bis 40 Individuen. Grant-Rosenhead:

> [Jede/r] versucht, für soziale Gerechtigkeit und Gleichheit in der israelischen Gesellschaft zu arbeiten, innerhalb einer großen Vielfalt von bildungspolitischen und sozialpolitischen Initiativen sowohl auf lokaler wie landesweiter Ebene. Die Anzahl und die Vielfalt dieser Gruppen nimmt jedes Jahr zu, auch deren Wachstumsrate.[48]

In den Neunzigerjahren gab es Versuche, eine Art loses Netzwerk unter diesen Gruppen zu bilden. Im Jahr 2000 wurde schließlich aus dem ursprünglich disparaten Gemisch experimenteller Gemeinschaftsprojekte die Dachorganisation *Ma'agal Hakvutzot* (Der Kreis von Gruppen).[49] Sie benannte als ihr Ziel:

> die Verbreitung der Gemeinschaftsidee in Israel, die Solidarität unter den Gruppen zu fördern, wichtige bildungspolitische Projekte anzuregen und für eine israelische Gesellschaft zu arbeiten, die sowohl auf ökonomischer als auch auf politischer Ebene auf sozialdemokratischen Werten gründet.[50]

Kvutsat Yovel (Gruppe des sozialistischen Zionismus)

Fast alle Individuen, die in diesen Gemeinschaften lebten, waren in Israel geboren. Aber auch die Jugendbewegung Habonim Dror aus der Diaspora hat bis jetzt vier Gruppen in drei verschiedenen urbanen Regionen im Land. Sie wurden von Immigrant*innen aus Großbritannien, den Vereinigten Staaten, Mexiko und Australien aufgebaut. Eine von ihnen ist *Kvutsat Yovel*, die in der nordisraelischen Stadt

Migdal Ha'Emeq, etwa fünfzig Kilometer südöstlich von Haifa liegt. Ursprünglich bestand diese Gruppe aus sechs Habonim-Graduierten, vier aus England, zwei aus Nordamerika. Yovel startete eigentlich in Jerusalem und zog erst dann zum gegenwärtigen Standpunkt. Ich selbst besuchte Yovel erstmals im Juni 2006 und tauschte mich mit einem Mitglied der Gründergruppe aus, Anton Marks.

Anton kam ursprünglich aus Manchester und machte seine Alija nach Israel zu Beginn des Jahres 1999. Seither ist er als Pionier der Gemeinschaftsprojekte von Habonim Dror im Lande geblieben. Er empfand sie wie viele andere als „Saat einer neuen Kibbuzbewegung". Er beschreibt die theoretischen Einflüsse, die zur Gründung dieser neuen „anarcho-sozialistischen" Gemeinschaften führten, als intellektuelle Frucht jener Kombination aus Judentum und Sozialismus, die bereits die frühen Kibbuz-Pionier*innen motiviert hatte. Anton erzählte mir:

> Aus der sozialistischen Traditionslinie reden wir über Leute wie Marx und Engels. Aus der sozialistisch-zionistischen Traditionslinie sprechen wir über Leute wie Moses Hess, Ber Borochov, Nachman Syrkin und so weiter. Und natürlich sprechen wir auch über die anarchistischen Schriftsteller wie Kropotkin, Landauer und Bakunin.

Der Einfluss von Martin Bubers Werk *Ich und Du* und dessen Philosophie sei des Weiteren zentral für die Gedankenwelt der Gruppe: Die zwischenmenschlichen Beziehungen werden als grundlegend und bestimmend für die Natur des Gemeinschaftslebens angesehen. Die Tatsache, dass sich diese neuen Gruppen als Kvutzot und nicht als Kibbuzim bezeichneten, war an sich schon eine durchdachte und bewusste Stellungnahme, sich mit der intimeren Tradition der kleineren anarchistischen Siedlungen aus den frühen Jahren zu identifizieren.

Anton meinte:

> Eine Sache, die für uns sehr klar ist: Wir versuchen auf etwas aufzubauen, das vor unserer Zeit entstanden war. Wir versuchen, daraus Lehren zu ziehen und nicht dieselben Fehler wieder zu begehen, aber auch die schönen Dinge anzunehmen, die entstanden und noch präsent sind. Also ja, da gibt es Sachen, die uns bewusst sind – und es gibt auch Sachen, die die Begriffswahl betreffen: Kvutza hat eine andere Bedeutung als Kibbuz; es bezeichnet etwas viel Intimeres; wir benutzen schon auch den Begriff Kibbuz, aber im Zusammenhang eines ‚Kibbuz im Kvutzot'.

Diese Bezeichnung „Kibbuz im Kvutzot“ bezieht sich auf jene urbanen Gruppen, die zu größeren Gemeinschaften verschmolzen sind. Das war 2009, als dieses Buch beendet wurde, der aktuelle Trend innerhalb der neuen Kommuneszene Israels. In diesem Konglomerat wurde großer Wert auf die individuelle Kvutza innerhalb einer umfangreicheren Struktur gelegt, so dass sich persönliche Beziehungen zwischen den Mitgliedern ausbilden können, die als das *sine qua non* der Gemeinschaft angesehen werden. Obwohl die „Kibbuzim im Kvutzot“ schnell wachsen und jedes Jahr neue Kvutzot hinzukommen, haben die einzelnen Kvutzot nur in Maßen den Anspruch, weiter zu wachsen. Anton erklärte dazu:

> Die Wertschätzung kleinerer Einheiten ist eine Lehre, die wir aus der ursprünglichen Kibbuzbewegung zogen. Gemeinschaften mit Hunderten von Leuten können höchstwahrscheinlich nicht das Niveau von Vertrauen, Offenheit und Verständnis erlangen, wie es einer Gruppe von zehn Leuten möglich ist.

Wie bei den frühen Siedlungen waren es nun genau dieses Vertrauen, diese Offenheit und dieses Verständnis, das es den Gemeinschaften ermöglicht, zu funktionieren. Wie bereits Samar teilten diese Gruppen viele Eigenschaften mit ihren Vorläufern aus dem frühen 20. Jahrhundert, und zwar ganz bewusst. Der Kibbuz *Kehillatenu* (Unsere Gemeinschaft) nahm dabei in der langen Liste, in der etwa die Yovel-Kommunard*innen ihre Vorbild-Gemeinschaften aufführten, einen zentralen Platz ein. Und die Gemeinschaftsethik, welche die Siedlungen in der zweiten und dritten Alija prägten, lieferte das inhaltliche Vorbild für die Aktivitäten der neuen Gruppen.

Jede Gruppe führte eine Gemeinschaftskasse, hatte direktdemokratische interne Entscheidungsstrukturen und teilte die Verantwortlichkeiten für häusliche Pflichten untereinander auf. Alles war auf die maximal mögliche Sicherung der politischen und materiellen Gleichheit der Mitglieder ausgerichtet. In jeder Gruppe galt der Grundsatz „Jede*r nach seinen*ihren Fähigkeiten und jede*r nach seinen*ihren Bedürfnissen“. Eine Zwangsautorität existierte nicht und das Gemeinschaftsleben gründete stattdessen auf frei fließenden Diskussionen, gegenseitiger Hilfe, gegenseitigem Vertrauen und vollständiger Freiheit. Anton fuhr fort:

> Meine Gruppe hat zum Beispiel ein einziges Bankkonto, auf das alle Einkünfte eingezahlt werden. Wir alle haben eine Bankkarte zu diesem einen

> Konto und können alle in umfassender Diskretion Geld abheben. Es läuft vollständig auf Vertrauensbasis und einem gemeinsamen Sinn für Verantwortung.

Laut Aussagen der Yovel-Mitglieder funktionierte das bereits über acht Jahre hinweg sehr gut.

Doch die Tatsache, dass es hier weder Fabriken noch Landwirtschaft, auch keine Dattel-Plantagen oder Olivenhaine oder irgendein kollektiv betriebenes Unternehmen gab, das für die wirtschaftliche Basis der Gruppe sorgte, bedeutete, dass diese Kvuzot auf ökonomischer Ebene keinesfalls mit den ganzheitlichen Kooperativen vergleichbar waren, wie sie die Kibbuzim darstellten. Anton betonte jedoch, dass diese neuen Gemeinschaften tatsächlich Produktionsmittel besitzen würden, dass diese nur nicht gleich so sichtbar seien wie Fabriken oder etwa wie eine hügelige landwirtschaftliche Nutzfläche eines Kibbuz. Und er meinte weiter:

> All diese unterschiedlichen Bewegungen haben offiziell eingetragene Non-Profit-Organisationen aufgebaut. In unserem Alltag arbeiten wir in Teams mit anderen Leuten zusammen [...], die wiederum an bildungspolitischen und sozialpolitischen Projekten beteiligt sind. Auf der Grundlage dieser Projekte werben wir um Spenden; wir betreiben Fundraising außerhalb der Projekte zu allen möglichen Anlässen, die uns dabei helfen, diese Projekte weiter betreiben zu können. Das ‚eingetriebene' Geld stecken wir in die Bewegung. So sieht man auch hier, bei den Fragen der Finanzierung, dass wir uns alle gemäß unserer Bedürfnisse finanzieren und nicht nach externen Marktgesetzten, die uns diktieren, was wir wert sein sollen.

Die Kvutzot befanden sich in ihrer Mehrheit in den unterentwickelten Städten, in denen ein großer Teil der unterprivilegierten und marginalisierten Schichten des Landes lebt. Sie versuchten dabei, sich in die Mainstream-Gesellschaft zu integrieren und gingen dort aus ihrer Sicht drängende Tagesprobleme an – Probleme übrigens, von denen die Mitglieder der Ansicht sind, dass sich weder die traditionellen Kibbuzim noch die israelische Regierung auch nur in irgendeiner Weise um sie kümmern.

Alle Yovel-Mitglieder außer einem arbeiteten mehr oder weniger im Bildungsbereich – hauptsächlich in Projekten, die vom „Kibbuz im Kvutzot" in Miadal Ha'Emeq und in Nazareth Illit geleitet wurden, zu denen der Kvutza gehört. Für sie ist die Bildung der wichtigste

Faktor für eine sinnvolle und langfristige Veränderung in Israel. Doch Anton wandte dazu ein:

> Die Sekundarstufen-Bildung in Israel ist in vielen Gegenden heruntergekommen. Das bedeutet zum Beispiel einen starken Rückgang an durchgeführten Unterrichtsstunden bei gleichzeitigem Anstieg der personalen Klassengröße. Hinzu kommt, dass viele Schüler*innen abgehängt werden – und meist sind das Schüler*innen aus verarmten Familienverhältnissen. (40% aller Kinder in Israel leben unter der Armutsgrenze.) Der westliche Kapitalismus hat sich gewaltsam seinen Weg gebahnt durch etwas, was früher einmal eine der progressivsten Gesellschaften in der Welt gewesen ist.

Die neue Generation der urbanen Kommunard*innen errichtete Projekte, um die Lage zu verbessern. Diese Projekte hatten das Ziel, das Zusammenleben und das Selbstwertgefühl zu stärken sowie Beziehungen der gegenseitigen Hilfe, der Solidarität und der Toleranz in einer Gesellschaft zu fördern, die sie als tiefgreifend ungleich und diskriminierend empfanden. In jeder dieser Bewegungen gab es Teams, die aus Mitgliedern verschiedener Gruppen bestanden und zusammen an einem ganzen Bündel von Projekten arbeiteten: zum Beispiel an einer Grundschule für marginalisierte Jugendliche, an Englisch-Sprachkursen für arabische Kinder, an der Organisierung von Aktivitäten wie Clubs oder Museumsbesuchen nach Schulende, an Arbeitskreisen über die Gründung und Verwaltung demokratischer Schulen, an juristischer Beratung für die Rechte arbeitender Jugendlicher oder am Aufbau von Seminarzentren.

All das mag von der Agrarphilosophie der frühen Pioniere weit entfernt liegen. Aber das ist notwendigerweise so, denn der Kontext, in dem diese neuen Gruppen arbeiten, ist grundlegend verschieden von den Bedingungen, welche die frühen Immigrant*innen bei ihrer Ankunft in Palästina vorgefunden haben. Das Israel des 21. Jahrhunderts ist eine der am fortgeschrittensten industrialisierten Nationen des Planeten und deshalb gibt es dort eine ganz neue Gemengelage an Problemen, die sich sehr von denen unterscheiden, die die Pioniere*innen vorfanden. Anton erklärte dazu:

> In den frühen Tagen der Bewegung ging es grundsätzlich darum, ein Land mit neuen Menschen aufzubauen, eine auf Landwirtschaft basierende Ökonomie zu schaffen, das Land zu besiedeln und die Grenzen zu vertei-

digen. Diese Bedürfnisse sind heute nicht dieselben – die heutigen Bedürfnisse betreffen eher den sozialen Bedarf des Landes, dass die soziale Kluft geringer wird und dass anerkannt wird, dass gerade darin der Bedarf des Landes im 21. Jahrhundert liegt. Wir denken, dass die Art, wie mit diesen Bedürfnissen umgegangen wird, auf denselben Werten wie damals gründet – nur die Methoden sind ein wenig anders geworden.

Im Jahr 2009 befanden sich die unterschiedlichen Gemeinschaftsprojekte in einer Entwicklungsphase, in der sie alle mehr oder weniger dieselben Diskussionen über die künftige Ausrichtung ihrer Bewegung führten, die die Kibbuz-Vertreter*innen schon in den frühen Zwanzigerjahren des 20. Jahrhunderts geführt hatten. Auf den Treffen standen und stehen an der Spitze der Tagesordnungen die Verbindungen unter den Gemeinschaften sowie Bemühungen um ihre Föderierung. Das Zusammenwachsen der Gruppen unter der Dachorganisation Ma'agal Hakvutzot kann bereits als Beleg für diesen Trend gelten, ebenso die Tatsache, dass die Gruppen auf lokaler Ebene zunehmend kooperieren und der Kvutzot in den „Kibbuzim der Kvutzot" aufgeht. Zwar behielt dabei jede Kvutza ihre Autonomie, doch heute unterhält die Dachorganisation bereits eine Menge an Aktivitäten unter den Gruppen. Der Dialog und der Austausch zwischen den Kommunen sind zu einer regelmäßigen Aktivität der neuen Bewegung geworden. Sie stehen für die Bemühungen, sowohl die gegenseitige Hilfe unter den Gruppen als auch unter den Individuen in jeder Gruppe zu stärken.

Der Zukunft entgegen?

Die traditionellen Kibbuzim sind nicht in dem Sinne „gescheitert", aber bei ihnen sind ernsthafte Probleme entstanden, die nicht nur zu einer zunehmenden Entfernung von den klassischen anarchistischen Ideen geführt haben, auf denen die Bewegung ursprünglich basierte, sondern damit einher ging auch eine Schwächung der Bedeutung, die die Kibbuzbewegung für die israelischen Durchschnittsbürger*innen hatte. Darum bilden die neuen urbanen Gruppen eine wichtige neue Phase in der Geschichte der Kibbuzim. Durch ein Anknüpfen an das Kleingruppen-Ethos der frühen Kibbuzim werden die urbanen Kommunen gleichzeitig als umfassend moderne Organisierung empfunden, deren Anliegen und Prioritäten ein steigendes Unbehagen mit der politischen Ausrichtung der israelischen Gesellschaft erkennen lassen. Angesichts des Niedergangs der ursprünglichen Bewegung und des allgemeinen Verlustes emanzipativer Ideen in der gesamten israelischen Gesellschaft, ist es faszinierend mitanzusehen, wie diese neue Generation bewusst die anarchistischen Vorläufer der Bewegung wieder entdeckt und sie als Inspiration für die Zukunft begreift.

Zwar stehen die neuen urbanen Gemeinschaftsgruppen den Ideen von Kropotkin nicht so nahe wie die ursprünglichen Kibbuzim, doch sowohl die Kvutzot der Graduierten-Bewegung als auch die urbanen Kibbuzim beinhalten nach wie vor viele anarchistische Züge innerhalb ihrer sozialen und politischen Organisationsform. Es mag an dieser Stelle zu früh sein, über die Zukunft dieser Projekte zu spekulieren. Doch die Entwicklung hin zu einem landesweiten Netzwerk erweiterter Nachbarschafts-Gemeinschaften nimmt an Fahrt auf. Sie könnten diejenigen inspirieren, die versuchen, kapitalistische Hierarchien zu bekämpfen, indem die künftige Gesellschaft im Hier und Jetzt aufgebaut wird.

Im Gegensatz zum traditionellen Kibbuz-Modell der unabhängigen und föderierten Siedlungen ist die Tatsache, dass diese neuen Gruppen in urbane Strukturen eingebunden sind, ein sehr entscheidender Aspekt. Und viele Projekte, an denen deren Mitglieder beteiligt sind, dienen dazu, diese Gruppen in die lokalen Gemeinschaftsstrukturen zu integrieren. Diese Form der Organisierung lädt dazu ein, sie mit der Vision von Gustav Landauer zu vergleichen, was die ersten Phasen des Übergangs zu einer künftigen anarchistischen Ordnung betrifft (vgl. Kapitel VI). Landauer antizipierte das, was heute präfigurative oder vorwegnehmende Politik genannt wird. Er hatte die Vision eines allmählichen Übergangs zu einer staatenlosen Gesellschaft durch den Aufbau gemeinschaftlicher, anarcho-sozialistischer Gruppen innerhalb und neben dem bestehenden Staat – die ihn dann am Ende ersetzen. Landauer beharrte, so Avraham Yassour, darauf, dass:

> die Pioniere des Geistes diejenigen sein werden, die mit der unabhängigen Verwirklichung des kollektiven Lebens innerhalb der Gemeinschaftsgruppen beginnen, die dann dem sich föderierenden Bund beitreten, welcher wiederum das neue sozialistische Leben innerhalb der alten Welt ermöglichen wird.[51]

Ein solcher Bund werde allmählich den zentralisierten kapitalistischen Staat ersetzen, weil die Konsolidierung und die Ausweitung der neuen

Gemeinschaften Stück für Stück die komplexen Kontroll- und Unterdrückungsmechanismen dieses Staates untergraben.[52] Es ist spannend zu sehen, wie Elemente dieser Strategie jüngst wieder eine Rolle spielen, insbesondere wenn das Yovel-Mitglied James Grant-Rosenhead sogar so weit geht, den Landauerschen Begriff „anarcho-sozialistisch" auf die neuen Gemeinschaftsgruppen anzuwenden.

Ein wesentlicher Unterschied zwischen den Gruppen der Graduierten-Bewegung und den urbanen Kibbuzim (wie Tamuz usw.) besteht darin, dass die Graduiertengruppen an eine Jugendbewegung angeschlossen sind. Dagegen stellen die urbanen Kibbuzim für ihre Mitglieder eher eine „Entscheidung für einen Lebensstil" dar – und sie betrachten sich selbst tendenziell als „Ein-Generationen-Gemeinschaften". Die Graduiertengruppen dagegen, wie etwa Antons Yovel, verstehen sich als Teil einer sich beständig fortsetzenden Bewegung. Ihr treten ständig neue Mitglieder bei und die Organisierung nimmt in deren Verständnis zahlenmäßig zu und verbreitet sich in den Nachbarschaften der Stadtgebiete Israels. Man könnte darin den Anfang einer antiautoritären, konsensorientierten Struktur sehen, die aus dem israelischen Staat – und neben ihm – in der Form eines förderierten Bundes an Gemeinschaftsgruppen erwächst, die der spezifischen Gemeinschaftsethik nicht unähnlich ist und die von Landauer als Kern einer neuen Gesellschaft beschrieben worden ist.

Welchen Schritt diese werdende Gesellschaft als nächsten einschlägt, bleibt abzuwarten. Anton meint:

> Das ist ein langer Prozess. Aber in der Tat gewinnt er für mich mehr und mehr an Bedeutung, hinsichtlich der Bedürfnisse dieses Landes. Ich glaube wirklich, dass wir nicht nur versuchen, die Symptome einer ziemlich im Niedergang begriffenen Gesellschaft zu Papier bringen, [sondern] dass wir gleichzeitig eine alternative Gesellschaft aufbauen, während wir in die bestehende Gesellschaft eingebunden sind. Ich stelle mir das so vor, dass wir an irgendeinem Punkt in naher Zukunft tatsächlich eine kritische Masse erreichen, einen Punkt, an welchem die alternative Gesellschaft nicht mehr länger die alternative Gesellschaft ist, sondern dass die bestehende Gesellschaft faktisch zur alternativen Gesellschaft wird. Das ist unsere Vision.

KAPITEL VI

Die Kibbuzbewegung und der israelische Anarchismus

Zeitgenössische Perspektiven

Ihr wisst ja nicht, was Ordnung in Freiheit heißt! Ihr wißt nur, was Aufruhr gegen die Unfreiheit heißt! Ihr wisst nicht, was Bund und freiwillige Einordnung ist. Wisst nicht, dass Knute, Disziplin, Gewalt, Staat und Regierung nur durch euch aufrechterhalten werden, durch euren Mangel an positiven, Ordnung in Freiheit schaffenden, schöpferisch-sozialen Kräften!
Gustav Landauer, „Von der Siedlung", 1913.

Wenn man sich die vielen Folgeerscheinungen ansieht, die aus der jüdischen Besiedlung Palästinas im frühen 20. Jahrhundert insgesamt entstanden sind, war zu erwarten, dass die Ziele und Errungenschaften der Kibbuz-Gemeinschaften vor 1948 von den modernen anarchistischen Bewegungen kaum einmal wahrgenommen wurden. Das laute Getöse um den Anti-Zionismus und die Verurteilung der israelischen Unterdrückung der Palästinenser*innen, auf die sich die meisten linken Kritiker*innen der Politik in dieser Region konzentrierten, übertönten die sozialen Lehren, die aus Experimenten wie der Kibbuzbewegung hätten gezogen werden können. So gingen sie nicht nur den meisten israelischen Bürger*innen, sondern auch als Erfahrungsschatz für andere Weltregionen verloren. Gleichzeitig wäre ebenfalls zu konstatieren, dass viele Aktivist*innen, sie sich selbst als Anarchist*innen bezeichnen, den zentralen Kampf zwischen Arbeit und Kapital für jedes noch so kleine anti-zionistische Anliegen aufgegeben haben und dabei auch immer wieder Formen des Antisemitismus nachgegeben haben, die so typisch für viele zeitgenössische anarchistische Bewegungen sind.[1]

Kurz: Ein großer Teil der heute aktiven anarchistischen Linken weiß wenig über die Ideen, welche die Frühzeit der Gemeinschaftsexperimente in Palästina prägten – und nahezu nichts über die inneren Strukturen der frühen Kibbuzim. Dass die frühe Kibbuzbewegung dem anarchistischen Ideal näher kam als jeder andere Versuch, wie dieses Buch gezeigt hat; die Tatsache, dass sie ein entscheidendes Kapitel in der Geschichte des Anarchismus ausmacht, bleibt von geringem Interesse. Man mag diese Ignoranz einer Vielzahl an Ursachen zuschreiben, unter anderen dem Rassismus gegen Juden und Jüdinnen oder auch der Wut auf die israelische Regierungspolitik gegen die Palästinenser*innen. Was immer auch die Gründe für die Nichtbeachtung der Aspekte des historischen anarchistischen Projekts waren, das in Palästina und Israel umgesetzt worden ist, sie spiegeln auch eine Tendenz wider, die ideengeschichtlichen Errungenschaften des Anarchismus auf gesellschaftliche Rahmenbedingungen der westlichen Welt, vor allem Europas zu konzentrieren. Diese Kritik sollte nicht auf die leichte Schulter genommen werden, denn viele ideengeschichtliche und soziale Erfindungen innerhalb der Linken sind immer wieder in der sogenannten „Dritten Welt“ und in weiteren gesellschaftlichen Rahmenbedingungen des globalen Südens entstanden.

Zu diesem Zweck untersucht dieses Kapitel, wie die anarchistischen Aktivist*innen vor Ort in Israel an der Spitze der heutigen Bewegung für einen staatenlosen Föderalismus im historischen Palästina stehen – einer Konzeption, die sich bereits in vielen Vorstellungen, die in den frühen Jahren der Kibbuzbewegung verbreitet waren, erahnen ließ. Die Frage aber stellt sich: Erinnern sich die heutigen Aktivist*innen daran, dass dieses Präzedenzphänomen wirklich existiert hat? Wissen sie davon, dass dies das ursprüngliche Ziel der Einwanderer*innen etwa von *Hashomer Hatzair* (Der junge Wächter) war? Und haben sie ein Bewusstsein dafür, dass ihr System funktioniert hat, zumindest eine Zeit lang? Die inneren Strukturen der Kibbuzbewegung kamen der Verwirklichung des anarchistischen Ideals wohl näher als jedes andere, ähnlich geartete Experiment. Hinzu kommt, dass während der Abwesenheit permanenter Staatsstrukturen vor der Unabhängigkeit Israels diese föderierten Inseln des Gemeinschaftslebens bewiesen, dass sie viele der Funktionen selbständig übernehmen konnten, die sich normalerweise die zentralisierten Institutionen des Kapitalismus und des Staates zuschreiben. Dabei waren diese sozialstaatlichen Funktionsübernahmen gleichwohl Teil eines dezentralisierten Rahmens der Siedlungen, nicht weit entfernt von jenem „organischen Commonwealth“ (siehe den Begriff im Kapitel V), wie er von Persönlichkeiten wie Buber, Landauer und Kropotkin vorgezeichnet worden war.

Der Anarchismus in Israel

Trotz ihrer Kontakte zu den anarchistischen Denkströmungen und der Verwirklichung der sozial-anarchistischen Ideen innerhalb dieser Gemeinschaften waren die frühen Kibbuzim nie offiziell mit irgendeiner formalen anarchistischen Bewegung im Land verbunden. Und obwohl eine Minderheit in der Gründergeneration noch weiter Kontakte zu jiddischsprachigen anarchistischen Bewegungen in ihren Diasporaländern aufrechterhielt, gab es keinerlei derartige Organisation in Palästina bis zu den Vierzigerjahren.

Der Zustrom westeuropäischer Überlebender des Nazismus, die in die Region als Folge des Zweiten Weltkriegs einwanderten, umfasste auch einige Personen, die durch libertäre Ideen beeinflusst waren. Aus dieser Immigrationswelle entstanden die Samen der Hauptströmung des Anarchismus in Israel.[2] Die erste formale Organisation wurde Ende der 1940er-Jahre von einer Gruppe polnischer Immigrant*innen in Tel Aviv gegründet. Von Mitte der Fünfzigerjahre an konzentrierte sich die aufkeimende anarchistische Szene um die jiddischsprechende Gruppe *Agudath Schochrei Chofesh* (ASHUACH; Assoziation der Freiheitssuchenden), die in Tel Aviv von dem in Russland geborenen Schriftsteller und Philosophen Aba Gordin gegründet worden war.

Die Monatszeitschrift *Problemen/Problemot*, der Gordin auf die Füße half, erschien bis in die späten Achtzigerjahre. Nach dem Tod ihres Gründers im Jahre 1964 wurde die Zeitschrift zunächst von Shmuel Abarbanel, dann von Yosef Luden weitergeführt. Obwohl die Organisation ASHUACH nur rund 150 eingetragene Mitglieder umfasste, wurden ihre in den Fünfziger- und Sechzigerjahren veranstalteten Vorträge und Konferenzen, die sich um die anarchistische Philosophie drehten, von Hunderten von Leuten besucht.[3]

Wie in vielen anderen Ländern auch entstand in den Sechzigerjahren in Israel ein neuerliches Interesse am Anarchismus. Gegen Ende dieses Jahrzehnts sowie am Beginn der Siebzigerjahre nahm die anarchistische Bewegung im Land ihre Form an. Immer mehr Gruppen entstanden, sie erhielten Impulse und Anregungen aus der Student*innenbewegung in Europa und aus den unterschiedlichen Revolutionen, die außerhalb Israels stattfanden. Im Jahr 1974 gab sich eine anarchistische Gruppe in Tel Aviv den Namen „Gustav-Landauer-Gruppe“ und ehrte damit den Einfluss seiner Ideen auf die prägenden Jahre der jüdisch-kommunitären Bewegung im Lande.[4]

Das Aufkommen einer neuen Protestbewegung in den Achtzigerjahren, die sich gegen die andauernde Besetzung der West Bank und von Gaza richtete und auch den Libanon-Konflikt kritisch hinterfragte, verlief parallel zur entstehenden Punkszene in Israel, zu den ersten Gruppen der Tierrechtsbewegung, zu zahlreichen Fällen von Kriegsdienstverweigerung, schließlich zur Ersten Intifada ab Ende 1987. Über das gesamte Jahrzehnt entwickelte sich der israelische Anarchismus zu einer dynamischen Bewegung, der sich zahlreiche anarchistische Student*innengruppen anschlossen. Außerdem traten Anarchist*innen den vielen linksradikalen Gruppen bei, die im Lande entstanden, auch wenn sie sich nicht als explizit anarchistisch bezeichneten. Solch eine Organisation war zum Beispiel *Matzpen* (Kompass); sie war eine trotzkistische Gruppe, die sowohl antikapitalistisch als auch antizionistisch eingestellt war. Gegründet wurde sie 1962 von früheren Mitgliedern der Kommunistischen Partei Israels, aktiv blieb sie bis in die späten Achzigerjahre.[5]

Der zeitgenössische israelische Anarchismus

Die gegenwärtige anarchistische Bewegung konsolidierte sich während der weltweiten Welle des Aktivismus der Antiglobalisierungsbewegung gegen Ende der Neunzigerjahre. Zu der Zeit gab es rund 300 israelische Anarchist*innen und ein paar Hundert palästinensische Sympathisant*innen und Verbündete – in der arabischen Kultur ist die politisch-intellektuelle Strömung des Anarchismus aus historischen Gründen nicht sehr bekannt und es gibt keine palästinensisch-anarchistische Bewegung als solche [aber heute immerhin Gruppen wie *Palestinian Anarchists* oder *Unity/Akhdut (Einheit; Israelisch-palästinensische Föderation von Anarchist*innen)*; Info aus frz. Übersetzung des Buches von 2017; d.Ü.]. Doch zu der Zeit kamen viele internationale Aktivist*innen nach Israel und Palästina. Sie waren vor allem europäische und nordamerikanische Freiwillige, die mit dem *International Solidarity Movement* (ISM) zusammenarbeiteten. Das war eine palästinensisch geführte Organisation aus dem Jahr 2001, die Freiwillige aus der ganzen Welt dazu aufrief, an gewaltfreien Protesten gegen die israelische Militärpräsenz im Westjordanland und – bis zum Abzug der Truppen im Jahre 2005 – im Gazastreifen teilzunehmen.

Im Vergleich zur europäischen und nordamerikanischen anarchistischen Bewegung ist diese Bewegung in Israel zwar klein, aber in bestimmten Bereichen ist sie sehr aktiv. Ein beträchtlicher Teil engagiert sich in den Bewegungen für Frieden, Umwelt und für Tierrechte. Seit Beginn der Zweiten Intifada im September 2000 konzentrierten sich die Aktivitäten der anarchistischen Gruppen – wie die der anderen linksradikalen Organisationen in Israel auch – fast vollständig auf den Widerstand gegen die Besetzung in Palästina, besonders gegen den Bau der von ihnen so genannten „Separation Wall" (Mauer der Separation; auch Barriere genannt). Im ganzen Land existieren zahlreiche Organisationen, die sich im Widerstand gegen die Besetzung zusammenfanden.

So gibt es zum Beispiel die Organisation *Ta'ayush* (Arabisch-Jüdische Partnerschaft)[6], im Herbst 2001 von Juden/Jüdinnen und palästinensischen Araber*innen mit israelischer Staatsbürgerschaft gegründet, die an vielen Solidaritätsaktionen in den besetzten Gebieten beteiligt ist. Die Initiative *Anarchists Against the Wall* (AATW)[7] ist eine Gruppe für direkte Aktion, die 2003 als Antwort auf den Bau der „Mauer der Separation" ins Leben gerufen wurde. Sie arbeitet ebenfalls mit Palästinenser*innen im gewaltfreien Widerstand gegen die Besetzung zusammen und führt Demonstrationen und direkte Aktionen gegen die „Mauer" im Westjordanland durch.

Zwar bleiben präventive und zerstörende oder störende Aktionen gegen die Besetzung im Zentrum der Beteiligten, doch der Aufbau praktischer Alternativen wurde gleichfalls als wichtiger Strang anarchistischer Aktivität in der Region betrachtet. Die Friedensschaffung auf Graswurzelebene wurde in einer Vielfalt von Formen vorangetrieben, wobei viele Anarchist*innen des Landes an Organisationskernen der Zusammenarbeit und der Solidarität beteiligt waren, die über ganz Israel hinweg existierten. So gibt es etwa jüdisch-arabische Gemeinschaftsinitiativen wie das *Negev Coexistence Forum*[8], die Frauen-Solidaritätsgruppe *Bat Shalom* (Kämpfen für den Frieden)[9], das *Arabisch-Jüdische Zentrum für Gleichheit, Empowerment und Zusammenarbeit*[10] im Negev sowie das Kinder- und Jugendzentrum *Netivei Ahava* (Wege zur Brüderlichkeit) in Jaffa. Zu den eher bekannteren Beispielen, die oft in der anarchistischen Literatur angeführt werden, gehören Kooperativ-Gemeinschaften wie *Neve Shalom / Wahat al-Salam* (NSWAS; Oase des Friedens)[11]. Letzteres ist ein Experimental-Dorf, das auf halbem Wege zwischen Tel Aviv und Jerusalem liegt. Dort leben Juden/Jüdinnen und Araber*innen inzwischen seit über vier Jahrzehnten zusammen.

Neve Shalom wurde 1976 als Gemeinschaftsprojekt von jüdischen und arabischen Israelis gegründet und führte vor allem bildungspolitische Arbeit durch, um Inhalte wie Frieden, Gleichheit, gegenseitiges Verständnis sowie die Zusammenarbeit zwischen den beiden Bevölkerungsgruppen zu fördern. Das Dorf ist eines der wenigen im Land, in denen es zweisprachige, multikulturelle Schulen gibt, in denen jüdische und arabische Kinder zusammen in beiden Sprachen lernen und in denen die Kultur und die Traditionen beider Bevölkerungsgruppen gelehrt werden. Im Dorf ist außerdem die Gruppe *School for Peace* zuhause, die für Jugendliche und Erwachsene Workshops und Trainings in Konfliktlösung durchführt; sowie ein *Pluralistic Spiritual Center*. Zusätzlich zu diesen Bildungsinstitutionen führt NSWAS Programme der humanitären Hilfe für palästinensische Dorfbewohner*innen durch, die vom Konflikt betroffen sind.

New Profile[12] ist eine Freiwilligenorganisation, die von feministischen Frauen und Männern getragen wird, die gegen das militaristische und kriegsbefürwortende Bewusstsein in der israelischen Gesellschaft vorgehen. Dort machen auch einige Anarchist*innen mit. Die Gruppe unterstützt das Recht auf Kriegsdienstverweigerung, das zur Zeit im israelischen Gesetz nicht anerkannt ist. Sie vermittelt Hilfe und Rat für diejenigen, die dem israelischen Militarismus abschwören und den Militärdienst verlassen wollen. Sie fordert die Anerkennung des individuellen Rechts, entsprechend seinem oder ihrem Gewissen zu handeln sowie die Möglichkeit, sein soziales Engagement durch einen alternativen Zivildienst ausdrücken zu können. Gleichzeitig tritt die Gruppe für eine grundlegende Neugestaltung des Bildungssystems ein, um den jugendlichen Israelis eine Erziehung zu bieten, die für Frieden und Konfliktlösungspraktiken eintritt, anstatt eine Gesellschaft zu verewigen, in der militärische Tapferkeit als der höchste Wert betrachtet wird.

Der israelische Anarchismus und die Kibbuzim

Diejenigen Israelis, die sich heute selbst als Anarchist*innen betrachten, sind zuerst und vor allem durch ihre Kriegsdienstverweigerung zu dieser Haltung veranlasst worden; ebenso durch ihre Überzeugung, dass israelische Bürger*innen verpflichtet seien, der unmoralischen Politik und ihren Taten Widerstand entgegenzusetzen, die in ihrem Namen durchgeführt werden. Sie beteiligen sich seltener aufgrund einer theoretischen Überzeugung oder eines tiefgreifenden historischen Verständnisses.[13] Weil sie die Notwendigkeit sehen, sich eher auf unmittelbare Anliegen zu konzentrieren, spielen Weltanschauungsfragen und die Bedeutung, die sie im Meinungsbildungsprozess und in ihren Aktivitäten besitzen, eine untergeordnete Rolle. Viele israelische Anarchist*innen sind der Überzeugung, dass erst nach der Beendigung der Besetzung und der Wiederherstellung der Rechte der Palästinenser*innen – was sie als ihre drängendsten Zielsetzungen begreifen – eine substantielle Diskussion über die Form der Gesellschaft beginnen kann, die sie sich für die Zukunft wünschen. Diese Herangehensweise der Art „alles zu seiner Zeit“ bedeutet faktisch, dass theoretische Rahmenkonzepte des Anarchismus für einige Leute, die in diesen Gruppen mitarbeiten und sich als „anarchistisch“ begreifen, eher befremdlich wirken.

So ist es wohl angemessen zu sagen, dass die libertär-sozialistischen Ideen, welche die Grundlagen der frühesten Kibbuz-Gemeinschaften bildeten, keinen bedeutenden Anteil bei der ideellen und historischen Selbst-Definierung der meisten heutigen Aktivist*innen haben. Für die zeitgenössischen Linksradikalen gehören die heutigen Kibbuzim wie selbstverständlich auf den Müllhaufen der Geschichte radikaler Experimente und es gibt gleichzeitig viele Leute im anarchistischen Lager Israels, denen die historische Präsenz anarchistischer Ideen in den frühen Jahren der zionistischen Siedlungen nicht bewusst ist. Ein Aktivist sagte zu mir:

> Die meisten der heutigen Linksradikalen würden laut auflachen, wenn du ihnen erzählst, dass die Kibbuzim anarchistische Wurzeln haben. Wenn israelische Anarchist*innen auf die frühen Jahre der Bewegung zurückblicken, dann sehen sie diese in sehr negativem Licht – und zwar nicht nur als Teil eines Projekts des rassistischen Staatsaufbaus, sondern gleichzeitig als ein Projekt, das selbst innerhalb der Gemeinschaften die Individualität ersticken und alle gleichmachen wollte.

Tali Lerner zum Beispiel, ihres Zeichens Antikriegsaktivistin und Mitglied von New Profile, meint:

> Bis noch vor zwanzig Jahren gab es in den Kibbuzim dieselben formalen Ideen, über die Kropotkin geschrieben hatte. Aber die Leute nahmen das so wahr, dass diese Ideen ungeheuer schlecht umgesetzt wurden – und das ist das, was ihnen im Gedächtnis bleibt. Der bedeutsamste Eindruck von

den Kibbuzim bei den Anarchist*innen war der, wie unterdrückerisch die Kibbuzim geworden sind – und dieser Eindruck blieb bei ihnen haften. Die denken dann nicht: ‚Nun gut, in den 1930er-Jahren hat es ja wirklich funktioniert.‘

Die Kibbuzim und das Militär

Mit der Erfahrung der frühen Kommunard*innen können viele der heutigen israelischen Anarchist*innen nicht mehr viel anfangen. Tali Lerner sagte zu mir:

> Wenn ich heute Briefe von Leuten aus den Kvutzot der zweiten und dritten Alija lese, dann wird mir erst klar, dass die emotional so tief verbunden mit etwas waren, was die meisten der heutigen Linksradikalen als schlichtweg naiv einschätzen würden. Es war so weit entfernt von den Erfahrungen heutiger Radikaler. Wir sind da heute viel zynischer, und auch sehr viel individualistischer.

Der vielleicht wichtigste Grund für die ablehnende Haltung der heutigen Aktivist*innen gegenüber den Kibbuzim ist jedoch die Tatsache, dass sie mit dem israelischen Staat so untrennbar verbunden sind – im Besonderen hinsichtlich dessen militaristischer Politik gegenüber den Palästinenser*innen. In der Tat stammten die rücksichtslosesten Kämpfer*innen in den ersten drei Jahrzehnten nach der Unabhängigkeit aus den Kibbuzim, darunter auch die militärische Führungsriege der Israel Defense Force (IDF).

Das erste Baby, das etwa im Kibbuz *Degania* geboren wurde, war Moshe Dayan, der berühmt-berüchtigte Krieger und Politiker, der während des israelisch-arabischen Krieges von 1967 als Architekt des militärischen Sieges Israels weltweit bekannt wurde. Die ideologische Verlagerung, die in den Kibbuz-Gemeinschaften ab den Dreißigerjahren zu beobachten war – nämlich weg vom Sozialismus und hin zu einem nationalistisch-militaristischen Ethos, wodurch die Bewegung zu einer Bastion für die zionistische Kolonisation gegen die Interessen der palästinensischen Bevölkerung wurde –, ist für viele der heutigen Anarchist*innen ein entscheidendes Hindernis für jede objektive Betrachtung der Kibbuzim. So meinte der israelische Aktivist und Autor Uri Gordon:

> Was ihre inneren Strukturen als Kommunen betrifft, hatten die frühen Kibbuzim natürlich viele Ähnlichkeiten mit anarchistischen Prinzipien – und ja, dieses System trat den Beweis dafür an, eine große Anzahl an Menschen versorgen zu können. Diese Art von System, das in den Gemeinschaften umgesetzt wurde, ist in Israel sehr bekannt. Aber als diese kommunalen Inseln zum Lebensmittelreservoir eines ganzen Landes und zum Reservoir ihrer Elitesoldat*innen verwandelt wurden, waren die Errungenschaften der Kibbuzim vor 1948 für die heutigen Anarchist*innen und ihre Kämpfe kaum mehr relevant.[14]

Nach dem Muster jüdischer Selbstverteidigungsorgane in der *Hashomer* (Die Wächter) im Jahre 1909 wurde der gesamte Jishuw im Wesentlichen als militärische Einheit organisiert. Von 1920 bis 1948 hieß sie *Haganah* [paramilitärisch, wurde zum Kern der späteren Israelischen Armee; d.Ü.]. Ursprünglich hatten die Mitglieder der Bewegung die organisatorische Zusammenarbeit und die Solidarität mit ihren arabischen Arbeitskolleg*innen befürwortet, doch dies begann während der 1930er-Jahre zu schwinden, als viele Mitglieder aus den Kibbuzim ausgeschlossen wurden, weil sie sich gegen den inhärenten Rassismus im Rahmen des Konzepts der „Eroberung der Arbeit“ ausgesprochen hatten. Ein israelischer Aktivist, den ich interviewte, gab als Zeitpunkt, ab dem die Kibbuzim ihre Relevanz für das radikale Denken einbüßten, die Phase an, in der die Radikalen, die nicht dazu bereit waren, ihren Zionismus in eine rechtsgerichtete, nationalistische Bewegung einzugliedern, aus den Siedlungen rausgeworfen wurden.

Es ist unter den heutigen Anarchist*innen weitgehend bekannt, dass in dieser Zeit viele der Radikalen der ersten Stunde aus eigener Entscheidung die Kibbuzim verließen, weil sie durch die neue ideologische Ausrichtung ihrer Siedlungen desillusioniert waren. So kam Rudolf (Rudi) Segall, Sozialist der IV. Internationale, aus Deutschland im Jahr 1934 in Palästina an. Er war von den Ideen Gustav Landauers begeistert worden und lebte im Kibbuz von *Hashomer Hatzair* von 1935 bis 1939. In einem Interview im Jahre 2001 sprach er über die Ernüchterung, die sich bei ihm und vielen seiner Genoss*innen durch die neue Realität einstellte:

> Es ist kein Wunder, dass ein hoher Prozentsatz der militärischen Elite aus den Kibbuzim stammte. Für einige von uns wurde der Widerspruch zwischen dem sozialistischen Ideal und den Verhaltensweisen gegenüber der

ortsansässigen Bevölkerung immer größer – darum verließ eine große Gruppierung den Kibbuz, um von nun an politisch zu arbeiten.[15]

Veränderte Perspektiven

Kurz zusammengefasst: Die Kibbuzim werden von heutigen israelischen Anarchist*innen nicht nach dem beurteilt, was sie waren, sondern nach dem, was aus ihnen geworden ist. In Anbetracht der Tatsache, was aus ihnen geworden ist – sowohl hinsichtlich des Drucks, der auf ihre eigenen Mitglieder ausgeübt wird, als auch im Hinblick auf ihr äußeres Image als eine Institution des zionistischen Establishments –, verschwinden die tatsächlichen Formen und die Lehren, die aus ihren ursprünglichen ökonomischen und politischen Errungenschaften gezogen werden können, nahezu in der Bedeutungslosigkeit. Dies wird noch verschärft durch die unumgängliche Tendenz, die unter den jüngeren Radikalen von heute vorherrscht, nämlich die modernen anarchistischen Ideen den Diskussionen der frühen Kibbuzim überzustülpen und dadurch den historischen Kontext aus dem Blick zu verlieren, in welchem diese Gemeinschaften agierten.

„Schon die frühesten Kibbuzim konnten wohl nicht anarchistisch sein", so meinte mir gegenüber ein Mitglied der Initiative New Profile, offensichtlich schon vom bloßen Gedanken abgestoßen, „weil sie üblicherweise Arbeitstiere benutzten."

Wenn man bedenkt, dass die meisten israelischen Anarchist*innen ihre Überzeugungen als Reaktion auf die Grenzen der liberalen oder linken Politikformen in Israel bildeten, dann ist ihre Tendenz, die Lehren aus der frühen Kibbuzbewegung zu ignorieren oder zu übersehen, nicht überraschend. Die junge Generation identifiziert die Kibbuzim nun einmal mit dem Establishment. Für viele ist die Tatsache, dass sie über so lange Zeit als Reservoir für die Eliteeinheiten der Israel Defence Force (IDF) und die politische Führungsriege des Landes dienten, ausreichend, um jedem Interesse an ihnen Grenzen zu setzen. Doch woran liegt das genau, dass so wenige Leute innerhalb der heutigen anarchistischen Bewegung ein Bewusstsein für das Vorhandensein anarchistischen Gedankenguts in den frühen Jahren der Kibbuzbewegung entwickelten?

Es gibt sehr wohl einige Aktivist*innen, deren Kenntnis der Geschichte des Zionismus über die einseitige Darstellung hinausgeht, die im israelischen Bildungssystem, in den Medien und in der *hasbara*, der an Ausländer*innen gerichteten zionistischen Bildungsinstitutionen, gelehrt wird. Ihnen ist bis zu einem gewissen Punkt bewusst, dass die Staatsgründung und die nachfolgende Verknüpfung der Kibbuzim mit dem Staat zur Folge hatte, dass sich die historische Perspektive Vieler innerhalb der Kibbuzim – und auch der zionistischen Bewegung als Ganzer – auf dramatische Weise verändert hat. Tali Lerner meinte dazu mir gegenüber:

> Bei näherer Betrachtung überrascht es kaum, dass die Radikalen von heute so wenig über die Politik ihrer Vorfahren wissen. Als der Staat aufgebaut wurde, hat man alles, was vor 1948 passiert ist, so hingedreht, dass es für den neuen Zionismus akzeptabel war, dessen einziger Fokus der Staat wurde. Ben-Gurion und andere Leute aus seiner Generation versuchten absichtlich, alles, was vor 1948 geschah, auszuradieren.

Und Lerner fügte hinzu:

> Die ganze soziale Bewegung in Israel sollte nunmehr all das aus dem Gedächtnis streichen, was in jener Zeit war, bevor der Staat als Ein und Alles betrachtet wurde. Man kann nicht genau sagen, ob das spezifisch dahingehend ausgerichtet war, die anarchistischen Ideen zu beerdigen, aber das war gewiss eine Auswirkung. Über den Anarchismus wurde nunmehr nicht mehr gesprochen. Bis zur Mitte der 1930er-Jahre war der Gedanke, dass die Kibbuzim eine neue Gesellschaft schaffen sollten, keine als realistisch eingeschätzte Perspektive mehr. Schon zu der Zeit lebte man in Erwartung eines Staates und die Kibbuzim wurden dahingehend kooptiert. Und während der Zeit der Staatsgründung war die gesamte Vorstellung, dass die Kibbuzim darauf abzielten, in Palästina eine neue Gesellschaft als ein sozialistisches Projekt anstatt eines exklusiv zionistischen Projekts aufzubauen, bereits systematisch getilgt worden. Die gesamte anarchistische und radikal-sozialistische Traditionslinie in der jüdischen Geschichte wurde verschüttet, weil alles in diese neue, einheitliche Perspektive des Zionismus integriert wurde: ‚Der Zionismus ist der Staat Israel'. Alles zielte darauf ab, genau dies durchzusetzen.

Es versteht sich von selbst, dass die Rolle der anarchistischen Weltanschauung unter den frühen Siedler*innen im heutigen Lehrplan des israelischen Bildungssystems fehlt. Zwar sind Personen wie A.D. Gordon und Chaim Arlosoroff oder Gruppen wie Hashomer Hatzair weithin bekannt, doch wird der Einfluss, den Kropotkin, Landauer und Tolstoi auf die Ausbildung ihres Denkens hatten, kaum noch gelehrt. Leider sprechen auch Kibbuz-Mitglieder der älteren Generation, die alles miterlebt haben, nur noch selten darüber. Die junge Generation der Anarchist*innen, aus der viele in den Kibbuzim aufgewachsen sind, kennen das aus ihrer eigenen Erfahrung – und viele würden der These zustimmen, dass selbst Kibbuz-Mitglieder aus der Gründergeneration heute ganz anders auf die Frühzeit zurückblicken, als es etwa Geschichtsdarstellungen in Dokumentarfilmen zeigen.

Sozialwissenschaftler*innen aus verschiedenen Ländern und auch Autor*innen zur Kibbuz-Geschichte berichten von derselben Tendenz. Einige meinen, das käme daher, dass Individuen, die früher linksradikale Ideen propagiert haben, später die Ansicht verwarfen, dass diese Ideen eine wichtige Rolle gespielt haben. Diese Negation sei das Ergebnis einer „anti-ideologischen Ideologie", die in den Kibbuzim aufkam und sich mit einer Art Proletarisierung der Intellektuellen vermischt habe.[16]

Die nicht-staatliche Lösung

Während also die Errungenschaften und Bestrebungen der frühen Kibbuzim bei vielen heutigen Graswurzelaktivist*innen nur entfernt ins Blickfeld geraten sind, wurden sie in Forschungsarbeiten, die in den letzten Jahren aus der israelischen anarchistischen Bewegung hervorgegangen sind, sehr wohl wahrgenommen. So hat Uri Gordon in seinem Buch *Anarchy Alive!* (dt.: *Hier und Jetzt. Anarchistische Praxis und Theorie*, Nautilus, Hamburg 2010) auf die anarchistischen Prinzipien der vorstaatlichen Siedlungen und die Kenntnis der anarchistischen Literatur unter den frühen Kommunard*innen hingewiesen. Er meint zwar, dass ihre Methoden nicht dieselben wie in der heutigen anarchistischen Bewegung waren und dass sie sich ihrer Rolle als verschiebbare Bauernfiguren wie auf einem Schachbrett in einem umfassenderen imperialistischen Projekt nicht bewusst gewesen wären. Doch sei auch in den aktuellen anarchistischen Kämpfen in dieser Weltregion der konstruktive Aktivismus der Kibbuzniks von fortdauernder Bedeutung.[17]

Der in Chicago geborene Israeli Bill Templer hat in einem 2003 geschriebenen Artikel mit dem Titel „From Mutual Struggle to Mutual Aid" diese Bedeutung für die heutige Zeit genauer beschrieben: Er skizziert darin eine umfassende Strategie für eine nicht-staatliche Lösung (No-State Solution) als Alternative zur Sackgasse, in die sich das israelisch-palästinensische Verhältnis mittlerweile verirrt hat. Templer erinnert an den Einfluss der anarchistischen Ideale auf die Gründergeneration der Kibbuzniks und schlägt vor, dass ihr Vorbild einer neuen Bewegung hin zu einem staatslosen Commonwealth, das bereits vielen Gründer*innen der Bewegung vorgeschwebt habe, dienen soll.[18]

Templer schlägt eine „stufenweise Transformation" vor: von einer Zwei-Staaten-Lösung als Zwischenschritt, über einen vereinheitlichten, binationalen Staat, bis hin zu etwas, das er den „Jerusalemer Kooperativ-Commonwealth" nennt. Er meint, dass die ersten Schritte in Richtung eines echten Friedens darin bestehen, die Grundlage zu schaffen für „eine Art jüdisch-palästinensischen Zapatismus, für eine Graswurzelbewegung, ‚um das Gemeingut zurückzuerobern'". Das würde beinhalten, konstruktive Schritte für direkte Demokratie, partizipatorische Wirtschaft und eine Autonomie für die Bevölkerungsgruppen beider nationaler Entitäten in der Region in Gang zu setzen – anders gesagt, erneut eine Richtung einzuschlagen „hin zu Martin Bubers Vision eines ‚organischen Commonwealth', der aus einer ‚Gemeinschaft von Gemeinschaften' besteht."

Die Zukunft jetzt bereits aufbauen!

Templer weist in seinem Aufsatz nicht nur auf die Notwendigkeit hin, in dieser Hinsicht Bubers Organisation vor 1948, *Brit Shalom* (Friedensbündnis) sowie die Parteiorganisation nach der Unabhängigkeit, *Ichud* (Vereinigung), wiederzuentdecken, sondern auch an die Rolle zu erinnern, die Gustav Landauer bei der Entwicklung von Bubers anarchistischer Utopie spielte. Templer sieht dabei den deutschen Theoretiker als mögliche Quelle der Erneuerung des utopischen Denkens innerhalb der israelischen Gesellschaft. Er arbeitet dabei mit Landauers Gedanken der Aushöhlung der hierarchischen kapitalistischen Strukturen und der von oben nach unten gerichteten Bürokratien durch die Schaffung von praktischen libertären Alternativen. Templer argumentiert dabei, dass der erste Schritt hin zu einer nicht-staatlichen Lösung in einem Prozess liege, den er „autonome Vorwegnahme" einer anderen Gesellschaft nennt.

Mit anderen Worten: Eine Strategie sozialer Transformation muss sich nach Templer darauf konzentrieren, Strukturen von unten nach oben aufzubauen und progressive, anti-autoritäre Räume innerhalb der bestehenden Ordnung zu schaffen. Das beginne auf der Ebene der Wohnverhältnisse und der Nachbarschaft. Templer betrachtet den Aufbau von selbstbestimmten, direkt-demokratischen Nachbarschaftsformen, eines Milieus aus Vereinigungen von „Haushalten", „Mietshäusersyndikaten", Angestellten-Assoziationen und kooperativen Wohn-Zusammenhängen, also besonderen Formen von „Einwohner*innenversammlungen", alternativen Schulen und neuen Formen des Homeschooling als ein mögliches „Beginnen" selbstbestimmter Emanzipation.

Templer meint, dass in der jüngeren Welle kommunitärer Experimente wichtige Modellformen dieser Art konstruktiver Aktion zu finden seien, die in den letzten Jahrzehnten über ganz Israel hinweg aufgetreten waren. Gerade in verschiedenen Formen des gemeinschaftlichen Lebens, die vom Anarchismus inspiriert seien, findet in seinen Augen eine Erneuerung der libertären Tradition statt.

So sieht er im *Kibbuz Samar* „in vielerlei Hinsicht ein anarchistisch-kommunistisches Modell des internen Zusammenlebens, was immer auch dessen äußere Rolle als Unternehmen innerhalb der israelischen Ökonomie sein mag". Templer betrachtet die urbanen Kibbuzim und die Arbeit der heutigen urbanen Kommunard*innen als solch eine Form der präfigurativen Politik. Er zieht dabei auch die Gruppe *Peleh*, die zu Hashomer Hatzair gehört, als beispielhaft heran. Templer vertritt die These, dass dieses Konzept der urbanen Kommune in Verbindung mit den bestehenden Projekten der Annäherung und der Solidarität, wie etwa *Neve Shalom/Wahat al-Salam* [kooperatives Dorf, 1969 von jüdischen und arabischen Arbeiter*innen gegründet; d.Ü.], sowie Organisationen des gemeinsamen Widerstands gegen die Besetzung, wie etwa *Ta'ayush* (Arabisch-Jüdische Partnerschaft) oder *Stop the Wall* und weitere jüdisch-arabische Initiativen in strategischer Hinsicht als erster Schritte hin zu dieser potentiellen nicht-staatlichen Zukunft betrachtet werden können.

Doch Templer sieht nicht nur in dieser neuen Welle urbaner Kommunegruppen die Samen des anarchistischen Kommunalismus. Er glaubt zudem, dass sogar die bestehenden Landwirtschafts-Siedlungen – die Kibbuzim und die *Moshavim* [Siedlung mit Gütern in gemischtem Kollektiv- oder Privatbesitz; d.Ü.] – noch in Brutstätten für einen positiven Wandel transformiert werden können, selbst wenn sie in den letzten Jahren eine Art kapitalistische Struktur angenommen haben. „Wenn sie nicht zu groß sind", so argumentiert er, „könnten die Kibbuzim (...) zu einem Schwerpunkt neuer Formen der direkten

Demokratie und des Experimentierens mit Bewohner*innenversammlungen werden, zumal die Israelis nach Möglichkeiten suchen, ihre Zivilgesellschaft auf der Ebene örtlicher Gemeinschaften neu zu begründen. So werden etwa in neuartigen Mini-Kibbuzim Israels versucht, Ideen der partizipatorischen Ökonomie (Parecon)[19] umzusetzen und mit deren Prinzipien und Strukturen zu experimentieren. Einige von ihnen könnten dabei so etwas wie ein Mikrolabor für solche angestrebte Veränderungen werden."

Zwischen Theorie und Praxis

Letzten Endes steht der Aufbau von praktischen und dauerhaft antiautoritären Alternativen nicht gerade an der Spitze der Tagesordnung zeitgenössischer Anarchist*innen – auch wenn das manche von ihnen anders sehen. Denn in Wirklichkeit erregen angesichts des Aktivismus der heutigen Radikalen mit ihren Themenschwerpunkten der Besetzung und der Solidarität mit den Palästinenser*innen im Westjordanland Fragen der Gemeinschaftsgründung sowie von Alternativen auf Graswurzelebene weniger Aufmerksamkeit.

Hinzu kommt die Tatsache, dass der tatsächlich bestehende kreative Widerstand oft die Tendenz beinhaltet, nur in dem Ausmaße als nützlich betrachtet zu werden, indem er von destruktiven oder verhindernden Aktionen begleitet wird. Nach Templers Vision hingegen sind es gerade diese kreativen Unterfangen in Form der Schaffung einer partizipatorischen Ökonomie und Autonomie, die Gleichheit, Diversität und gegenseitige Hilfe so herbeiführen, dass die gegensätzlichen nationalen Erzählungen, die den Konflikt ständig befeuern, entschärft werden können und die gegenwärtige Sackgasse schließlich überwunden werden kann.

Templer hat zweifellos das ausgefeilteste Programm in Richtung einer nicht-staatlichen Lösung erarbeitet. Aber er ist nicht der Einzige unter den israelischen Anarchist*innen, der die Kibbuzbewegung und deren quasi-anarchistische Nachkommenschaft als mögliche Inspirationsquelle bei ihrer Hoffnung auf eine anarchistische Zukunft für die Region benennt. Auch Doreen Bell-Dotan, die Landauer-Anhängerin ist und sich selbst als „mystische Anarchistin" bezeichnet, hat gleichfalls diese Kommunen als Leitbilder sozialer Veränderung angeführt. Auch sie sieht insbesondere die urbane Kommune als ein Mittel für positiven sozialen Wandel sowohl in der Region als auch über sie hinaus.

Bell-Dotan weist außerdem darauf hin, dass auf das klassische Kibbuzmodell – „so anarchisch, wie je eine Gesellschaft gewesen ist“[20] – auch diejenigen zurückgreifen könnten, die eine anarchistische Gesellschaft in anderen Teilen der Welt schaffen wollen. Dan Sieradski, der auch das Pseudonym „Mobius“ benutzt, ist ein aus New York stammender Journalist und Mitbegründer sowie Herausgeber der Website *Jewschool.com*. Er berichtete, wie einige Anarchist*innen über eine Neubelebung des Kleingruppen-Ethos der frühen Kibbuzjahre durch den Aufbau von spirituell-anarchistischen Kibbuzim in Israel diskutierten.[21] Auf ähnliche Weise haben Kibbuz-Theoretiker*innen wie Giora Manor, Muki Tsur und Haim Seligman in jüngeren Veröffentlichungen betont, wie wichtig es sei, die anarchistische Theorie innerhalb der Kibbuz-Geschichte neu zu betrachten, um das utopische Ethos der frühen Kibbuzim wiederzuentdecken.

Der Unterschied zwischen diesen Schriftsteller*innen und dem Großteil der heutigen realen Bewegung besteht darin, dass alle Theoretiker*innen die Kibbuzim – und da ist auch dieses Buch keine Ausnahme – hauptsächlich aufgrund ihrer inneren Strukturen als ein Modell des Sozialanarchismus beschreiben. Angesichts des alltäglichen Schreckens der Besetzung sind vielen heutigen Anarchist*innen diese Modelle des Sozialanarchismus völlig egal – geschweige denn der Ansatz, aus den Kibbuzmodellen lernen zu wollen – und sie begegnen diesen Ideen mit einer gehörigen Portion Zynismus. Es stellt sich somit die Frage: Liegt hier ein Versagen dieser Theoretiker*innen vor oder eine Engstirnigkeit derjenigen Anarchist*innen, die heute das Milieu des anarchistischen Widerstands innerhalb Israels ausmachen, und wie kann das überwunden werden? Als Antwort auf die fortwährende Geringschätzung der Kibbuz-Ideen aus linksradikalen Kreisen meinte ein fast schon verzweifelter israelischer Anarchist in einem Internet-Forum:

> Verdammt nochmal! Gibt es denn niemanden in diesen ganzen anarchistischen Mailing-Listen, die/der die Charakterstärke und den Geist eines wirklichen Anarchisten besitzt? Gibt es denn da nicht einen, der keine Scheiße redet? Gibt es denn da nicht einen, die/der fähig ist, wahrzunehmen, dass hier ein riesiges Potential brachliegt? Wenn ihr auch nur ein anarchistisches Gen in euren Körpern hättet, dann würdet ihr die Kibbuzim anerkennen und hochleben lassen sowie ihnen jede Form der Unterstützung geben wollen, zu der ihr fähig seid. Stattdessen kritisiert ihr ohne Ende. Es scheint so, als sei das alles, wozu ihr taugt.

KAPITEL VII

Schlusswort
(März 2008)

Yuvi Tashome kam im Herbst 1984 als junges Mädchen in Israel an. Sie und ihre Familie befanden sich unter den 33.000 Mitgliedern der *Beta Israel* [jüdische Gemeinschaft in Äthiopien, äthiopische Juden und Jüdinnen; d.Ü.], die aus Geflüchtetenlagern im Sudan durch die Operation „Moses“ in einer Luftbrücke nach Israel transportiert worden sind. Das umfasste eine Reihe von dramatischen Rettungsoperationen, organisiert von der israelischen Regierung und Israels Nachrichtendienst Mossad, als eine Hungersnot und ein Bürgerkrieg die äthiopischen Bevölkerungsgruppen in den 1980er- und 1990er-Jahren bedrohte.

Im Rahmen der Bestimmungen des israelischen Rückkehrrechts haben sich mehr als 120.000 äthiopische Juden und Jüdinnen in den letzten drei Jahrzehnten in Israel angesiedelt. Wie viele ethnische Minderheitengruppen, die nach Israel immigriert sind, war es für die jüdische Bevölkerungsgruppe aus Äthiopien schwer, sich in die israelische Gesellschaft zu integrieren. Viele ihrer Vorläufer*innen aus Zentral- oder Osteuropa hatten immerhin Bildungsabschlüsse und berufliche Qualifikationen. Doch die jüdischen Einwanderer*innen (Olim) der Beta Israel stammten aus einer Subsistenzökonomie. In vielen Fällen waren sie nicht darauf vorbereitet, in einer industrialisierten Umgebung, die einem Land der „Ersten Welt“ glich, zu arbeiten. Sie mussten dabei nicht nur bei Null anfangen, was ihre Bildung und ihre Arbeitskenntnisse betraf, sondern – wie schon die *Mizrachi*-Immigrant*innen [arabische Juden und Jüdinnen, die aus Nord-Afrika oder dem Mittleren Osten eingewandert waren; d.Ü.] zwei Jahrzehnte vor ihnen – die Immigrant*innen aus Äthiopien waren zudem mit Vorurteilen, Diskriminierung und Rassismus sowohl von Seiten der israelischen Gesellschaft als auch den offiziellen Behörden konfrontiert.

Viele Regierungsgelder flossen in die Aufnahmepolitik von Beta Israel, aber es gab nur langsame Fortschritte. Zahlen, die 2007 veröffentlicht wurden, wiesen darauf hin, dass sozioökonomische Unterschiede zwischen der äthiopischen Gemeinschaft in Israel und dem Großteil der Landesbevölkerung nicht schwanden. Die Diskrepanz war offen sichtbar in verarmten Vierteln, einer Rekordquote bei der Arbeitslosigkeit und der höchsten Rate von Schulabbrecher*innen von allen jüdischen Bevölkerungsgruppen Israels.

Das durchschnittliche Pro-Kopf-Einkommen in der äthiopischen Gemeinschaft Israels ist ungefähr halb so groß wie das anderer israelischer Juden und Jüdinnen – und es liegt auch noch sehr viel niedriger als das der arabischen Bevölkerung des Landes.[1] Ungleichheiten und Diskriminierungen im Bildungssystem führen dazu, dass die äthiopischstämmigen Jugendlichen bereits in frühen Jahren nach ihrer Einschulung beim Erlernen grundlegender Fertigkeiten zurückfallen. Rund 40% der äthiopischstämmigen Eltern haben kein Bildungsniveau, das über dem einer Grundschule liegt. So steigen in den verarmten Stadtvierteln der sogenannten „Entwicklungsstädte" des Landes – die als moderne Formen der Zeltstädte aus den 1950er-Jahren betrachtet werden können – Drogenkonsum und Kriminalität dramatisch an, während davon in den äthiopisch-jüdischen Gemeinschaften noch nie die Rede war, bevor sie nach Israel gekommen waren.

Die heute Anfang Dreißigjährige Yuvi machte Erfahrungen aus erster Hand mit den Problemen, die auf die äthiopische Gemeinschaft Israels zukamen. Sie erzählte, wie ihr ein Status als Bürgerin zweiter Klasse während ihrer Kindheit eingehämmert wurde, als sie vom Zusammenleben mit anderen äthiopischen Familien weg und in ein religiöses Heim in Hadera, darauf in eine Schule in einem religiösen Kibbuz bei Ashkelon kam. In ihrem späteren Leben wurde sie bei Arbeitsbewerbungen aufgrund ihrer ethnischen Herkunft abgelehnt. Nach der Ableistung ihres Armeedienstes arbeitete Yuvi viele Jahre für Programme, die von der *Society for the Protection of Nature in Israel* (SPNI; Gesellschaft für Naturschutz in Israel) organisiert wurden, darunter Integrationsprogramme für äthiopische Jugendliche in die israelische Gesellschaft. Sie erzählte mir weiter:

> Als ich dort mit den äthiopischen Kids zusammenarbeitete, wurde mir langsam klar, was für eine Kluft zwischen der israelischen Gesellschaft als solcher und der äthiopischen Gesellschaft innerhalb Israels existierte. Als Immigrantin aus Äthiopien musst du alles Äthiopische in dir ausradieren, um eine Israelin zu werden. Gleich am Anfang nach deiner Ankunft legst du deinen Namen ab und man gibt dir einen neuen. Als wir ankamen, fragten sie nach meinem Namen und ich antwortete: ‚Yuvnot'. Die

Frau verstand nicht, was ich sagte, und sie sagte: ‚Gut, von jetzt an wirst du Rahel heißen.' So wurde ich zu Rahel bis nach Ableistung meines Armeedienstes. Meine gesamte Kindheit hindurch wollte ich so sehr Israelin werden. Also war ich Rahel, ich sprach mit einem israelischen Akzent; ich mochte das äthiopische Essen gar nicht, nur das israelische Essen; ich kleidete mich israelisch und so weiter. Der äthiopische Teil von mir war völlig an den Rand gedrängt. Ich wollte damit nichts zu tun haben.

Weil sie von einer ashkenasischen [aus Mittel-, Nord- und Osteuropa stammend; d.Ü.] Mehrheitsbevölkerung geprägt worden sind, haben es die behördlichen Integrationsmechanismen oftmals nicht vermocht, die besonderen sozialen und kulturellen Bedürfnisse ethnischer Minderheitengruppen mit zu berücksichtigen. Yuvi erlebte eine Identitätskrise, die von so vielen jüdischen Einwanderer*innen aus Äthiopien als gravierende Entfremdung von der äthiopischen Herkunftsgemeinschaft erlebt wurde. Sie erklärte:

Wenn zwei äthiopische Jugendliche in der Schulklasse Amharic [semitische Sprache aus Äthiopien; d.Ü.] sprachen, wurden sie vom Lehrer unterbrochen und gezwungen, Hebräisch zu reden. Wenn äthiopische Eltern zur Schule kamen, musste der Lehrer oft das, was er sagte, den Eltern des betreffenden Kindes übersetzen – oder umgekehrt das Kind den Eltern. Wenn man einen äthiopischen Heranwachsenden zu Äthiopien befragt oder nach seinem äthiopischen Namen, wird er antworten: ‚Ich habe keinen äthiopischen Namen – nur einen israelischen.' Ich glaube, dass das ein großes Problem ist. Ich glaube, darin liegt ein großer Teil der Ursachen für eine Reihe von Lebenskrisen, die ein äthiopischer Jugendlicher durchlebt: Verbrechen, Drogen und so weiter.

Erst als Yuvi innerhalb von SPNI mit den äthiopischen Jugendlichen zusammenarbeitete, konnte sie selbst wieder mit ihrer äthiopischen Identität in Verbindung treten. Sie sagte dazu:

Bei SPNI geht es viel ums Wandern. Es geht darum, das Land kennenzulernen. Als ich mit den Jugendlichen umherwanderte, sprachen wir über die Geschichte oder die Geografie Israels. Dann sprachen wir wie automatisch auch über Äthiopien. Etwa so: Angenommen, wir sprachen über die Berge rund um Nazareth, dann erinnerten wir uns an eine ähnliche Gegend in Äthiopien und zogen Vergleiche der beiden Gebiete. Wenn man ihnen also auf diese Weise in ihrer äthiopischen Identität auf die Sprünge geholfen hatte, dann wollten die äthiopischen Jugendlichen nichts mehr über Nazareth hören, sondern sie hörten dir zu, wenn du über Äthiopien erzähltest und so begannen sie sich für Äthiopien zu interessieren. Natürlich war es dann so, dass ich nach Hause ging und meine Eltern über Äthiopien ausfragen musste, übers Wandern dort, über die dortige Flora, die Tiere – alles. All das benutzte ich wiederum für den Unterricht meiner Jugendlichen. Das war das erste Mal, dass ich von meinen Eltern irgendetwas darüber wissen wollte, woher wir kamen.

Gedera

Im Jahr 2005 wurde Yuvi zur Mitbegründerin einer Gemeinschaft in *Gedera* [Zentral-Israel, ca. 30.000 Bewohner*innen; d.Ü.]. Die Gemeinschaft initiiert Projekte, die den unterprivilegierten äthiopischen Bevölkerungsgruppen in der Stadt helfen sollen. Die Entscheidung, sich in Gedera anzusiedeln, wo rund 1.700 äthiopische Familien beheimatet sind, entstand aus dem Wunsch Yuvis, mit den Jugendlichen aus einem besonderen Stadtteil dort zusammenzuarbeiten: Shapira. Sie erzählte mir im Interview:

> Als ich bei SPNI war, hatte ich bereits mit vielen Jugendlichen aus Shapira gearbeitet. Es schien da etwas sehr Seltsames zu geschehen. Jedes Jahr wurde die Lage der Jugendlichen im Viertel schlimmer. Wenn sie im ersten Jahr bloß rauchten, dann tranken sie im zweiten Jahr Alkohol. Und auf den Alkohol folgten dann Drogen im nächsten Jahr. Ich fand, dass ich hier viel Zeit und Energie reinsteckte, sich aber nichts bewegte, deshalb wollte ich herausfinden, woran das lag. Es gibt viele Hilfsprogramme für die äthiopische Gesellschaft in Israel, aber im Grunde funktionieren sie nicht. Selbst nach fünf, sechs oder gar zwanzig Jahren wendet sich nichts zum Besseren. Mir wurde klar: Das Hauptproblem liegt daran, dass die Initiative und Motivation für alles von außerhalb kommt – von der Regierung, von den Stiftungen usw. Innerhalb der äthiopischen Gemeinschaft selbst gab es keinerlei Motivation, irgendetwas zu tun. Es ist nur ein Kreislauf von Armut und Machtlosigkeit. Als ich mit meinen Eltern über ihr früheres Leben in Äthiopien gesprochen hatte, war ich verblüfft, weil sie damals so motiviert und aktiv gewesen waren. Doch hier war es das Gegenteil. Die Leute sitzen nur herum und warten – auf was, weiß ich nicht. Wenn du in Äthiopien nicht gearbeitet hast, hattest du nichts zu essen. So einfach war das – von daher war die Motivation von Anfang an vorhanden. Sie

war dem Leben inhärent. Im Grunde kamen meine Freund*innen und ich zu dem Schluss, dass wir die Motivation, etwas zu verändern, in der äthiopischen Gemeinschaft selbst suchen mussten. Sie müsse aus den Familien und den Jugendlichen selbst kommen.

Die Gemeinschaft, die Yuvi und ihre Freund*innen gründeten, trägt den Namen *Garin Kehillati* (Das Samenkorn der Gemeinschaft). Obwohl bereits Vergleiche mit dem urbanen Kibbuzmodell gezogen worden sind, hat diese Gemeinschaft mit der neuen Generation zeitgenössischer Varianten der Kibbuzidee nichts zu tun.[2] Ihr wichtigstes Vorhaben besteht darin, die Leute zu einem Lebensalltag in einer erweiterten Nachbarschaft zusammenzubringen. Was sie verbindet, ist dabei nicht der ökonomische Kommunalismus wie bei den Kibbuzim, sondern ihre gemeinsame soziale Mission. 2008, rund zweieinhalb Jahre nach der Gründung von Garin innerhalb der Stadt, hat sich dessen ursprünglicher Kern von drei Familien in unabhängig voneinander agierende Nachbarschaften erweitert. Diejenige von Yuvi besteht nun aus elf Familien, davon sind sechs äthiopische Migrationsfamilien und die anderen sind entweder in Israel geborene Personen (*sabra*) oder russische Einwander*innen.

Diese Gemeinschaften unterhalten eine Reihe von lokalen Projekten in der Umgebung, zum Beispiel Bildungs- und Sozialprojekte, einen Gemeinschaftsgarten sowie eine gemeinnützige Einrichtung, *Haverim Bateva* (Freundschafts-Studienhaus). Sie alle dienen dem Ziel, für die entfremdeten Jugendlichen aus der Stadt ein Zugehörigkeitsgefühl zu vermitteln, indem ihre jüdisch-äthiopische Identität gestärkt wird. Alle zwei Wochen treffen sich Familien für *Bet Midrash* (kommunale Studienkreise), in denen sie sich die äthiopische Religionstradition und Kultur aneignen sowie andere Kulturen und Glaubenssysteme studieren, soziale Probleme diskutieren und ihre Gedanken über die künftige Ausrichtung der Gemeinschaft und ihre Rolle bei der Hilfe für die sie umgebende Gesellschaft austauschen. Yuvi weiter:

Jede/r, die oder der zu uns kommen und ein Teil der Gemeinschaft werden will, kann das tun. Ich bin nicht der Meinung, dass bei den hier lebenden Familien eine Notwendigkeit zur Trennung zwischen der äthiopischen Gemeinschaft und den anderen Familien besteht. Wir haben dieselben Lebensbedingungen, wir alle sind Immigrant*innen. Es ist egal, ob du schwarz oder weiß bist, ob du religiös oder nicht religiös bist – solange du den Anderen respektierst und akzeptierst, bist du bei uns willkommen. Die

> Gemeinschaft befindet sich in einem permanenten Prozess der Evolution. Wir fragen uns auch ständig, wie wir das, was wir tun, verbessern können. So diskutieren wir gegenwärtig – angesichts von acht Kindern innerhalb der Gemeinschaft –, ob wir einen Kindergarten eröffnen sollen und die äthiopischen Kinder aus der Nachbarschaft dazu einladen sollen, ihn mit unseren Kindern zusammen zu besuchen.

Zusätzlich zu den elf Familien zählen weitere 13 Jugendliche zur Gemeinschaft, die aus der Nachbarschaft kommen und zwischen 20 und 25 Jahre alt sind. Sie alle arbeiten hier als Freiwillige, ca. die Hälfte von ihnen als ständiges Mitglied von Garin. Yuvi:

> Wir haben mit dieser Gruppe vor drei Jahren zu arbeiten begonnen. Dieses Jahr gehen sechs von ihnen auf die Universität, das erfüllt uns mit Freude. Das ist für uns eine wirkliche Erfolgsgeschichte.

Anstatt Gedera zu verlassen, geht diese Gruppe jeden Tag auf die Universität in der Stadt und kommt an den Abenden zurück. Yuvi erklärt, dass diese Idee von Anfang an ein wichtiges Vorhaben von Garin gewesen sei:

> Die äthiopischen Familien in diesem Viertel waren in einer Art Zirkelschluss gefangen. Die privilegierteren Jugendlichen aus der Nachbarschaft haben es immer geschafft, auf die Universität zu gehen, so waren die Zurückgebliebenen diejenigen, die mit dem Trinken begannen, die rausfielen, nicht zur Armee gingen usw. Wenn du als Jugendlicher hier aufwächst, sind das die vorherbestimmten Rollenmodelle. Unsere Vorstellung war, mit dieser Gemeinschaft innerhalb dieses Nachbarschaftsviertels alternative Rollenmodelle für die jungen Kids zu schaffen. Und das haben wir bereits umgesetzt – es funktioniert wirklich.

Sich die Macht zurückholen

Yuvi sieht sich selbst nicht als „politisch“. Sie beteiligt sich nicht an Wahlen und obwohl sie sich eher mit den linken Elementen innerhalb der israelischen Gesellschaft verbunden sieht, hat sie wenig Vertrauen oder Interesse an Parteipolitik als einem Mittel zur sozialen Veränderung. Die Entwicklung der Gemeinschaft war nicht dem gefolgt, was man üblicherweise einen „ideologisch motivierten“ Prozess nennt.

Die verschiedenen Initiativen, die von ihren Mitgliedern ausgingen, wurden verwirklicht als Teil eines stillen, aber beabsichtigten Versuches, die lokale Organisierung den lokalen Regierungsinstitutionen zu entziehen und sie wieder auf der Graswurzelebene zu verankern. Yuvi erzählte mir:

> In dem Nachbarschaftsviertel, über das wir reden, haben die Menschen einfach nicht das Gefühl, Zuhause zu sein. Um ein Beispiel zu erzählen: Ungefähr vor einem Jahr wollte eine Gruppe von Soldat*innen aus einer nahe gelegenen Kaserne in Gedera ihre Gemeinschaftsarbeit absolvieren, also kamen sie nach Shapira. Ohne irgendeine Person aus der Nachbarschaft zu fragen, was sie denn bräuchten, entschieden sie selbst, die Häuser zu streichen. So kamen sie in die Nachbarschaft um 10 Uhr morgens, und als ihre zwei Stunden vorgeschriebene Gemeinschaftsarbeit abgeleistet war, hörten sie auf zu streichen, ließen alles liegen und gingen wieder. Danach sah die ganze Nachbarschaft wie ein Müllhaufen aus.

Ungefähr eine Woche später erschien in einer israelischen Tageszeitung ein riesiges Foto mit diesen Soldat*innen, mit der Malerbürste in der Hand und einer lobpreisenden Bildunterschrift über die tolle Arbeit, die diese jungen Leute für die Gemeinschaft geleistet hätten. Yuri sagte dazu:

> Ich war so wütend. Von allem anderen mal abgesehen, wie kann nur jemand die Frechheit besitzen, hierherzukommen und mein Haus anzustreichen, ohne mich zu fragen?! Also fragte ich die Bewohner*innen in meiner Umgebung, warum die Leute, die Gemeinschaftsarbeit absolvieren, sowas machten? Sie meinten: ‚Oh, sie machen solche Sachen die ganze Zeit. Wenn der Bürgermeister sein Okay gibt, können wir nichts mehr dagegen machen. Wir haben keine Macht, um dagegen angehen zu können. Danach mussten einige Leute hingehen und alles sauber machen.‘ So dachten wir intensiver darüber nach, wie wir damit umgehen könnten. Als Erstes gründeten wir eine Elterngruppe, die sich für Veränderung einsetzte. Wir wollten damit gegen diese Tendenz ankämpfen, einfach nur alles zu akzeptieren, was von irgendjemandem in Machtpositionen befohlen wurde. Wenn zum Beispiel ein Lehrer in einer örtlichen Schule zu den Eltern sagte: ‚Ihr Kind darf das und das nicht mehr tun, sonst fliegt es und wird zum Schulabgänger‘ –, dann hatten die Eltern bisher meist gesagt: ‚Oh, okay.‘ Man gehorchte und akzeptierte die Kritik. Aber nein! Man braucht doch nicht zu sagen: ‚Oh, okay‘,

wenn man nicht damit einverstanden ist. Es gibt doch vielerlei andere Lösungen!

Ein weiteres Projekt, das aus diesem intensiven Reflexionsprozess hervorging, war der Gemeinschaftsgarten. Dessen Aufbau war nicht nur eine Art Erneuerung einer bisher vernachlässigten Nachbarschaft, sondern auch eine Stärkung des Selbstbildes und der äthiopisch-jüdischen Identität ihrer Bewohner*innen. Yuvi erklärte:

> In Äthiopien leben die Leute in tiefer Verbindung mit der Erde. Jede Familie hat ein Haus und einen Flecken Land, auf dem sie Gemüse anbaut. Also dachten wir: Gut, auch wenn diese Gemeinschaft in urbaner Umgebung angesiedelt ist, so haben wir doch noch viele Plätze, die wir kultivieren können. So fragten wir jemanden aus der Elterngruppe, Asnaka, ob er uns beim Aufbau eines Gartens helfen will. Wir waren gespannt, wie er reagieren würde.

Asnaka war ein äthiopischer Immigrant, kaum 50 Jahre alt. Er hatte kurz vorher seine Arbeit in der Gemeindeverwaltung verloren und verrichtete nun verschiedene prekäre Tätigkeiten in der Stadt. Yuvi sagte:

> Am Anfang reagierte er sehr zögerlich! Er sagte, er wüsste nicht, ob das hier klappen könnte! Er kannte auch die Böden der Region nicht – er hatte Angst! Wir sagten zu ihm: ‚Gut, lassen wir das mal beiseite; versuchen wir es einfach und sehen dann, was passiert.' Asnaka ging dann mit einem unserer Gemeinschaftsmitglieder weg, um die Gemüsearten, die er anbauen wollte, auszusuchen. Und nach einer Weile, als er mit eigenen Augen sah, dass hier tatsächlich etwas wuchs und dass hier Essbares kultiviert werden konnte, war er so begeistert. Einmal brachte er einige seiner Freund*innen aus seiner Nachbarschaft mit zum Garten. ‚Schaut nur', sagte er zu ihnen. ‚Das ist wie in Äthiopien!'

Asnaka ist heute hauptverantwortlicher Angestellter für den Garten und nimmt die Ernte für den Vertrieb mit zu sich nach Hause. Weil dieses Projekt so erfolgreich war, gibt es bereits Pläne, auch weitere Parzellen in der Nachbarschaft zu kultivieren. Yuvi dazu:

> Im Moment diskutieren wir mit Asnaka über das Anlegen eines Gartens rund um jedes Haus in der Nachbarschaft. Wir wissen noch nicht ganz

genau, wie wir das verwalten werden, aber es gibt das Bedürfnis der Familien in jedem Haus, zusammenzukommen und selbst darüber zu entscheiden.

Die Revolution neu erfinden

Der Anarchismus hat immer wieder für sich beansprucht, über die reine Theorie hinauszugehen und schon damit zu beginnen, Elemente einer neuen Gesellschaft in der Gegenwart zu verwirklichen. Die Kibbuzbewegung und viele andere Formen selbstbestimmter oder quasi selbstbestimmter kommunaler Organisationen, die in Palästina vor 1948 weithin verbreitet waren, stellen wahrscheinlich ein einzigartiges und exemplarisches historisches Beispiel für solchen konstruktiven Aktivismus in Aktion dar. Was Yuvi und ihre Freund*innen in Gedera aufzubauen im Begriff sind, kann als eine ähnliche Form der Gegen-Hegemonie betrachtet werden; als „soziale Gegenmacht", die im Kontext der Kräfteverhältnisse und der Sackgassen entstanden ist, die das moderne Israel ausmachen und weiter ausmachen werden.

Trotz der ganzen ungerechten Behandlung, die die äthiopisch-jüdische Gemeinschaft sowohl von den Israelis europäischer wie auch arabischer Herkunft erfahren musste, arbeitet die Gründergeneration dieser Gegenmacht daran, die gesamte historische Strömung des anarchistisch-utopischen Denkens dahingehend zu durchforsten, ihre spezifische Form der Selbstbestimmung weiterentwickeln zu können. Deren Besonderheit liegt darin, ihre Form des Widerstands in einer politischen Umgebung wirksam zu gestalten, die von Themen wie rassistischer Ungerechtigkeit und institutionalisierter ethnischer Diskriminierung geprägt ist.

Die äthiopische Gemeinschaft von Gedera behandelt diese Themen gleichwohl mit einem universalistischen Ansatz. Obwohl es bei ihnen eine klar erkennbare Sehnsucht nach ihrer äthiopischen Herkunft gibt und sie ihr Erbe und ihre Identität reflektieren, gibt es in diesem Milieu kein Gefühl des „Zurück nach Afrika". Ihr Traum, ihre Entmachtung sowie Ungleichheit und Rassismus zu überwinden und als vollwertige Bürger*innen dieses Landes akzeptiert zu werden, ist tief innerhalb der heutigen Konfliktlagen auf diesem Territorium verankert. Letztlich eignet sich das moderne Israel sogar gerade dafür, radikale ideologische Experimente auszuprobieren. Es gibt eine reichhaltige Diversität politischer und kultureller Diskurse, in denen sich jeder Diskurs gleichzeitig sowohl auf ein Herkunftsland bezieht als auch an dem Glauben festhält, dass sie alle besondere Ausformungen einer naturgegebenen Vernunft sind; dass alle dazu geeignet sind, ein neues, historisch einzigartiges israelisches Alltagsleben aufzubauen.

Dies bedeutet selbstverständlich auch, dass keinerlei Weltanschauung jemals als gänzlich hegemonial hervorstechen darf – auch wenn deren jeweils rechtsnationalistische Flügel zugleich auf scheußliche Weise zerstörerisch auftreten können. Der Nahe Osten befindet sich in einem kontinuierlichen Prozess der Evolution und der Selbstverwirklichung: Dessen Zukunft, um hier eine moderne Floskel zu zitieren, ist noch immer ein weitgehend unbeschriebenes Blatt. Obwohl die Bestrebungen der frühen Kibbuz-Kommunard*innen seit langer Zeit in den zionistischen Staatsaufbau integriert worden sind, blieb das von ihnen mitgestaltete Land ein wahres Mikrolabor für radikale Sozialexperimente. Deren Kommunen gelten als weltweit beispielhaft und als ein riesiges und vielfältiges Puzzle alternativer Lebensformen. Innerhalb der Grenzen dieses Landes gibt es demnach einzigartige Möglichkeiten für das Ausprobieren radikal neuer Organisationsformen.

Nachdem die Kibbuzim in den letzten Jahrzehnten gezwungen waren, nach Lösungen für eine anscheinend endlose Reihe an potentiell tödlichen Problemlagen zu suchen, fanden sich unter ihren Mitgliedern einige, die sich fragten, ob solche Lösungen nicht in einer Erneuerung der anarchistischen Tradition innerhalb der Bewegungsgeschichte zu finden wären. Die Kibbuz-Veteranen Haim Seligman und Muki Tsur fragten in einer Diskussionsveranstaltung, die 1998 in Yad Tabenkin stattfand:

> Wäre es möglich, einige der heutigen Krankheiten mit anarchistischen Werkzeugen zu heilen? Könnten wir sie nutzen, um eine Art Erneuerungsprozess für die Kibbuzim zu entfachen? In der riesigen Schatzkiste von Philosophen wie Gustav Landauer, Bernard Lazare, Kropotkin oder Paul Goodman befinden sich Elemente, die uns dabei helfen können, unser Denken voranzubringen. Wenn sich die Bewegung in einem Veränderungsprozess befindet (...), müssen wir das Vakuum mit neuen, konstruktiven Inhalten füllen. Im Anarchismus – wenn er als utopisches Denken verstanden wird – können wir solche konstruktiven Inhalte aufspüren.[3]

Viele heutige Anhänger*innen des Anarchismus haben jedoch das Bedürfnis, sich von den für sie einengenden Grenzen abstrakter weltanschaulicher Systeme komplett zu befreien und genau solche Institutionen einer basisorientierten Gemeinschaft aufzubauen, wie wir es am Beispiel Gedera gesehen haben. Darin lägen demnach die Samenkörner einer antiautoritären Zukunft. Komitees aus Mieter*innen, Parzellenbesitzer*innen, lokalen Freiwilligenorganisationen, erweiterten Nachbarschaftsgemeinschaften, alternativen Bildungsprojekten und aus Gemeinschaftsgärten werden dabei als Mittel betrachtet, um den Menschen mehr Selbstbewusstsein zu verschaffen und ihre eigene, nicht-entfremdende Zukunft inmitten und neben der bestehenden Ordnung zu schmieden.

Die wunderbare Gemeinschaft, die Yuvi und ihre Freund*innen aufgebaut haben, stellt weniger eine Parallele zu diesem Gedankengut dar, sondern eine Art Mentalität, die hinter dem organischen Prozess der Selbstverwirklichung sichtbar wird. In Israel sind die Folgen des politischen Sektierertums und einer dogmatischen Konformität gegenüber rigiden Programmen und abstrakten Ideologien besser als anderswo bekannt. Darum ist die Arbeit, die in Gedera getan wird, so wichtig für das Gefühlsleben der beteiligten Familien und lokalen Gemeinschaften. So wird gesichert, dass die Politik in der unmittelbaren Erfahrung des Alltagslebens verwurzelt bleibt und weniger von oft zerstörerisch wirkenden Zwängen eines ideologischen Korsetts begrenzt wird. In dieser Vorstellung ist Utopia kein abstrakter, noch nicht bewohnter Raum, irgendwo in einer weit entfernt liegenden Zukunft oder einer schon lange zurückliegenden Vergangenheit. Sondern Utopie lebt und atmet in diesen existenziellen Nischen der Autonomie, in jenen Momenten der Freiheit, deren Samenkörner in den Spalten und Rissen der Alltagsgesellschaft aufgehen – und nicht im „jenseitigen Raum“, sondern im Hier und Jetzt, das ständig Verwirklichung einfordert.

NACHWORT

Acht Jahre nach dem Erscheinen des Originals
(November 2017)

Im Winter 2011, zwei Jahre nach dem Erscheinen der englischsprachigen Originalversion dieses Buches, veröffentlichte die linke US-amerikanische Zeitschrift *Dissent* einen kontrovers diskutierten Artikel von Russell Jacoby, seines Zeichens Professor für Geschichte an der City University von Los Angeles. Dieser Artikel befasste sich kritisch mit dem jüngsten Werk des marxistischen Soziologen Erik Olin Wright, *Envisioning Real Utopias* [dt.: *Reale Utopien: Wege aus dem Kapitalismus*. Frankfurt/M. 2017]. Unter anderem kritisierte Jacoby an der Studie von Wright, dass dieser bei seiner Inventur der zu ziehenden Lehren aus verschiedenen Erfahrungen, die mit utopischen Gesellschaftsmodellen gemacht wurden, vergessen habe, ein Netzwerk von Kommunen zu benennen, das gleichwohl das gesamte 20. Jahrhundert hindurch als beispielhaft für solche Gesellschaftsmodelle betrachtet wurde: Nach Jacoby hätte dem Autor eines Buches über „verwirklichte Utopien“ notwendigerweise die Kibbuzbewegung in Israel in den Sinn kommen müssen. „Immerhin“, so meinte Jacoby, „ist auch der Kibbuz eine ‚verwirklichte Utopie' mit einem sozialistischen Ethos und einem Erfahrungsschatz von mehreren Jahrzehnten. Kann man denn daraus nichts lernen?“

Die Fassungslosigkeit von Jacoby war nur allzu verständlich. Lange Zeit haben linke Kommentator*innen den Kibbuz als beispielhafte Organisation sozialer Gleichheit betrachtet. Im 20. Jahrhundert sind den Kibbuzim zahlreiche soziologische Forschungsbände gewidmet worden. Sie dokumentieren die Dimension der Relevanz, die man ihnen zuerkannte, um unser Verständnis der Lebensexperimente im Alltag zu erweitern. Damit sollten die sozialökonomischen Strukturen im Kapitalismus herausgefordert werden und die Konturen einer existenzfähigen Alternative entstehen. Trotz alledem muss man sich schon sehr genau umsehen, um auch nur die kleinste substantielle

Analyse unter den jüngeren Arbeiten linker Autor*innen zu finden, wenn es um utopische Erfahrungen oder Themen wie „vorwegnehmende (präfigurative) Politik“ oder „konstruktiven Aktivismus“ geht.

Es erscheint heute fast unvorstellbar, dass sich Anarchist*innen überhaupt auf die Kibbuzim beziehen könnten, um aus ihnen Ideen und praktische Ansätze zu entnehmen, die auf die Verbesserung ihrer eigenen Gesellschaften abzielen. Auch wenn bisher keine umfassende Studie über die Beziehungen zwischen dem Anarchismus und der Kibbuzbewegung existiert hat, so haben doch viele libertäre Autor*innen, von denen einige in diesem Buch zitiert werden, ihr Interesse für die Kibbuzim an einem bestimmten Punkt ihrer publizistischen Laufbahn bekundet. In seinem Vorwort zu zwei ausführlichen Fallstudien, die 1963 in der Zeitschrift *Noir et Rouge* (Schwarz und Rot), dem Organ der französischen *Groupes Anarchistes d'Action Révolutionnaire* [GAAR; Anarchistischen Gruppen für Revolutionäre Aktion; eine Abspaltung der anarcho-kommunisischen FCL, Fédération Communiste Libertaire; d.Ü.], erschienen, wies der Herausgeber darauf hin, dass der Kibbuz „für uns libertäre Kommunist*innen und Kollektivist*innen von großem Interesse ist“, wenn es um die beispielhafte Umsetzung anarchistischer Ideen geht:

> Es ist wichtig, dass die kommunitären und kooperativen Beispiele, unter anderen der Kibbuzim oder der kommunitären Errungenschaften während des Spanischen Bürgerkriegs, weithin bekannt werden, ebenso die einzelnen, isolierten Beispiele freier Kommunen und Produktivgemeinschaften, die über die ganze Welt verstreut sind.

Im Jahr davor, 1962, veröffentlichte die britische anarchistische Zeitung *Freedom* einen Bericht über das Leben in den Kibbuzim, der dann 1983 von Vernon Richards in sein Buch *Why Work?* übernommen worden ist. Darin wurden die Kibbuzim bezeichnet als „sicherlich das, was einem praktizierten Anarchismus am nächsten kommt“. In seinem Nachwort für die englischsprachige Ausgabe von Krotpotkins Buch *Landwirtschaft, Industrie und Handwerk*, die 1974 erschien, konnte Colin Ward, ebenfalls Mitglied des Herausgeber*innenkollektivs von *Freedom*, gewisse Ähnlichkeiten zwischen den Kibbuzim und der Kropotkinschen Vision einer anarchistischen Zukunftsgesellschaft entdecken. Er reihte die Kibbuzim ein unter die selten „anzutreffenden, von Menschen gestalteten Gesellschaften, welche die fortschrittlichen Ideen Kropotkins aus seinem Buch umgesetzt" hätten. Der Ökoanarchist Graham Purchase wiederum beschrieb um die Wende zum 21. Jahrhundert die Kibbuzim als „genau die Art von Dorfkommunen, die sich Kropotkin vorgestellt hatte". Das grundlegende Werk von George Woodcock über die Geschichte des Anarchismus, *Anarchism. A History of Libertarian Ideas and Movements* (1962), zählt die Kibbuzim ebenfalls zu den anarchistischen Bewegungen, „die sich auf ermutigende Weise erhoben haben, um dem totalitären Phänomen zu widerstehen". In einer Flugschrift mit dem Titel *The Basis of Communal Living* (1947), die ebenfalls von Freedom Press verlegt worden ist, beschrieb Woodcock die Kibbuzim auf detaillierte Weise und verglich sie außerdem mit den spanischen Kollektiven sowie der Bewegung der *Diggers* im England des 17. Jahrhunderts.

Der deutsche Anarchist Augustin Souchy betrachtete in seinen Reisebeschreibungen die Kibbuzim als eine der beiden wichtigsten praktischen Erfahrungen der Selbstverwaltung und Arbeiter*innenautonomie im 20. Jahrhundert – die anderen seien die aktiven Kollektive während des Spanischen Bürgerkriegs gewesen. Er kam zu dem Schluss, dass die Kibbuzim stark dem Anarcho-Kommunismus Kropotkins ähnelten.[1] In den frühen Jahren ihrer Existenz übte die Kibbuzbewegung außerdem auf Emma Goldman, Sam Dolgoff und natürlich Gustav Landauer, dessen intellektueller Beitrag zu dieser Bewegung in diesem Buch hervorgehoben wurde, eine Anziehungskraft aus. Für ihre utopische Literatur ließ sich Ursula K. Le Guin vom Lebensstil in den Kibbuzim inspirieren, um sich Anarres vorzustellen, jene anarchistische Gesellschaft, die sie in ihrem Roman *The Dispossessed* (1974; dt. *Planet der Habenichtse*, Heyne, München 1976) beschrieb. Auch Stuart Christie und Albert Meltzer weisen in *The Floodgates of Anarchy* (1970) auf die Kibbuzim hin, ebenso Jason Adams in seiner Broschüre *Non-Western Anarchisms* (2003). Alfredo Bonanno begrüßt die ersten Kibbuzim auf eine ein wenig heuchlerische Weise in seinem Pamphlet *Palestine, mon amour* (2003), das ansonsten in Schwachsinn versinkt. Des Weiteren gibt es natürlich Noam Chomsky, der nach seiner Rückkehr von einem kurzen Aufenthalt im *Kibbuz Hazorea* [der *Kibbuz der Werkleute*; d.Ü.] im Jahre 1953 dieses Projekt als „vollkommen funktionale und erfolgreiche libertäre Gemeinschaft" beschrieb.

Chomskys Fall ist interessant – und sei es auch nur aufgrund der Anerkennung, der er sich noch immer in der heutigen Generation der „Radikalen" erfreut, oder derjenigen, die sich so nennen. In einem Interview mit Peter Jay im britischen Fernsehsender BBC aus dem Jahr 1976 über relativ dauerhafte und umfassende Beispiele von Gesellschaften, die sich dem anarchistischen Ideal annäherten, hatte Chomsky geantwortet, dass das

> spektakulärste Beispiel in dieser Hinsicht zweifellos das der Kibbuzim in Israel darstellt, die lange Zeit auf einer anarchistischen Grundlage existierten, d.h. der Selbstverwaltung und der Autonomie der Arbeiter*innen, der Synthese von Landwirtschaft, Industrie und Dienstleistungen sowie der Beteiligung der Individuen an den Verwaltungsaufgaben. Und gemäß fast aller Kriterien, die man an sie anlegen könnte, (...) waren sie außerordentlich überzeugend.[2]

Trotz der Veränderungen, die durch die Integration in den Staatsapparat nach 1948 bewirkt wurden, schloss Chomsky, dass die Kibbuzim

> als funktionierende sozialistisch-libertäre Institutionen ein interessantes und hochgradig relevantes Modell für die Industriegesellschaften darstellen – bis hin zu einem Niveau, das durch andere, ähnliche Beispiele in der Geschichte noch nicht erreicht worden ist.

Heutzutage sind solche Behauptungen von Personen wie Chomsky, die in Zirkeln der radikalen und anarchistischen Linken soviel Wertschätzung erfahren, zumindest außergewöhnlich. Chomsky hat jedoch in den letzten 20 Jahren ein seltsames Schweigen zum Thema Kibbuz an den Tag gelegt – er, eine Galionsfigur des Anarchismus, der doch einen Teil seines Lebens in einem Kibbuz verbracht hatte.[3] Mit ein wenig Nachsicht könnte man der Meinung sein, dass der Niedergang des Kollektivismus in den Kibbuzim seit den 1980er-Jahren dazu beitrug, dass die Kibbuzim aus dem Vokabular der heutigen anarchistischen Fackelträger verschwunden sind. Aber die jüngsten Studien über die heutige Entwicklung der Kibbuzbewegung – vor allem von israelischen Forscher*innen oder Leuten, die zu den Forschungsrichtungen der „kommunalen Studien“ oder der „jüdischen Studien“ arbeiten – widersprechen der These, dass die zeitgenössischen Kibbuzim, wenngleich sie sich auch von den Kommunen der 1920er- und 1930er-Jahren unterschieden, jegliche Relevanz verloren hätten. Natürlich kann man vernünftigerweise annehmen, dass sich die heutigen Anarchist*innen für die Ursachen des Privatisierungsprozesses der Kibbuzim sowie ihrer früheren Erfolge interessiert hätten, wenn ihnen wirklich daran gelegen wäre, irgendetwas aus den Erfahrungen dieser „realen Utopien“ zu lernen. Dann hätten sie den neuen Kommunen, die vor kurzem als Antwort auf diese Krisen hervorgegangen sind, auch mehr Aufmerksamkeit gewidmet.

Auch wenn somit aktuell eine Vielzahl von neuen universitären Forschungsarbeiten über dieses Thema vorliegt und weiter erscheint, sind in der jetzigen Generation der Autor*innen definitiv keine Anarchist*innen zu finden. Zwar reden diese Anarchist*innen beständig von ihrem Interesse, sich auf konkrete Beispiele der partizipativen Ökonomie, der Demokratiefrage inmitten der Arbeitswelt usw. zu beziehen, trotzdem frönen sie einem dienstbaren Konformismus und einer quasi-religiösen Fixierung auf eine fetischisierte und karikaturartige Interpretation des Kampfes um nationale Selbstbestimmung der Juden und Jüdinnen, stellen sich aber in dem Moment wie taub, wenn es um die Rolle antiautoritärer Tendenzen in der Geschichte der Kibbuzim geht. So sind die Kibbuzim als Gegenstand wissenschaftlicher Studien von vorneherein disqualifiziert, weil die evangelikalen Prediger*innen dieser neuen Religion jede nonkonformistische Auslegung der Stereotypen ihrer hegemonial gewordenen Geschichtsdeutung zur Ordnung rufen oder gar verleumden.

Im heutigen Milieu des sowohl akademischen als auch des aktivistischen Anarchismus gilt es als das Verbrechen überhaupt, auch nur einen Hauch des Komplizentums mit dem Projekt der nationalen Befreiung des Judentums anzudeuten. Die Parolen und Klischeevorstellungen, die hinter diesem anarchistischen Dogmatismus stehen, werden vor jeglicher Kritik abgeschottet – auch wenn sie oft genug einfach nur behaupten, was eigentlich erst bewiesen werden müsste. Wenn es um die Frage der Kibbuzim geht, genügt eine schnell geäußerte Behauptung – „Aber die waren zionistisch!“ –, um von den unschuldig klingenden Worten gefolgt zu werden: „Und aus diesem Grund...“ Ganz so, als ob die einfache Tatsache, das so auszusprechen, schon die Beweisführung, die eigentlich notwendig wäre, ersetzen könnte. Heutzutage genügt es, den Begriff „zionistisch“ mit dem Wort „Kibbuz“ in Verbindung zu bringen, um jegliche Diskussion über die möglichen Lehren zu beenden, die man aus dem Lebensstil dieser Gemeinschaften und den antistaatlichen Vorstellungen eines Großteils ihrer Pionier*innen ziehen könnte. So ist es etwa in den Augen von Anarchist*innen und von Linksradikalen völlig akzeptabel geworden, ihre „Solidarität“ für todessehnsüchtige Praktiken kundzutun, die strukturell rassistisch sind, dazu misogyn, homophob und totalitär[4], während „Kibbuz“ zu jenen Schlüsselwörtern zählt, welche dieselben Individuen wie auf Knopfdruck in einen Strudel milieubedingt konformistischer Verdammungen eintauchen lassen.

In Wahrheit hat heute niemand ein Interesse daran, anzuerkennen, dass anarchistische Ideen eine wichtige Rolle in den ersten Jahren der jüdischen Immigration in Palästina gespielt haben könnten – weder die etablierte Regierung der zionistischen Rechten, und sogar noch viel weniger die akademischen und aktivistischen Orthodoxien, bei denen inzwischen eine anti-israelische Geschichtserzählung, aus der westlichen Linken stammend, das Denken beherrscht. Anzuerkennen, dass der Zionismus nicht immer schon mit Rassismus, Kolonialismus und der Enteignung der arabischen Palästinenser*innen verknüpft war, würde ja bedeuten, ihn nicht mehr auf jenen monströsen Einheitsblock reduzieren zu können, in den ihn der gegenwärtige herrschende Diskurs einsperrt. Es ist eine karikaturhafte Darstellung, die inzwischen in der Linken wie der Rechten weit verbreitet ist und da wie dort eine unangenehme Komplizenschaft aufweist. Doch in Wirklichkeit besteht der Zionismus eher aus einem pluralistischen Ensemble von Denkströmungen und widersprüchlichen Ideen, von denen viele eine direkte Antithese zu den Stereotypen und Verzerrungen bilden, auf deren Basis die zeitgenössischen Anarchist*innen anscheinend ihr Geschichtsverständnis entwickelt haben. Selbst wenn der Kampf um die Selbstbestimmung der Jüdinnen und Juden tatsächlich dem einen oder dem anderen Ismus entsprochen hätte, mit denen man ihn oft unhinterfragt verbindet, dann hätte auch das nur eine begrenzte Aussagekraft. Denn dann wäre immer noch nichts darüber ausgesagt, wie denn das innere Funktionieren im Kibbuz abläuft und ob es ein strukturell realitätstüchtiges Modell darstellt, das bestimmte Ideen umsetzt, welche die Anarchist*innen in ihrer Geschichte bisher vielleicht nur auf abstrakte Weise erörtert haben. Außerdem sind sie in diesem Fall ja in einem ganz anderen Kontext angewandt worden. Wie dem auch sei: Wir leben in einem post-faktischen Zeitalter, in welcher auch viele Anarchist*innen unter diesem Begriff nur eine Art Stammeszugehörigkeit verstehen und in welchem Wahrheiten nur noch auf dem Markt der Meinungen überprüft werden. In dieser Epoche zählt der hysterische Moralismus von Hausierer*innen, die mit einem anti-israelischen Reflex durch die Welt gehen, mehr als das Wissen eines ganzen Jahrhunderts akademischer Forschung. Für einen Großteil der Linken ist es leider nicht mehr vorrangig, eine bessere Gesellschaft aufzubauen, sondern es geht nur noch darum, den eigenen Platz im Stammesverband zu behaupten, mit all jener Bequemlichkeit, Sicherheit und moralischer Unanfechtbarkeit, die das mit sich bringt.

Natürlich hat die Geschichte den Optimismus Bubers hinsichtlich der Kibbuzbewegung als ein „Experiment, das nicht fehlschlug", widerlegt. Und es ist auch richtig, dass die Kibbuzim tatsächlich zu Komplizen einiger abscheulicher Verbrechen geworden sind. Aber nichts davon berührt die Feststellung, dass diese Gemeinschaften, trotz ihrer zahlreichen Mängel, die längste Zeit des 20. Jahrhunderts als ein Modell für partizipative politische Ökonomie gelten können, das auf diesem Planeten hinsichtlich der Freiwilligkeit und der Funktionalität nicht seinesgleichen findet. Eine solche Leistung muss schon einmal ernst genommen werden. Um das zu tun, würde es schon genügen, einfach einmal „und" zu sagen, anstelle von „aber". So schwierig ist das nicht. Sogar Chomsky war dazu schon fähig. Den Kibbuz Hazorea beschrieb er als eine „perfekt funktionierende und gelungene libertäre Gemeinschaft". Sie war jedoch zum Teil auf einem Stück Land gebaut, das vorher einem arabischen Dorf gehört hatte. Ich sehe keinen Widerspruch darin, diese beiden Realitäten anzuerkennen.

Die Gesellschaft hätte gute Gründe, sich ein wenig bei dem aufzuhalten, was John Stuart Mill in seinem Buch *Über die Freiheit* (1859) „Lebensexperimente" genannt hat. Die Kibbuzim wurden früher einmal als fruchtbarer Boden für die Forschung begriffen, nicht nur von Sozialist*innen und Anarchist*innen, sondern in quasi jeder Disziplin der Sozialwissenschaften, von offiziellen Forschungsaufträgen bis hin zu Forschungen über das Verhalten von Kleinkindern. Doch heute lohnt es nicht mal mehr der Mühe, solche Studien für gewisse akademische Zirkel oder westliche Aktivist*innen vorzuschlagen – allein der Vorschlag würde unvermeidlich Proteste oder gar Gegenanklagen hervorrufen. So wurde ein ganzes Stück Sozialforschung vor die Tür gesetzt und das Feld einer unheilvollen Tendenz des historischen Revisionismus überlassen. Somit sind früher einflussreiche Stimmen, die heute noch eine Rolle bei der Suche nach Auswegen aus der gegenwärtigen Sackgasse im Mittleren Osten spielen könnten, langsam, aber sicher aus dem historischen Gedächtnis verdrängt worden. Mit dem Verschwinden dieser Stimmen werden einige der am weitesten gehenden und am längsten andauernden „Lebensexperimente" in der Epoche der Moderne zunehmend aus den Annalen der Geschichte getilgt.

In Israel selbst stellt sich diese Entwicklung noch ein wenig anders dar. Angesichts der grundlegenden Entwicklung der israelischen Politik nach rechts haben – nach dem Erscheinen der ersten englischsprachigen Auflage dieses Buches – die neuen urbanen Gemeinschaften, von denen in Kapitel V die Rede ist, ganz überraschend an Zulauf gewonnen. Ich habe die meiste Zeit meines Lebens im Alter zwischen zwanzig und dreißig Jahren mit Mitgliedern dieser Gemeinschaften eng zusammengearbeitet.[5] Und auch wenn es mir unmöglich erscheint, dass ich viele ihrer politischen Positionen teile, ohne eine Miene zu verziehen, selbst wenn sie die besten Absichten der Welt haben, so fasziniert mich doch ihre Evolution von ursprünglich idealistischen Jugendlichen aus prekären Lebenslagen zu einer „neuen Kibbuzbewegung". Leider interessieren sich selbst Anarchist*innen und Linksradikale kaum mehr für Initiativen, die auf die positive Gestaltung einer besseren Welt abzielen und ziehen ihr dafür meist interne Scharmützel oder eine Politik des „Widerstands" oder gar der schlichten Diffamierung vor.[6] Die neue Kibbuzbewegung hält verbissen daran fest, jeden Tag aufs Neue eine Sozialstruktur von unten nach oben aufzubauen, die auf direkter Demokratie sowie des Gemeineigentums der aktiv Beteiligten gründet und gleichzeitig eine Art Sozialhilfe und andere wichtige Dienstleistungen für ihre Nachbarschaft zur Verfügung stellt.

Die Treuhänderorganisation *Kehillot Shachaf* [Shachaf-Gemeinschaften; Shachaf bedeutet Möwe, ist auch ein männlicher Vorname; d.Ü.], an die gegenwärtig alle aktivistischen Gemeinschaften angegliedert sind, schätzt die eigene Mitgliedschaft auf rund 9.000. Die Zahl ist dennoch mit Vorsicht zu genießen, denn Shachaf schließt in seine Bestandsaufnahme einige Gemeinschaften mit ein, die nichts gemein haben etwa mit der *Kvutsat Yovel* (Gruppe des sozialistischen Zionismus) oder den *Kvutzot Tnuat Bogrim* (Gruppen der Graduierten-Bewegung), und auch nichts mit den urbanen Kibbuzim oder den anderen unabhängigen urbanen Kommunen unter dem früheren Namen der Dachorganisation *Ma'agal Hakvutzot* (Der Kreis von Gruppen). Wie dem auch sei, jedenfalls hat sich seit dem Jahr 2007 das kommunitäre Milieu in Israel bis zu einem Punkt entwickelt, an dem Gemeinschaften in bestimmten Regionen dieselbe Menge an Sozialleistungen aufbringen können wie der Staat – zuweilen sogar mehr.

Sagen wir es deutlich: Diese Kommunen sind nicht anarchistisch. Sie bezeichnen sich nicht so, auch wenn sie manchmal das Adjektiv „anarcho-sozialistisch" benutzen, um ihren Lebensstil zu beschreiben. Und sie werden von den sich als anarchistisch bezeichnenden Israelis mit Sicherheit nicht als „Kampfgenoss*innen“ wahrgenommen. Die Tnuat Bogrim-Gruppen zum Beispiel vertreten eine entschieden sozialistisch-zionistische Position und unterstützen linke Parlamentsabgeordnete in der Knesset. Ihre Mitglieder dienen in der Armee – dabei verweigern allerdings einige den Kriegsdienst in den besetzten Gebieten.[7] Sie betrachten alle Aufrufe, den israelisch-palästinensischen Konflikt mittels einer „Lösung ohne Staat“ oder mittels einer „Ein-Staaten-Lösung“ zu beenden, mit tiefem Misstrauen. Trotzdem sind einige Elemente des Lebensstils, den sie praktizieren, nicht nur ein Erbe der Ideen aus den kleineren, persönlicher geprägten Kibbuzim aus den Zwanzigerjahren des 20. Jahrhunderts, sondern werden interessanterweise auch im heutigen anarchistischen Diskurs wie selbstverständlich umgesetzt.

Bei den Gemeinschaften von Tnuat Bogrim – und vor allem denen von *Noar Oved ve'Lomed* (NOAL; Arbeitende- und Studierende-Jugendbewegung) – war die wesentliche Tendenz in den letzten beiden Jahrzehnten die Sammlung der Kommunen unter dem Dach des „Kibbuz der *kvutzot*“[8], einer neuen Form der Gemeinschaft. Sie kombiniert auf schlaue Weise die eigentlich untereinander konkurrierenden Konzeptionen des aus der zweiten und dritten *Alija* (Einwanderungswelle) stammenden Gemeinschaftslebens: der Kvutza [rein landwirtschaftlich strukturiert] und dem Kibbuz [auch mit integrierten Industrien; d.Ü.]. Dieser Prozess hat auch die Entwicklung ganz neuer und zuweilen äußerst komplexer Formen der direkten Demokratie hervorgebracht. Sie dienen dazu, den Vorrang der Kleingruppe (*kvutza*) innerhalb des größeren Rahmens eines Kibbuz weiter Geltung zu verschaffen und so Formen der autoritären Verwaltung zu vermeiden, welche viele Kibbuzniks in der zweiten Hälfte des 20. Jahrhunderts kritisiert hatten, sie würden die individuelle Freiheit ersticken, die noch in den ursprünglichen Kibbuzim möglich war. Bei diesem neuen Modell kommt die innere Struktur eines einzelnen Kvutzot-Zusammenhanges einer Mikro-Gemeinschaft persönlicher Bekanntschaften gleich, die oft auf dem Konsensprinzip gründet, während der gesamte Kibbuz eher danach sucht, die Beteiligung, Repräsentanz und Handlungsfähigkeit der verschiedenen Kvutzot im Gleichgewicht zu halten. Daraus resultiert ein Modell der Selbstverwaltung, das es schafft, immer wieder neu einen Konsens herzustellen, oder zumindest etwas, das dem nahe kommt. Immerhin umfasst die gesamte Gemeinschaft meist mehr als einhundert Mitglieder.

In diesem „Kibbuz der *kvutzot*" sind also alle Mitglieder bei der Entscheidungsfindung beteiligt und direkt mit allen Aspekten des Alltagslebens vertraut. Das Kollektiv bleibt daher die letzte Entscheidungsinstanz der Selbstverwaltung. Aber anstatt die Vollversammlung als zentrales Organ des demokratischen Lebens zu betrauen, werden die Entscheidungen nun von vielen Einzelgruppen mit konsultativen und exekutiven Aufgaben getroffen, so dass jede einzelne Kvutza-Gruppe dabei das letzte Wort behalten und bei jedem besprochenen Antrag ein Recht auf ihr Veto ausüben kann. Diese Entscheidungsmacht der Kvutza, die Vergesellschaftung der Geldmittel, die direkte Demokratie, die Abwesenheit unterschiedlicher Lohnkategorien sowie der persönliche Charakter der zwischenmenschlichen Beziehungen auf allen Ebenen des Kibbuz führen dazu, eine soziale Schichtung der Macht und das Aufkommen von Führungseliten zu verhindern. Dabei sind gemeinsame Studientage Pfeiler des kommunitären Lebens und tragen ebenfalls dazu bei, die Ausbildung von Wissenseliten zu vermeiden. Auf diese Weise handeln der Kibbuz, die Kvutza sowie die Familien im Gleichklang, zumindest in der Theorie, und sorgen ebenfalls dafür, dass die Kontrolle des Kollektivs über das Individuum nicht seinerseits „total" wird.

Ein Großteil des soeben Beschriebenen wurde absichtlich so gestaltet, um Wünschen nachzukommen, nach denen man „nicht so enden will wie die alten Kibbuzim". Die klassischen Kibbuzim hatten ihren Schwerpunkt auf die „Gleichheit" gelegt – einen Begriff, der für viele Kibbuz-Kinder mit den glorreichen Dreißigerjahren verknüpft war. Er ist heutzutage zu einem Synonym für die Tyrannei der Mehrheit geworden. Der „Kibbuz der *kvutzot*" gründet dagegen auf den Werten der Assoziation und der Partizipation (*shitouf* oder *shitouf peoula*, wörtlich in etwa: „Kooperation im Rahmen der Arbeit"; James Horrox). Diese neue Form des Kommunalismus versucht, individuelle Selbstbestimmung und Verantwortung gegenüber dem Kollektiv miteinander zu vereinen – innerhalb einer Gemeinschaft, die auf Beziehungen der Nachbarschaft und des Mutualismus basiert. Und diese wiederum sind nur in begrenzten sozialen Einheiten möglich, in denen der Geist der Freundschaft und der gegenseitigen Hilfe sich im Alltagsleben ausbreiten kann. Im offensichtlichen Einvernehmen mit dem „dialogischen" Kommunalismus Martin Bubers und dem *Siedlungsgedanken* von Gustav Landauer, soll demnach eine abgehobene Existenz über und jenseits der Gemeinschaftsmitglieder vermieden werden und die Basis sich ständig hinterfragen, um jeden

Versuch, ihr eine neue Struktur von oben auferlegen zu wollen, frühzeitig zu erkennen.

Die Entwicklung dieser Gemeinschaften ist in der Hinsicht besonders interessant, dass ihre Gründer sich von den Sozialtheorien inspirieren ließen, die aus den von der Romantik beeinflussten und libertären Kreisen Europas stammten und dann durch die Immigrant*innen der zweiten und dritten Alija nach Palästina übertragen wurden. Ihre Bibliotheken beinhalten Hunderte von Werken über die Ursprünge der jüdischen Arbeiterbewegung. Und die Mitglieder dieser Gemeinschaften können sich auf eine große Quellenvielfalt stützen, um ihre Diskussionen zu unterfüttern: die Philosophie des Dialogs von Martin Buber, den nietzscheanischen Existentialismus von A.D. Gordon, die Schriften von Yitzhak Tabenkin, Joseph Baratz, die marxistisch-zionistischen Ideologen Moses Hess, Nachman Syrkin, Ber Borochov und Berl Katznelson, die literarischen Sozialisten wie Yosef Chaim Brenner und Chaim Nahman Bialik – nicht zu vergessen außerdem die Werke der Kibbuz-Pioniere der 1920er- und 1930er-Jahre, die vom Anarchismus Gustav Landauers geprägt waren. Tatsächlich ist hier festzustellen: Nachdem sie als Referenzen lange Zeit gefehlt haben, tauchen Landauer und Kropotkin jüngst wieder in solchen Literaurlisten auf.

Einige Verbindungen zwischen diesen Kommunen und dem anarchistischen Erbe der Kibbuzim sind weitaus persönlicherer Natur. In dieser Hinsicht muss der Name Muki Tsur genannt werden. Er war eine zentrale Persönlichkeit der Kibbuzbewegung über ein halbes Jahrhundert hinweg – auch wenn er in diesem Buch nur am Rande erwähnt worden ist. Er war Schüler und Freund von Gershom Scholem (1897-1982) und spielte als früherer Sekretär der Bewegung eine entscheidende Rolle im *Shdemot* (Kreis), einer Gruppe von Intellektuellen, die es sich bereits in den 1960er-Jahren zur Aufgabe gesetzt hatte, in den Kibbuzim die Ideen Landauers und Bubers wieder zur Geltung zu bringen. Rund 30 Jahre später sollte Tsur als eine emblematische Figur der Bewegung betrachtet werden. Dies veranlasst zur Vermutung, dass das anarchistische Denken, nachdem es das eher auf persönlichen Freundschaften basierende Modell der Kibbuzim der zweiten und dritten Alija inspiriert hatte, nun auch konstruktive Entwicklungsmöglichkeiten für die Zukunft der Bewegung bieten könnte. Die neue Welle der Kommunen sah in Muki Tsur eine Art graue Eminenz – und er galt unter den Leute der „alten" Kibbuzim als der enthusiastischste Verteidiger dieser neueren Bewegung.

Er nahm diese jungen Gemeinschaften unter seine Fittiche und engagierte sich in deren intellektuellem und kulturellem Leben. Seine Werke, seine Artikel in der Zeitschrift *Shdemot*, seine Erinnerungen der *Kheillatenu* (die ältere Generation) sowie zahlreiche weitere, ähnliche Dokumente bilden eine unumgängliche pädagogische Referenz für Lernwillige. Das Ideal einer Gemeinschaft ohne Reglementierungen, wie es die Kvutzot-Gruppen aus der zweiten und dritten Alija vertreten hatten, tritt dadurch als Modell des kommunitären Lebens erneut ans Tageslicht.

Eine vergleichbare Rolle spielte Haim Seligman, eine weitere bedeutende Persönlichkeit aus der Geschichte der Kibbuzbewegung. In den Debatten der 1990er-Jahre schlug Seligman vor, die anarchistischen Wurzeln der Kibbuzim aufs Neue zu erkunden, um eine Bewegung wiederzubeleben, die sich in eine Reihe von Krisen verstrickt hatte. Nachdem er sich bei der Jugendbewegung *Kadima* (Vorwärts) in Europa beteiligt hatte, ging Seligman Mitte der 1930er-Jahre nach Palästina. Als Mitglied des Kibbuz *Givat Brenner* [Bildungseinrichtung benannt nach einem Pionier der hebräischen Literatur, Josef Chaim Brenner, 1881-1921; d.Ü.] in Rehovot, südlich von Tel Aviv, hatte er ausführlich über den Anarchismus von Gustav Landauer, Erich Mühsam und Bernard Lazare geschrieben und beschäftigte sich besonders mit der Frage nach der Rolle des anarchistischen Gedankenguts in den ersten Kibbuzim. Über dieses Thema diskutierte er wiederholt und lange mit den Mitgliedern der neuen Kvutzot-Gruppen. Haim Seligman starb im Jahre 2009.

Es geht mir hier nicht darum, die neuen Kibbuzniks etwa allein deshalb als Anarchist*innen zu bezeichnen, weil sie Landauer und Kropotkin lesen. Diese Verbindungen sind nur deshalb aussagekräftig, weil sie eine besondere Beziehung mit der Vergangenheit herstellen. Die Mitglieder der neuen Kibbuzim stützen sich aber auf eine Erzählung, die sich bereits im Zentrum des nationalen Ethos Israels befindet, jedoch in verdrängter, konfuser und pervertierter Form: als ein in der Folge der Staatsgründung fabrizierter Mythos. Der harte Kern der heutigen Kibbuzniks ist der Meinung, dass die Erfahrungen der „realen Utopien" der Vergangenheit wertvolle Lehren beinhalten, die für die Schaffung einer gerechteren Gesellschaft in der Gegenwart und der Zukunft sehr nützlich sein könnten – auch wenn einige Aspekte der Vergangenheit als etwas betrachtet werden müssten, das man beim Aufbau einer Gemeinschaft vor allem vermeiden sollte. Dieser harte Kern nährt sich aus den reichhaltigen Quellen des utopischen Denkens in der jüdischen Tradition, des eisegetischen[9] Studiums seiner subjektiven wie kollektiven Geschichte und Mythologie. So erkunden und durchforschen die Forscher*innen aus diesem harten Kern die charakteristische Synthese der jüdischen Arbeiterbewegung, aus der sie schöpfen: die Synthese nämlich aus sozialen Kämpfen und kommunitärer Entwicklung. Auf diese Weise beleben die neuen Kibbuzniks die klassische Konzeption einer Kommune neu, die sich sowohl den Herausforderungen einer nationalen Gemeinschaft als auch des Modells einer revolutionären Utopie im Mikrokosmos stellen muss. Es bleibt eine Tatsache, dass sie sich in eine bereits bestehende Sozialform eingliedern, die überdies eine historische und kulturelle Erzählung mit transportiert und in der sie umgebenden Welt über eine beträchtliche Legitimation verfügt. Dies vermittelt ihnen eine bestimmte, vorgeprägte Lesart und Fokussierung ihres Alltagslebens auf der einen Seite, während sie auf der anderen Seite am Aufblühen und der Erneuerung des Kollektivismus in Israel teilnehmen. Daher kommt die relative Unkompliziertheit, mit der diese neuen Kommunen scheinbar heute in die politische Landschaft Israels integriert sind.

Die Kvutzot und die Dachorganisation der *Kvutzot Tnuat Bogrim* repräsentieren nur eine Strömung der zahlreichen Modelle urbaner Kommunen, die in Israel als Reaktion auf die Krisen der alten Kibbuzim einen Aufschwung erlebten. Diese Gruppen bilden heute das feste Rückgrat des gegenwärtigen kommunitären Milieus. Zwischen 2007 und 2017 entstand nach ihrem Vorbild und dem Vorbild der urbanen Kommunen eine neue Generation von Gemeinschaftsformen, ohne jedoch gleichzeitig direkt mit der Bewegung verbunden zu sein. Sie versuchen, alternative Lebensformen an den Rändern der Gesellschaft aufzubauen und gleichzeitig soziale Entwicklungsprojekte in ihrer Nachbarschaft zu organisieren. In gewisser Weise sind einige dieser Kommunen sogar „anarchischer" als die Kvutzot Tnuat Bogrim. Sie sind dabei kein Mitglied irgendeiner Dachorganisation, haben weniger rigide interne Strukturen und lockerere Aufnahmeprozeduren. Sie geben rein ideellen Prinzipien weniger Raum und ihre demokratischen Institutionen sind informeller – auch im Vergleich zu den relativ komplexen Mechanismen der partizipativen Demokratie, die man in den Gemeinschaften von *Tnuat Bogrim* antrifft. Wie dem auch sei – all diese Gruppen teilen das gemeinsame Vorhaben, eine neue Sozialordnung zu gestalten. Einerseits bilden sie dabei einen Lebensrahmen, in dem sich ihre Mitglieder als Individuen frei entfalten können, andererseits konstituieren sie eine urbane Basis, um sich in lokalen und alltäglichen Sozialprojekten einzubringen.

Der Utopismus dieser Gruppen folgt keinem Rezept für die Schaffung einer perfekten Zukunftsgesellschaft. Trotzdem ist er keineswegs kompatibel mit der einfachen Gegenüberstellung eines postmodernen Zynismus versus eines „abstrakten Universalismus". Und er hat ganz sicher nichts mit jenen Linken zu tun, deren Beitrag zum sozialen Fortschritt sich auf die mechanische Wiederholung moralischer Klischees beschränkt – ebenso wenig mit jenen, die irgendwelche fetischisierten Minderheiten verehren, die gerade als gegenwärtig einzig wahrgenommene unterdrückte Gruppierung in Mode sind. Ganz im Gegenteil: Diese Kommunen sind der Ausdruck einer Existenz im „Hier und Jetzt". Sie verankern sich, entwickeln und erforschen die Erfahrungen ihrer historischen Vorläufer. Und zwar so, dass die vorherrschende Form des westlich-anarchistischen Diskurses, der doch „innerhalb der Gegenwart die Zukunft aufbauen" will, sich gleichzeitig in einer authentischen und archetypischen israelischen Institution verwirklichen kann. Der daraus hervorgehende konstruktive Aktivismus steht im Einklang mit dem historischen Kern der kollektiven Unternehmen und des kommunalen Lebensstils innerhalb des nationalen israelischen Bewusstseins – in welchem die wesentliche Rolle der basisbezogenen und Nicht-Regierungsorganisationen bei der Entwicklung des Landes sicher nicht vergessen werden darf.

Wenn wir die wesentliche Tradition der Arbeitermacht in Israel mit einbeziehen, müssen wir auch die Bemühungen derer ernst nehmen, die sich die Frage stellen, wie das radikale Erbe der Geschichte des Landes Antworten auf die aktuellen sozialen Probleme geben kann: indem nämlich realistische Alternativen entwickelt werden, die in einem Geist der gegenseitigen Hilfe, der Kooperation und der Selbstverwaltung zu einem dauerhaften Status Quo werden. Ob diese Frage nun im weiteren Kontext der Region des Nahen Ostens eine Rolle spielen wird oder nicht: Die Antworten auf diese Frage werden uns jedenfalls einen Hinweis auf die zeitgenössischen Probleme und auf die Perspektiven der Projekte bieten, die die herrschenden Organisationsmodelle langfristig ersetzen sollen. Welche Werte werden diese Alternativen hervorbringen? Wie werden sie ihre Entscheidungen fällen? Welche Rollen sind für Verwaltungsangestellte und Führungskräfte vorgesehen? Im Laufe der Zeit mussten sich die Gründer*innen der „realen Utopien" – und der Kibbuzim zuallererst – all diese Fragen stellen. Natürlich haben sie ihre ursprünglich erdachten Ideen nie gänzlich verwirklichen können. Aber – wie schon John Stuart Mill richtig bemerkt hat – das bedeutet nicht, dass man sie einfach von der Hand weisen kann. Im geeigneten Moment, sei es zufällig oder absichtlich, können sie schließlich zur Geburt von etwas weitaus Besserem als bei all ihren Vorläufern führen.

James Horrox, Los Angeles, November 2017
(Übersetzung des Nachworts aus der frz. Ausgabe: *Le mouvement des kibboutz et l'anarchie. Une révolution vivante*, Éditions de l'Éclat, Paris, 2018, S. 285-306.)

ANHANG I

Die jüdischen Immigrationswellen nach Palästina

Erste Alija: 1882-1903
Zweite Alija: 1904-1914
Dritte Alija: 1919-1923
Vierte Alija: 1924-1931
Fünfte Alija: 1932-1940
Sechste Alija: 1941-1947

Quelle:
H. Viteles: A history of the Cooperative movement in Israel, Bd. 2, Verlag Vallentine Mitchell, London 1967.

ANHANG II

Briefwechsel Nahum Goldman – Gustav Landauer
(März 1919)

Editorische Notiz zum Wiederabdruck dieses Briefwechsels:
Der Briefwechsel in dt. Sprache befindet sich im Nachlass Martin Bubers in der Hebräischen Universität Jerusalem. Er wurde im dt. Originaltext aus der Zeitschrift *Akratie*, Nr. 9, Sommer 1977 wiederveröffentlicht, hier in der von Ue. und Ü. korrigierten sowie digitalisierten Version von www.anarchismus.at übernommen. Der Briefwechsel wurde ebenfalls wieder abgedruckt in den von Siegbert Wolf herausgegebenen *Ausgewählten Schriften* Gustav Landauers, Bd. 3: *Internationalismus*, Edition AV Verlag, Lich 2008, S. 158-162.

Die im Briefwechsel angesprochene und projektierte Palästinakonferenz konnte nicht stattfinden, da inzwischen in München die revolutionären Ereignisse ihren Anfang genommen hatten, an denen Gustav Landauer an exponierter Stelle beteiligt war und deren Opfer er werden sollte. Die Antwort Landauers zeugt nebenbei davon, dass Gustav Landauer die vor der Tür stehende Revolution weder voraussah noch plante; d.Ü.

Von Nahum Goldman
Berlin, 14. März 1919

An Gustav Landauer
München, Hotel Wolf

Sehr geehrter Herr Landauer!

Meine beiden Telegramme wegen des Palästina-Delegiertentages haben Sie wohl erhalten und wissen, dass er erst Ende April stattfindet.

Wir hoffen sehr, dass Sie um diese Zeit die Möglichkeit haben werden, auch in Berlin zu sein und teilzunehmen.

Von Herrn Dr. Buber werden Sie schon wissen, dass er beabsichtigt, für Mitte April in München eine kleine Konferenz einzuberufen zur Klärung der Frage des Aufbaus der Palästinasiedlung. Sie hatten uns in München Ihre Mitarbeit in Aussicht gestellt und sich auch bereit erklärt, uns bei der Formulierung der Anträge und Thesen, die wir eventl. dem Delegiertentag vorlegen wollen, zu unterstützen. Ich möchte Ihnen heute die wichtigsten Punkte vorlegen, in denen wir Ihren Rat haben müssen; sie stellen das Ergebnis einer Besprechung der hiesigen Freunde dar.

1) Als die Grundfrage beim Aufbau der Siedlung betrachten wir das Problem der zentralisierten oder dezentralisierten Gesellschaft. Wir sind uns hier alle in dem Wunsche einig, dass die Siedlung nach den Prinzipien einer dezentralisierten Gemeinschaftsordnung aufgebaut werde, in der der Schwerpunkt bei den Einzelgemeinden liegt, in denen die Menschen in unmittelbaren Beziehungen zueinander leben können. Die Schwierigkeit der Frage liegt nur darin, festzustellen, welche Gebiete des Gesellschaftslebens eine zentralisierte Ausgestaltung verlangen, wie z.B. viele Gebiete der technischen Verwaltung und des Wirtschaftslebens.

Wir bitten Sie nun, uns hierin Ihre Meinung mitteilen zu wollen und wenn möglich Ihren Standpunkt in Form einiger grundlegender Thesen zu formulieren.

2) Über die Nationalisierung des Bodens sind wir uns alle einig, mit uns ja heute, glaube ich, auch schon der grössere Teil aller Zionisten. Mit Nationalisierung des Bodens verlangen wir auch diejenige der Bodenschätze (Wasser, Kohle etc.).

3) Sehr schwierig und ungeklärt sind für uns die Fragen der Industrie. Die wenigsten von uns sind Marxisten in dem Sinne, dass sie eine Vergesellschaftung der Produktionsmittel verlangen. Uns allen schwebt so etwas wie eine genossenschaftlich organisierte Fabrik vor, an der die Arbeiter ebenso wie der Unternehmer beteiligt sind, und zwar gleichberechtigt in allen Fragen der Gewinnbeteiligung, der Leitung etc. Die strittigen Fragen sind:

a) Ob der Profit der gesamten Gemeinschaft oder nur der Spezial-Fabrikgenossenschaft gehören soll, wodurch, wie manche befürchten, die Gefahr der Herausbildung einer neuen kleinbürgerlichen kapitalistischen Arbeiterklasse vorhanden wäre, und andererseits auch die Arbeiter der rentableren Fabriken sehr viel günstiger gestellt wären als diejenigen weniger rentabler?

b) Ob nicht doch eine Vereinigung der beiden Prinzipien, der genossenschaftlichen Einzelfabrik auf der einen und der vergesellschafteten Industrie auf der anderen Seite möglich wäre, etwa in dem Sinne, dass eine gewisse Vergesellschaftung im Sinne einer Kontrolle und weitgehender Eingriffsrechte der Allgemeinheit erforderlich wäre, schon aus dem Grunde, damit nicht die Arbeiter gutgehender Fabriken sich gegen den Zuzug neuer Elemente wehren können?

4) Sehr schwierig und ungeklärt sind uns auch ferner die Fragen der Regelung des Handels. Soll er nationalisiert werden, soll er ganz in die Hände der einzelnen Siedlungen gelegt werden, wer soll den internationalen Tauschhandel betreiben etc.?

Das sind diejenigen Punkte, über die wir uns bisher in unserem Kreise ausgesprochen haben und für die wir um Ihren Rat bitten. In all diesen Fragen wollen wir eventl. Thesen oder Resolutionen dem Delegiertentag vorlegen und bitten Sie, uns Ihren Standpunkt in solchen Thesen formulieren zu wollen. Im übrigen werden wir ja alle diese Fragen auf der Konferenz in München eingehend besprechen können, nur wäre es uns lieb, wenn Sie uns schon vorher einiges schriftlich mitteilen wollten, damit wir ein wenig vorbereitet hinkommen. Über andere wichtige Fragen (Araberfrage, Frage der landwirtschaftlichen Betriebe, Bedingungen der Erbpacht und anderes) wollen wir uns erst hier noch unterhalten, bevor wir an Sie mit der Bitte um Ihren Rat auch in diesen Dingen herantreten.

Ich hoffe, dass Sie bei all Ihrer Inanspruchnahme in diesen Tagen und Wochen in München vielleicht doch Zeit finden werden, uns unsere Fragen zu beantworten und danke Ihnen in unser aller Namen. Mit den besten Grüssen und Wünschen bin ich Ihr

gez. Nahum Goldman

Von Gustav Landauer, Krumbach/Schwaben, 19. März 1919

An Nahum Goldman, Berlin

Lieber Herr Goldman!

Buber hat mir noch nicht geschrieben. Jedenfalls nehme ich gern an der Konferenz in München teil. Wenn es geht, möchte ich die Entscheidung, ob ich auch nach Berlin zum Delegiertentag gehen kann, erst zur Zeit der Münchner Konferenz fällen; es sind der Unbestimmtheiten, von denen ich abhänge, zu viele. Ihre Fragen wollen wir gemeinsam auf der Konferenz zu lösen versuchen; jedenfalls will ich jetzt keine Antworten geben, sondern die Fragen nennen, die noch zu Ihren Fragen dazugehören.

Zu 1): Dezentralisation und damit Freiheit und Freiwilligkeit ist überall da in weitem Maße durchzuführen, wo man nicht auf Rentabilität und Konkurrenzfähigkeit sehen muss, d.h. wo man es sich leisten kann, um der Seele willen unsparsam zu wirtschaften. Hierher gehört also schon die Frage: Wird man die Wirtschaft, auch das, was sonst Staatswirtschaft hieß, auf die bloße Produktivität der Arbeit stellen? Oder ist Rentabilität erfordert?

Eine weitere Frage ist, ob man nicht – abgesehen von den Zentralisationseinrichtungen, die man schon vorfindet, den nötigen Zentralismus aus Gemeindebünden erwachsen lassen soll? Von Fall zu Fall?

In engem Zusammenhang mit der Frage des Zentralismus stehen die Fragen der Besteuerung des Staatshaushalts, Polizei und Gerichtswesen, Beamtentum und Delegationswesen (demokratische Regierung).

Und bei alledem scheint es mir möglich, fast alles, was vom Staat notwendig sein wird, nicht von vornherein aufzuerlegen, sondern aus den Gemeinden und ihren Bünden erwachsen zu lassen; aber nur dann, wenn nicht Zweckmässigkeit des Organismus der oberste Grundsatz ist, sondern das seelische Wohlbefinden der einzelnen Glieder.

Zu 2): Nationalisierung des Bodens muss Grundsatz sein. Er muss in all den Fällen zur angewandten Wirklichkeit werden, wo es sich um seltene Bodenschätze handelt, auf die die Gemeinschaft Anspruch hat (Erz, Kohle, Tonlager, grössere Wasserkräfte, die zu mehr als Gemeindezwecken dienen u.s.w.). Im allgemeinen aber kann der Grundsatz zum Faktum werden in mannigfachen Formen: Vergebung von einzelnen Loten durch die Gemeinden in Erbpacht, Gemeindebesitz mit gemeinsamer Bewirtschaftung und dergleichen mehr. – Auch hier spielt die Frage zu 1) stark herein.

Ich meine, dass jede Gemeinde ihre Gemarkung hat, über die sie mit Ausnahme der Fälle der Gemeinschaftsbodenschätze selbständig verfügt. Aber gerade hier ist reichlich Gelegenheit zu Gemeinbünden: gemeinsame Beschaffung künstlichen Düngers, landwirtschaftlicher Maschinen, Vertriebsgenossenschaften u.s.w. Auch hier meine ich:

Lieber auf die Gefahr der Verschwendung hin die Freiwilligkeit wachsen lassen, als von vornherein die Zwangsorganisation auferlegen.

Zu 3): Man braucht wahrhaftig kein Marxist zu sein, um die Profitwirtschaft völlig auszuschliessen. Ihre Fragestellung hat für mich keine Bedeutung. Hierher gehört vielmehr die Frage des äquivalenten Tausches, der zinslosen Geldwirtschaft und des gegenseitigen Kredits.

Und dann, wenn sie so gelöst sind, wie sie gelöst werden können, die Frage des 4) nationalen Handels und des Handels mit der – vielleicht noch kapitalistischen – Aussenwelt. Diese Fragen sind beide sekundär. Sind erst die Fragen zu 3) gelöst, so hat jede Ware ihren Marktwert, und die Art, wie zu markten ist – durch Märkte, durch Angebot und Nachfrage in Anzeigeblättern – bildet keine Schwierigkeit.

Die Frage des Tauschverkehrs mit fremden Ländern hängt aber von zwei Umständen ab: a) ob man überschüssige Produkte hat; b) ob man sie so gut und so billig anbieten kann, dass der Weltmarkt sie begehrt? Diese Fragen werden beide mit ja beantwortet werden müssen und hierfür wird die Gemeinschaft Sorge tragen müssen, wenn man gewisse Güter importieren muss. Da das ohne Zweifel der Fall ist – gleichviel in welchem Maße –, wird mehr als alles andere der Aussenhandel nationalisiert und der Privatwirtschaft, auch der Gemeindewirtschaft entzogen sein müssen.

Besorgung und Verteilung der Waren aus dem Ausland wird Sache der Gesamtheit sein müssen; und die Gesamtheit wird auch dafür sorgen, dass entsprechende Güter für den Export da sind, widrigenfalls es zu Verpfändungen und zu Abhängigkeit vom Ausland käme.

Ich schlage vor, Sie und Ihre Freunde bedenken diese vorläufigen Bemerkungen, und wir wollen dann in gemeinsamer Arbeit zu Thesen kommen.

Einstweilen mit herzlichen Grüssen,

Ihr Gustav Landauer

ANHANG III

Vorwort von Uri Gordon (2008) zur US-amerikanischen Ausgabe

Begegnet man den verratenen Träumen von Befreiung und Solidarität, die zerfleddert auf dem Misthaufen der Geschichte liegen, so wird eine eindeutig kritische Haltung zum Zionismus und der kapitalistischen Militärmaschine, die eine große Zahl von Menschen unterdrückt, nur weiter ermutigt.

Denn zweifellos hätten sich die Dinge in diesem Land auch ganz anders entwickeln können, wenn die Visionen junger jüdischer Männer und Frauen, die in den ersten Jahrzehnten des 20. Jahrhunderts an diesen Küsten landeten, verwirklicht worden wären.

Die Kommunard*innen der frühen Kibbuz-Siedlungen in Palästina teilten wohl kaum, was Emma Goldman „den [...] Traum einer jüdische Staatsmaschinerie [nennt], welche die Privilegien der Wenigen gegen die untergeordnete Lage der Vielen schützt". Was diese Kommunard*innen nach Palästina trieb, war der Wunsch, eine klassenlose Gesellschaft aufzubauen, eine „Gemeinschaft aus Gemeinschaften", die auf Selbstverwaltung, Gleichheit und jüdisch-arabischer Zusammenarbeit fußen sollte. Es ging um nicht weniger als die Chance, die jüdische Mobilisierung für Palästina in ein Projekt für die soziale Befreiung aller Bevölkerungsgruppen zu transformieren – ein Projekt, das unter dem Banner des *staatslosen Sozialismus* verwirklicht werden sollte.

Der maßgebliche Einfluss anarchistischer Strömungen innerhalb der frühen Kibbuzbewegung ist eines der bestgehüteten Geheimnisse der offiziellen Geschichtsschreibung des Zionismus. Bei der rückwirkenden Vereinnahmung dieser kommunitären Erfahrungen in den Mythos des israelischen Nation-Building waren einige Manöver notwendig, um jene Aspekte vergessen zu machen, die für das vereinigend wirkende republikanische Ethos des neuen Staates zu subversiv gewesen wären. So wurden die persönliche Opferbereitschaft der ersten Kibbuzniks, die emotionale Intensität ihrer Beziehungen sowie ihre

Wiederentdeckung des Hebräischen als gesprochener Sprache jeweils als Vorbilder des Engagements hervorgehoben und gleichzeitig dafür benutzt, ein Gefühl zu schaffen, in deren historischer Schuld zu stehen. Aber andere Elemente wurden aus den historischen Erzählungen, den Schulbüchern und den Gedenkfeiern bewusst weggelassen, nämlich deren Antagonismus zum Privatkapital, ihre Zielsetzung eines Binationalismus sowie die feministischen Kämpfe der Frauen in den Kommunen. Sie wurden aus den festgezurrten Narrativen ausgeschlossen, die den kommenden Generationen angedient werden sollten.

Vor diesem Hintergrund einer bewusst herbeigeführten kollektiven Amnesie sollte der bedeutsame Beitrag des Buches *Gelebte Revolution. Anarchismus in der Kibbuzbewegung* gesehen werden. James Horrox hat Archivforschung betrieben, Interviews geführt und politische Analysen erstellt, um die Puzzleteile zur Geschichtsschreibung einer Epoche zusammenzuführen, die aus unserem heutigen Gedächtnis verschwunden ist, um sie nun der heutigen Leser*innenschaft vorzulegen. Die nachfolgenden Seiten machen die radikalsten und leidenschaftlichsten Stimmen wieder lebendig, die die zweite und dritte Welle der jüdischen Einwanderung nach Palästina prägten. Wir begegnen dabei ebenfalls denjenigen zeitgenössischen Projekten, die daran arbeiten, den ursprünglichen Geist der Kibbuzim wiederzubeleben, dem Schicksal ihrer Vorgänger zum Trotz.

Die frühen Kibbuzerfahrungen sind besonders interessant für heutige Anarchist*innen, weil diese Kommunen am Anfang des 20. Jahrhunderts die erste massenhafte Bewegung war, welche die konstruktiven, kreativen und geistigen Aspekte des Anarchismus in den Mittelpunkt stellte – Aspekte, die gerade in den letzten Jahrzehnten für soziale Bewegungen wieder bedeutsam geworden sind. Sicherlich waren auch Klassenantagonismen präsent zwischen den bourgeoisen jüdischen Eigentümern der ersten Welle der Siedlungen und den jungen, neuen Immigrant*innen, die anfänglich dort eine Arbeitsstelle finden wollten. Aber die ersten Kommunen waren dann gerade der Versuch, eigenständige Produktionsräume abzustecken, welche die Phase der ursprünglichen kapitalistischen Akkumulation in Palästina subversiv umwälzen sollten. Anstelle eines Aufstands oder eines Generalstreiks – eine Strategie, die für die Revolutionierung bestehender, reifer kapitalistischer Gesellschaften anwendbar wäre – versuchten die Kommunard*innen, das Aufblühen des Kapitalismus im Kein zu ersticken. Sie wollten Alternativen schaffen, die den kapitalistisch orientierten Jüdinnen und Juden den Boden unter den Füßen wegziehen und dadurch bei der Gestaltung der wirtschaftlichen und sozialen Strukturen der neuen Gesellschaft nunmehr prägend wirken sollten. Die Phase zwischen 1904 und 1924 markierte einen einzigartigen historischen Scheideweg, an dem solch eine Strategie einleuchten konnte.

Wenn wir an diese Perspektive erinnern, dann müssen wir das ambivalente Gefühl untersuchen, die dieses Buch durch seine inhärente Voraussetzung unter Leuten wie uns hervorrufen könnte, die dazu entschlossen sind, jegliche Besetzung, jeglichen Militarismus und jede Form sozialer Ungerechtigkeit im heutigen Israel/Palästina zu beenden. Unglücklicherweise ist die zionistische Geschichtserzählung so dominant geworden, dass die frühen Kibbuzim fast überall nur noch als Vorläufer des israelischen Staates betrachtet werden – und in diesem Sinne als Beteiligte und Mitverantwortliche für damit einhergehende Verbrechen sowohl gegen palästinensische als auch jüdische Bevölkerungsgruppen. In dieser Ambivalenz würde das Vorhaben, sie gegen das Licht von Kropotkin oder Landauer halten zu wollen, einen unangebrachten, ja unredlichen Beigeschmack bekommen.

Doch diese Sichtweise ist nur sinnvoll, wenn man die Voraussetzung eines Schwarz-Weiß-Denkens in politischer Korrektheit akzeptiert, das in der heutigen Linken vorherrscht. Ist die Stichhaltigkeit eines Kolonialismusvorwurfs in der historischen Nachbetrachtung berechtigt, wenn doch jede/r progressive Aktivist*in heute ins Feld führen würde, dass Migrant*innen aus wirtschaftlicher Not oder vor Verfolgung Geflüchtete anders beurteilt werden müssen? Warum soll denn die versuchte Umsetzung des Anarchismus in der frühen Kibbuzbewegung auch nur in irgendeinem Sinne verwerflicher sein als beispielsweise der Hinweis auf die Town Meetings im Sinne einer Quelle anarchistischer Inspiration in Neu-England, wo doch alle wissen, dass diese Versammlungen auf dem kolonisierten Land indigener Bevölkerungsgruppen stattfanden? In vergleichbarer Weise scheint mir ein Widerstand gegen den Kontext des Buches *Gelebte Revolution. Anarchismus und die Kibbuzbewegung* nichts mit historischer Unvoreingenommenheit zu tun zu haben, aber sehr viel mit der Angst vor einer Befleckung des guten Namens des Anarchismus (ein Widerspruch in sich!), indem man ihn mit dem frühen Zionismus in Verbindung bringt.

Es ist aber ein großer Fehler, die Formen des Engagements in der Vergangenheit aus Sicht der gegenwärtig besonders wahrgenommenen Ungerechtigkeiten zu interpretieren oder gar zu verurteilen. Eine solche Herangehensweise wäre Teil eines retrospektiven historischen

Fatalismus. Dieser sollte keinen Raum finden in den Analysen einer Bewegung, deren Prinzip heißt: „Alles ist möglich!“ Historische Bewegungen sind nie determiniert gewesen. Es gibt keinen einzigen, linearen und unvermeidlichen Verlauf, der im Voraus feststehen würde. Was etwa wäre in Palästina passiert, wenn die Oktoberrevolution erfolgreicher darin gewesen wäre, sich auf Zentraleuropa auszubreiten? Was wäre gefolgt, wenn die jüdischen Arbeiter*innen in ihrem Widerstand gegen die von Großbritannien finanzierte Übernahme ihrer Institutionen durch Ben-Gurion und seine Leute wirkungsvoller gewesen wären? Oder auch: Was wäre gewesen, wenn der Gefreite Hitler schon im Ersten Weltkrieg getötet worden wäre? Alles hätte passieren können – so wie heute alles passieren kann.

Dass wir diese Potentiale im Rückblick erkennen, ist entscheidend, wenn wir hier der frühen Kibbuzbewegung begegnen und sie einschätzen wollen – und zwar in ihrer eigenen Sicht, aus der Perspektive ihrer Protagonist*innen, wie es uns das Buch *Gelebte Revolution. Anarchismus und die Kibbuzbewegung* so gekonnt vor Augen führt. Lassen wir uns von ihrer Geschichte im Sinne einer offenen Zukunft für all jene inspirieren, die für Freiheit und Gerechtigkeit auf dieser Erde kämpfen.

Uri Gordon
Kibbuz Lotan, 1. Mai 2008

ANMERKUNGEN

Einleitung

[1] Michael Löwy: *Redemption and Utopia. Jewish Liberation Thought in Central Europe*, The Athlone Press, London 1992, S. 65 ; dt. Ausgabe: Michael Löwy: *Erlösung und Utopie. Jüdischer Messianismus und libertäres Denken – eine Wahlverwandtschaft*, Karin Kramer Verlag, Berlin 1997.

[2] Vgl. Graham Purchase: *Anarchist Society & ist Practical Realisation*, See Sharp Press, San Francisco 1990, S. 4.

[3] Jon Bekken: „Peter Kropotkin's Anarchist Communism" (http://flag.blackened.net/liberty/spunk/Spunk65.txt), 20. Februar 2005.

[4] Peter Kropotkin, zit. nach: Jon Bekken, ebenda. A.d.Ü.: Hier zitiert nach dt. Übersetzung in: Peter Kropotkin: *Die Eroberung des Brotes* (1892), Edition Anares und Trotzdem Verlag, Bern/Grafenau 1989, S. 146.

[5] Peter Kropotkin: *Die Eroberung des Brotes*, a.a.O., S. 115.

[6] Peter Kropotkin: „Anarchist Communism", in: Roger N. Baldwin (ed.): *Anarchism: A Collection of Revolutionary Writings*, Dover Publications Inc., New York 2002, S. 52.

[7] Peter Kropotkin, zit. nach: Paul Eltzbacher: *Der Anarchismus*, Guttentag, Berlin 1900, S. 134.

[8] Im Gegensatz zur individualistischen Strömung des anarchistischen Denkens, welche die individuelle Eigenständigkeit betont und sich gegen die zwangsweise Unterwerfung des Individuums unter jede Form äußerer Autorität wendet, Formen sozialer Gemeinschaften mit inbegriffen.

[9] Avraham Yassour: „Prince Kropotkin and the Kibbutz Movement", in: Avraham Yassour (Hg.): *In a Kibbutz Commune (A Collection of Papers)*, University of Haifa, Haifa o.J., S. 31.

[10] Ebenda, S. 31, a.a.O.

[11] Yaacov Oved: „Anarchism in the Kibbutz Movement", in: *The Anarchist Communitarian Network*, siehe: http://www.anarchistcommunitarian.net/articles/kibbutz/kibbtrend.shtml, 16. Januar 2005.

[12] Gustav Landauer: „Schwache Staatsmänner, schwächeres Volk", in: *Der Sozialist*, 15. Juni 1910, Berlin 1910, hier nach Gustav Landauer: *Antipolitik*. Ausgewählte Schriften, Bd. 3.1. hrsg. von Siegbert Wolf, Verlag Edition AV, Lich 2010, S. 234. A.d.Ü. Horrox zit. hier Landauer nach: Martin Buber: *Paths in Utopia*, 1996, S. 46, dt. Original, das in Nuancen von der englischen Ausgabe textlich variiert, weil Buber die engli-

sche Ausgabe durchgesehen hat: *Pfade in Utopia*, Verlag Lambert/Schneider, Heidelberg 1950, S. 81, dort jedoch nur erster Teil des Zitats.

13 Gustav Landauer: „Dreißig Sozialistische Thesen", in: *Die Zukunft*, Berlin, 12. Januar 1907, hier nach Gustav Landauer: *Antipolitik*. Ausgewählte Schriften, Bd. 3.1. hrsg. von Siegbert Wolf, Verlag Editions AV, Lich 2010, S. 115.

14 Martin Buber: *Pfade in Utopia*, a.a.O., S. 84.

15 Gustav Landauer: „Die Siedlung", in: *Der Sozialist*, 15. Juli 1909, Berlin 1909. A.d.Ü.: Siehe ebenfalls: Martin Buber: *Pfade in Utopia*, a.a.O., S. 96.

16 Joseph Blasi: *The Communal Experience of the Kibbutz*, Transaction Inc., New Brunswick, New Jersey 1986, S. 179.

17 Barzel, zit. nach: Christopher Warhurst: *Between Market, State and Kibbutz: The Management and Transformation of Socialist Industry*, Mansell, London 1999, S. 7.

18 Amir Helman: „Use and Division of Income in the Kibbutz", in: Yehudit Agasi, Yoel Darom (Hg.): *Alternative Way of Life: The First International Conference on Communal Living (Communes and Kibbutzim)*, Norwood Editions, Norwood 1984, S. 46.

19 Dieses Buch beschränkt sich auf die Diskussion der Erfahrungen folgender Vereinigungen der Kibbuzim: der TKM (Die Kibbuzbewegung), einer Verschmelzung der beiden größten Föderationen TAKAM (Vereinigte Kibbuzbewegung) und Kibbuz Artzi, die zusammen 94 Prozent der Gesamtbevölkerung in den Kibbuzim des Landes auf sich vereinen. Die verbleibenden 6 Prozent umfassen die orthodox-religiöse Kibbuzbewegung (die *Dati-Föderation*). Diese unterscheidet sich sowohl in ihrer Struktur als auch in ihrer Praxis von den Hauptkörperschaften der Bewegung. Dati ist aus nahe liegenden Gründen ideologisch vielschichtiger zu bewerten, was ihre Beziehungen zum Anarchismus anbetrifft. Während die Kibbuzniks aller Föderationen (mit sehr wenigen Ausnahmen) jüdischen Ursprungs sind, so berufen sie sich in der Mehrheit doch auf ein kulturelles oder nationales Judentum und nicht auf ein religiös fundiertes Judentum. Bei den insgesamt 17 Dati-Kibbuzim sowie den beiden Kibbuzim der Poalei Agudat Israel (der Pagi-Bewegung), den ultra-orthodoxen Kibbuzim, ist das natürlich anders. Die Dati-Föderation entstand aus der Misrachi-Tradition des religiösen Zionismus (osteuropäischer Herkunft), besonders der HaPoel HaMizrachi-Strömung der Arbeiterbewegung [1922 in Jerusalem gegründet; Slogan: Torah und Arbeit; d.Ü.]. In der Folgezeit der israelischen Unabhängigkeitserklärung bildete sie eine gemäßigte Fraktion in der Nationalreligiösen Partei (1956 gegründet). Trotzdem standen einige ihrer Elemente, besonders in ihrer Jugendbewegung Bnei Akiva (Kinder Akiwas) [bezieht sich auf Rabbi Akiva, einem Begründer des rabbinischen Judentums; d.Ü.] unter dem Einfluss der rechtsextremen, ultranationalistischen Bewegung Gush Emunim (Block der Getreuen). Obgleich die Dati-Föderation in diesem Buch nicht behandelt wird, muss hier gleichwohl festgehalten werden, dass auch deren Kibbuzim nicht völlig ohne Verbindungslinien zum anarchistischen Denken sind – wenngleich sie verschlungener sind als bei den anderen Föderationen. Die Memoiren des Anarchisten Augustin Souchy, der Mitglied von Landauers Sozialistischem Bund vor dem Ersten Weltkrieg gewesen war, beinhalten einige Seiten über seinen Besuch im Kibbuz Yavneh im Jahre 1951 und zeigen, wie erfreut er war, als er bemerkte, dass Mitglieder dieses Dati-Kibbuz durch Landauers Ideen beeinflusst und inspiriert worden waren; vgl. Michael Tyldesley: *No Heavenly Delusion: A Comparative Study of Three Communal Movements*, Liverpool University Press, Liverpool 2003, S. 131. A.d.Ü.: Vgl. zu Souchys Besuch im Kibbuz Yavneh: Augustin Souchy: *Vorsicht Anarchist! Ein Leben für die Freiheit. Politische Erinnerungen*, Trotzdem Verlag, Reutlingen 1982, S. 190f.

20 Colin Ward: „Editor's Postscript" in: Peter Kropotkin: *Fields, Factories and Workshops Tomorrow* (1898), Freedom Press, London 1974, S. 202; dt. Ausgabe: Peter Kropotkin: *Landwirtschaft, Industrie und Handwerk*, Karin Kramer Verlag, Berlin 1976.

21 S.F.: „Reflections on Utopia", in: *Freedom*, London, 24. März 1962.

Kapitel I
Die Anfänge der Kibbuzbewegung
Grundlagen der Kooperativ-Siedlungen zwischen 1880 und 1919

1 Martin Buber: „Alte und neue Gemeinschaft", in: P.R. Mendes-Flohr: Von der Mystik zum Dialog. Martin Bubers geistige Entwicklung bis hin zu „Ich und Du", Jüdischer Verlag, Königstein 1978, S. 183-188, hier S. 187.

2 Zu Pobedonostsew vgl. Levon Chorbajian: *Studies in Comparative Genocide*, Palgrave Macmillan, Basingstoke/UK, 1999, S. 237.

3 „Bilu" ist ein Akronym, der aus einem Bibelvers von Jesaia (2:5) basiert: „Beit Ya'akov Lekhu Venelkha" (Lasst das Haus Jakobs ohne Zwang gehen!).

4 Zit. nach: Mordecai Schreiber, Alvin I. Schiff, Leon Klenicki (Hg.): Stichwort „Bilu", in: *The Shengold Jewish Encyclopaedia*, Shengold Books, Rockville, Maryland 1998, S. 50f.

5 Walter Laqueur: *A History of Zionism*, Schocken Books, New York 2003, S. 75f.

6 Rothschild fing 1882 damit an, Land in Palästina zu kaufen und seine Spenden finanzierten viele der ersten Projekte, u.a. auch die erste Siedlung in Rishon Le-Zion. Während der 1880er-Jahre finanzierte er die Entstehung des Weinanbaus innerhalb der israelischen Gemeinde. Dabei half er besonders den russischen Juden und Jüdinnen bei ihrer Flucht vor Pogromen und finanzierte Weingärten in ihren palästinensischen Siedlungen.

7 Vgl. Walter Laqueur: *A History of Zionism*, a.a.O., S. 279.

8 Joseph Baratz: *A Village by the Jordan*, The Harvill Press, London 1952, S. 52.

9 Arthur Ruppin: „The Picture in 1907: Address to the Jewish Colonization Society of Vienna", nach: *Zionism and Israel Information Center*, siehe: http://www.zionism-israel.com/Arthur_Ruppin_1907.htm , 1. July 2008.

10 Ebenda, a.a.O.

[11] Ebenda, a.a.O.
[12] Nachman Syrkin: „Cooperative Settlement and Ahva (Brüderlichkeit)“, in: Avraham Yassour (Hg.): *The History of the Kibbutz: A Selection of Sources, 1905-1929*, Merhavia 1995, S. 99.
[13] Daniel Gavron: *The Kibbutz: Awakening from Utopia*, Rowman & Littlefield, Lanham 2000, S. 19.
[14] Joseph Baratz: *A Village by the Jordan*, a.a.O., S. 52.
[15] Henry Near: *The Kibbutz Movement. A History. Volume 1: Origins and Growth, 1909-1939*, Oxford University Press, Oxford 1992, S. 29.
[16] Joseph Baratz, zit. nach Henry Near: *The Kibbutz Movement. A History*, a.a.O., S. 29.
[17] Joseph Baratz: *A Village by the Jordan*, a.a.O., S. 43.
[18] In seinem Artikel aus dem Jahr 1929, „Buying the Emek“, berichtet Ruppin, wie das Jezreel-Tal (Emek Yisrael) für ein Siedlungsprojekt gekauft wurde. Ein beträchtlicher Teil des Landes, darunter das Grundstück in Umm Juni, wurde von abwesenden Großgrundbesitzern gekauft – im Fall Deganias war es die Familie Sursuk in Beirut. Tatsächlich war der größte Teil des Landes kein Privatbesitz, und öffentliche Ländereien wurden üblicherweise nicht an Juden verkauft. Zusätzlich zum Verkaufspreis bezahlten die Siedler*innen oft astronomisch hohe Summen an die Pächter, die bisher das Land bebaut hatten. Für die zionistischen Behörden war das weniger wichtig, aber die Notwendigkeit der Aufrechterhaltung guter Beziehungen zu den arabischen Landarbeiter*innen als Begründung für diese Zahlungen wird in der frühen Literatur zu den Kibbuzim immer wieder besonders hervorgehoben, vor allem in den Berichten von A.D. Gordon.
[19] Avraham Yassour: „Introduction. Chapters in the History of the Kvutza and Kibbutz“, in: Avraham Yassour (Hg.): *The History of the Kibbutz: A Selection of Sources, 1905-1929*, Merhavia 1995, S. 12.
[20] Zit. nach: „Degania, the Mother of the Kibbutzim, is 90 Years Old“, in: Website *Communa*, siehe: http://www.communa.org.il/dgania.htm , 20. August 2006.
[21] Ebenda, a.a.O.
[22] Zit. nach: „Way of Life“, in: Website *Degania*, siehe: http://www.degania.org.il/eng/life3.htm , 7. September 2006.
[23] Ebenda, a.a.O.
[24] Christopher Warhurst: *Between Market, State and Kibbutz: The Management and Transformation of Socialist Industry*, Mansell, London 1999, S. 57.
[25] Jischuw heißt wörtlich: „Siedlung“. Es ist zugleich eine Abkürzung für *Hayishuv Hayehudi b'Eretz Yisrael* („Die jüdischen Siedlung im Lande Israel). Der Begriff wird allgemein benutzt für die Zeit der jüdischen Gemeinschaft in Palästina vor 1948.
[26] Walter Laqueur berichtet, dass es in dieser frühen Experimentierphase sogar eine Tendenz gab, eher dogmatisch am Beispiel von Degania festzuhalten. So war etwa die Tatsache, dass in Degania zwölf Menschen lebten, rein zufällig, aber für die Gruppen, welche die landwirtschaftlichen Kollektivhöfe, die darauf folgten, gründeten, wurde

diese Gruppengröße zu einer Art ideologischem Imperativ. Während dieser Phase war selbst Degania noch in einer Entwicklung begriffen und suchte sich in gewisser Weise noch selbst. Frühe Tendenzen, dass keines seiner Mitglieder in den ersten fünf Jahren heiraten sollte, wurden zum Beispiel erst nach der Geburt des ersten Kindes zurückgedrängt. Dieses wiederum führte zur ersten ideologischen Krise: Sollte die Mutter ihr Kind aufziehen oder sollte es in die Fürsorge einer anderen Person gegeben werden? Sollten Kinder mit ihrer Familie zusammenleben oder sollten sie in getrennten Unterkünften leben? Sollten Frauen in allen landwirtschaftlichen Bereichen arbeiten – oder war ihr Platz in der Küche und in der Wäscherei? Waren die Kinder „privates Eigentum" oder gehörten sie der Gemeinschaft? Schon in der damaligen Phase machten die Mitglieder von Degania bei diesen Fragen eine Reihe von Kompromissen, doch trotzdem fungierte ihre Siedlung wie eine Art Modell für alle nachfolgenden Siedlungen.

27 Christopher Warhurst: *Between Market, State and Kibbutz: The Management and Transformation of Socialist Industry*, a.a.O., S. 57.

28 Ebenda, a.a.O.

29 Avraham Yassour: „Introduction. Chapters in the History of the Kvutza and Kibbutz", a.a.O., S. 13.

30 Avraham Yassour: „Socialist Communal Ideas as Inspiration for the Inception of the Kvutza", in: Avraham Yassour (Hg.): *In a Kibbutz Commune (A Collection of Papers)*, University of Haifa, Haifa o.J., S. 8.

31 Avraham Yassour: „Introduction. Chapters in the History of the Kvutza and Kibbutz", a.a.O., S. 8.

32 Ebenda, a.a.O.

33 Nachman Syrkin: „Cooperative Settlement and Ahva (Brüderlichkeit)", a.a.O., S. 98.

Kapitel II
Diggers und Traumtänzer
Die Weltanschauung der zweiten Alija

1 Martin Buber: *Pfade in Utopia*, Verlag Lambert/Schneider, Heidelberg 1950, S. 222.

2 Zit. nach Bowes, in: Christopher Warhurst: *Between Market, State and Kibbutz: The Management and Transformation of Socialist Industry*, a.a.O., S. 65.

3 Martin Buber: *Pfade in Utopia*, a.a.O., S. 222.

4 J. Baratz, zit. nach: Avraham Yassour: „Socialist Communal Ideas as Inspiration for the Inception of the Kvutza", in: Avraham Yassour (Hg.): *In a Kibbutz Commune (A Collection of Papers)*, University of Haifa, Haifa o.J., S. 6.

5 J. Baratz, zit. nach: Henry Near: *The Kibbutz Movement. A History. Volume 1: Origins and Growth, 1909-1939*, Oxford University Press, Oxford 1992, S. 28.

6 Miriam Baratz, zit. nach: Avraham Yassour: „Socialist Communal Ideas as Inspiration for the Inception of the Kvutza", a.a.O., S. 6.

7 Avraham Yassour: „Introduction. Chapters in the History of the Kvutza and Kibbutz", in: Avraham Yassour (Hg.): *The History of the Kibbutz: A Selection of Sources, 1905-1929*, Merhavia 1995, S. 10.
8 Henry Near: *The Kibbutz Movement. A History. Volume 1: Origins and Growth, 1909-1939*, a.a.O., S. 13.
9 Martin Buber: *Pfade in Utopia*, a.a.O., S. 223.
10 Christopher Warhurst: *Between Market, State and Kibbutz: The Management and Transformation of Socialist Industry*, a.a.O., S. 66.
11 Ebenda.
12 Joseph Baratz: *A Village by the Jordan*, The Harvill Press, London 1952, S. 79.
13 Ebenda.
14 A.D. Gordon: „Thoughts and Letters", in: Avraham Yassour (Hg.): *The History of the Kibbutz: A Selection of Sources, 1905-1929*, a.a.O., S. 143.
15 A.D. Gordon: „Man and Nature", in ders.: *Selected Essays*, League for Labour Palestine, New York 1938, S. 205.
16 Christopher Warhurst: *Between Market, State and Kibbutz: The Management and Transformation of Socialist Industry*, a.a.O., S. 132.
17 Leo Tolstoi, zit. nach George Woodcock: *Anarchism*, Pelican Books, Aylesbury 1963, S. 215.
18 Walter Laqueur: *A History of Zionism*, Schocken Books, New York 2003, S. 285.
19 Joseph Baratz: *A Village by the Jordan*, a.a.O., S. 82.
20 Zeev Sternhell: *The Founding Myths of Israel: Nationalism, Socialism, and the Making of the Jewish State*, Princeton University Press, Princeton 1998, S. 3.
21 Ebenda, a.a.O., S. 60.
22 Eliezer Schweid, zit. in: Zeev Sternhell, a.a.O., S. 57.
23 Eliezer Schweid, zit. in: Zeev Sternhell, ebenda, a.a.O.
24 Zeev Sternhell, ebenda, a.a.O.
25 In seiner 1973 erschienenen Biographie: *Prophet of Community: The Romantic Socialism of Gustav Landauer* (University of California Press, Berkeley 1973) veröffentlichte Eugene Lunn eine ausgezeichnete Analyse der Ideengeschichte des linken Flügels des völkischen Romantizismus. Das war ein Versuch, die Unangemessenheit hervorzuheben, mit der völkische Thematiken ausschließlich in Begriffen der heute verbreiteten Ineinssetzung mit dem „Nazismus" verstanden werden. Lunn unterstreicht die Unrichtigkeit der Annahme, dass der romantische, völkische Nationalismus von Herder keine andere ideologische Nachfolge haben könnte als die proto-faschistische und ausländerfeindliche Sichtweise von Denkern des integralen Nationalismus. Lunn argumentiert, dass diese simplifizierende und teleologische Sicht auf die völkischen Strömungen der europäischen Romantik, die den politischen Romantizismus nur nur im Hinblick auf eine lineare Entwicklung hin zum Faschismus wahrnimmt, verantwortlich ist für die Tendenz von Historiker*innen, die linksradikale Strömung des völkischen Romantizis-

mus zu übersehen, die von Denkern wie Landauer geprägt wurde.

26 Michael Tildesley: *No Heavenly Delusion: A Comparative Study of Three Communal Movements*, Liverpool University Press, Liverpool 2003, S. 48.

27 Hune E. Margulies: „Dialogue and Urbanism: On Buber, Naess, Spinoza and the Question of Diversity“, in: *The Martin Buber Homepage*, siehe: http://buber.de/material/urban .

28 A.D. Gordon: „Thoughts and Letters“, in: Avraham Yassour (Hg.): *The History of the Kibbutz: A Selection of Sources, 1905-1929*, a.a.O., S. 143.

29 Ruth Link-Salinger: *Gustav Landauer: Philosopher of Utopia*, Hackett, New York 1977, S. 44.

30 Avraham Yassour: „The Survival of Social Models“, in: Avraham Yassour: *In a Kibbutz Commune (A Collection of Papers)*, University of Haifa, Haifa o.J., S. 4f.

31 Ebenda, a.a.O., S. 5.

32 Franz Oppenheimer, zit. nach: Ruth Link-Salinger: *Gustav Landauer: Philosopher of Utopia*, a.a.O., S. 43; A.d.Ü.: hier übersetzt nach dem Vorwort der 2. engl. Ausgabe 1922.

33 Ruth Link-Salinger: *Gustav Landauer: Philosopher of Utopia*, a.a.O., S. 43.

34 Avraham Yassour: „The Survival of Social Models“, a.a.O., S. 5.

35 Franz Oppenheimer, zit. nach: Avraham Yassour: „Socialist Communal Ideas as Inspiration for the Inception of the Kvutza“, in: Avraham Yassour (Hg.): *In a Kibbutz Commune (A Collection of Papers)*, University of Haifa, Haifa o.J., S. 9.

36 Avraham Yassour: „Socialist Communal Ideas as Inspiration for the Inception of the Kvutza“, ebenda, a.a.O., S. 9.

37 Avraham Yassour: „The Survival of Social Models“, a.a.O., S. 5.

38 Joseph Bussel, zit. nach: Avraham Yassour: „The Survival of Social Models“, a.a.O., S. 5.

39 Avraham Yassour: „The Survival of Social Models“, a.a.O., S. 5.

40 Josef Trumpeldor, zit. nach: Yaacov Oved: „Anarchism in the Kibbutz Movement“, in: *The Anarchist Communitarian Network*, siehe: http://www.anarchistcommunitarian.net/articles/kibbutz/kibbtrend.shtml, 16. Januar 2005.

41 Avraham Yassour: „Editor's note to Josef Trumpeldor: ‚Letters and Program'“, in ders. (Hg.): *The History of the Kibbutz: A Selection of Sources, 1905-1929*, Merhavia 1995, S. 47.

42 Josef Trumpeldor: „Letters and Program“, in ders. (Hg.): *The History of the Kibbutz: A Selection of Sources, 1905-1929*, a.a.O., S. 62.

43 Josef Trumpeldor, ebenda, a.a.O., S. 52.

44 Josef Trumpeldor, ebenda, a.a.O.

45 Josef Trumpeldor, ebenda, a.a.O.

46 Josel Trumpeldor, ebenda, a.a.O., S. 53f.

47 Avraham Yassour: „Editor's note to Josef Trumpeldor: ‚Letters and Program'“, in

ders. (Hg.): *The History of the Kibbutz: A Selection of Sources, 1905-1929*, Merhavia 1995, S. 48.

[48] Josef Trumpeldor: „Letters and Program", a.a.O., S. 59.

[49] Ebenda, a.a.O., S. 58.

[50] Henry Near: *The Kibbutz Movement. A History. Volume 1: Origins and Growth, 1909-1939*, a.a.O., S. 57.

[51] Gustavo Estava, zit. nach B. Templer: „From Mutual Struggle to Mutual Aid: Moving Beyond the State Impasse in Israel/Palestine", in: *Borderlands E-Journal*, siehe: http://www.borderlandsejournal.adelaide.edu.au/vol2no3_2003/templer_impasse.htm, 20. Februar 2005.

[52] Joseph Blasi: *The Communal Experience of the Kibbutz*, Transaction Inc., New Brunswick, New Jersey 1986, S. 22.

[53] Avraham Yassour: „Maintaining Equality in a Kibbutz Commune", in: Avraham Yassour (Hg.): *In a Kibbutz Commune (A Collection of Papers)*, University of Haifa, Haifa o.J., S. 16.

[54] Vgl. „Discussions in the General Assembly at Kibbutz Degania / From the Meeting Minutes", in: Avraham Yassour (Hg.): *The History of the Kibbutz: A Selection of Sources, 1905-1929*, Merhavia 1995, S. 108-112.

[55] Yaacov Oved: „Anarchism in the Kibbutz Movement", in: *The Anarchist Communitarian Network*, siehe: http://www.anarchistcommunitarian.net/articles/kibbutz/kibbtrend.shtml, 16. Januar 2005.

Kapitel III

Die Revolution verwirklichen!
Innenansichten der Pionier-Gruppen aus der dritten Alija

[1] Vgl. Michael Tyldesley: *No Heavenly Delusion: A Comparative Study of Three Communal Movements*, Liverpool University Press, Liverpool 2003, S. 51; *Habonim* ist nicht zu verwechseln mit *Habonim Dror* (Bauleute der Freiheit; siehe Kapitel V), die erst entstand, als *Habonim* und *Dror* im Jahre 1982 als Organisationen fusionierten.

[2] Yaacov Oved: „Anarchism in the Kibbutz Movement", in: *The Anarchist Communitarian Network*, siehe: http://www.anarchistcommunitarian.net/articles/kibbutz/kibbtrend.shtml, 16. Januar 2005.

[3] Avraham Yassour: „Introduction. Chapters in the History of the Kvutza and Kibbutz", in: Avraham Yassour (Hg.): *The History of the Kibbutz: A Selection of Sources, 1905-1929*, Merhavia 1995, S. 21.

[4] Yaacov Oved: „Anarchism in the Kibbutz Movement", a.a.O.

[5] Michael Löwy: *Redemption and Utopia: Jewish Libertarian Thought in Central Europe. A Study in Elective Affinity*, The Athlone Press, London 1992, S. 128; dt. Ausgabe: *Erlösung und Utopie. Jüdischer Messianismus und libertäres Denken – eine Wahlver-*

wandtschaft, Karin Kramer Verlag, Berlin 1997; hier zitiert nach der englischen Originalausgabe.

[6] Martin Buber: *Pfade in Utopia*, Verlag Lambert/Schneider, Heidelberg 1950, S. 39.

[7] Gustav Landauer, zit. nach Michael Löwy: *Redemption and Utopia*, a.a.O., S. 134

[8] Gustav Landauer, zit. nach ebenda, a.a.O.

[9] Vgl. Eugene Lunn: *Prophet of Community: The Romantic Socialism of Gustav Landauer*, University of California Press, Berkeley 1973, S. 271f.

[10] Ruth Link-Salinger, zit. nach Avraham Yassour (Hg.): *Gustav Landauer on Communal Settlement an Its Industrialization: An Exchange of Letters between Gustav Landauer and Nachum Goldman*, University of Haifa, Haifa ca. 1995, S. 21.

[11] Ebenda, a.a.O.

[12] Ruth Link-Salinger, ebenda, a.a.O., S. 21f.

[13] Nachum Goldman 1919, zit. im Anhang dieses Buches. Zur Zeit der Abfassung des Briefes war unklar, welche Gruppen genau an der Konferenz teilnehmen sollten. Als eine der wenigen, 1919 bestehenden internationalen Organisationen war höchstwahrscheinlich *Po'alei Zion* (Arbeiter Zions) beteiligt. Wenn das der Fall war, zeigt dieser Kommentar, dass, obwohl Po'alei Zion als marxistische Organisation eingeordnet wurde, dies nicht immer zutreffend gewesen sein mag.

[14] Ruth Link-Salinger: *Gustav Landauer: Philosopher of Utopia*, Hackett, New York 1977, S. 53. A.d.Ü.: Vgl. Theodor Hertzka: *Freiland. Ein soziales Zukunftsbild*, erstv. 1890, hier Taschenbuch, Edition Holzinger, Berlin 2017.

[15] Martin Buber, zit. nach Yaacov Oved: „Anarchism in the Kibbutz Movement", in: *The Anarchist Communitarian Network*, siehe: http://www.anarchistcommunitarian.net/articles/kibbutz/kibbtrend.shtml, 16. Januar 2005.

[16] All diese Gruppen kamen in Palästina mit einem gewissen Grundwissen über Landauers Ideen an, aber in Hashomer Hatzair war dieses Wissen am systematischsten vermittelt worden. Es gab noch eine Ausnahme bei dieser Wertung: *Die Werkleute*, deren Mitglieder später den Kibbuz *Hazorea* (Der Sämann) im Jezreel-Tal (Tal der Saat Gottes) errichten sollten. Die Werkleute hatten sich 1932 gegründet und standen Martin Buber sehr nahe. Es ist anzunehmen, dass Buber ihnen die Ideen Landauers vermittelt hat. Aber im Jahre 1938 trat die Gruppe, die damals bereits zwei Kibbuzim in Palästina betrieb, der Hashomer Hatzair bei, was Buber schockierte. Denn zu dieser Zeit war Hashomer Hatzair zu einer explizit marxistischen Organisation geworden, was Bubers religiös-sozialistischer Anschauung völlig widersprach.

[17] Im Jahre 1915 sollten die übrig gebliebenen Nachfolger*innen von Ze'irei Zion eine separate Gruppe gründen, *Dror* (Freiheit), die von den Lehren der russischen Narodniki des 19. Jahrhunderts beeinflusst waren.

[18] Gershom Scholem, hier übersetzt nach seinem englischen Text in: Yaacov Oved: „Anarchism in the Kibbutz Movement", in: *The Anarchist Communitarian Net-*

work, siehe: http://www.anarchistcommunitarian.net/articles/kibbutz/kibbtrend.shtml, 16. Januar 2005.

19 Manes Sperber, zit. nach: Michael Löwy: *Redemption and Utopia. Jewish Liberation Thought in Central Europe*, The Athlone Press, London 1992, S. 165 ; dt. Ausgabe: Michael Löwy: *Erlösung und Utopie. Jüdischer Messianismus und libertäres Denken – eine Wahlverwandtschaft*, Karin Kramer Verlag, Berlin 1997.

20 Avraham Yassour: „Introduction. Chapters in the History of the Kvutza and Kibbutz", in: Avraham Yassour (Hg.): *The History of the Kibbutz: A Selection of Sources, 1905-1929*, Merhavia 1995, S. 21.

21 Meir Yaari, zit. nach Yaacov Oved, a.a.O.

22 Meir Yaari, zit. nach Yaacov Oved, a.a.O.

23 Manes Sperber, zit. nach: Michael Löwy: *Redemption and Utopia. Jewish Liberation Thought in Central Europe*, a.aO., S. 165.

24 Avraham Yassour: „Introduction. Chapters in the History of the Kvutza and Kibbutz", in: Avraham Yassour (Hg.): The History of the Kibbutz: A Selection of Sources, 1905-1929, a.a.O., S. 22.

(25): Siehe das Kapitel „The Betanya Commune: Selections from Diaries", in: Avraham Yassour (Hg.): *The History of the Kibbutz: A Selection of Sources, 1905-1929*, Merhavia 1995, S. 119.

26 Avraham Yassour: „Introduction. Chapters in the History of the Kvutza and Kibbutz", in: Avraham Yassour (Hg.): *The History of the Kibbutz: A Selection of Sources, 1905-1929*, a.a.O., S. 21.

27 Gustav Landauer, zit. nach Erhard Doubrawa: „The Politics of the I-Thou, Martin Buber, the Anarchist", in: Erhard Doubrawa: *Gestalt Therapy – Martin Buber, the Anarchist*, siehe: http://ourworld.compuserve.com/homepages/gik_gestalt/doubrawa.html#text , 16. März 2005.

28 Vielleicht ist es von Interesse, eine Passage aus dem Tagebuch von Moshe zu zitieren, der darin die Gründe anführt, weshalb er nach Palästina ging: „Während der November-Revolution in Wien war ich unter den jungen Anarchisten, denen ich schon einige Jahre früher beigetreten war. Während dieser Zeit träumten wir von wirklich revolutionären Aktionen. Als die kommunistische Bewegung der Spartakisten in München zur Tat schritt, war ich unter denen, die dorthin gingen, um aktiv zur Durchführung der Revolution beizutragen. Die Revolte war aber nicht erfolgreich und ich fiel mit den Anderen in Feindeshand. Im Gefängnis dachte ich nach, grübelte und hinterfragte viele Dinge. Ich suchte nach einem Projekt, das zugleich große geistige Stärke sowie die praktische Aktion erforderte und konkrete Erfolge versprach. Aber das gab es nicht. Es war da nur ein tragisches Durcheinander, das jeder Vernunft entbehrte. Oh du Menschheit! Hier gehst du hinaus in Massen, unter der Fahne der Revolution. Du stellst Forderungen auf, wirst zunehmend begeistert, sehnst dich nach Reinheit, Schönheit und Heiligkeit im Leben. Aber was sind die wirklichen

Wünsche dieser Massen? Wer weiß das schon? Werden sie nicht bei der ersten Gelegenheit die Seelen der Suchenden betrügen? Ganz allgemein hatten sich die Massen auf den Straßen die gesamte Revolution erst ausgedacht; es war ein sporadischer Aufstand... Die spirituelle Erzählung begann mit einer Genesis. Die Sehnsucht nach einer kreativen, authentischen, unabhängigen und greifbaren Tat wurde erneuert. Die Dinge wurden langsam klar. Nur was du selbst in deiner eigenen Lebenszeit verwirklichen kannst, wird erfolgreich sein. Bleibe dir treu – und betrüge dich niemals selbst. Die Erinnerung an das Land Israel kam mir in den Sinn. Dieser Plan war einfach und in sich schlüssig."

29 Zvi Schatz: „Letters, Diary, Notes and Essays", in: Avraham Yassour (Hg.): *The History of the Kibbutz: A Selection of Sources, 1905-1929*, a.a.O., S. 91.

30 Siehe das Kapitel „The Betanya Commune: Selections from Diaries", in: Avraham Yassour (Hg.): *The History of the Kibbutz: A Selection of Sources, 1905-1929*, a.a.O., S. 124.

31 Ebenda, a.a.O., S. 121.

32 Ebenda, a.a.O., S. 121.

33 Meir Yaari: „Two Essays on Hashomer Hatzair", in: Avraham Yassour (Hg.): *The History of the Kibbutz: A Selection of Sources, 1905-1929*, a.a.O., S. 166.

34 Ebenda, a.a.O., S. 166.

35 Vgl. „The Program of the National Kibbutz Movement of the Young Guard", in: Avraham Yassour (Hg.): *The History of the Kibbutz: A Selection of Sources, 1905-1929*, a.a.O., S. 192.

36 Henry Near: *The Kibbutz Movement. A History. Volume 1: Origins and Growth, 1909-1939*, Oxford University Press, Oxford 1992, S. 152.

37 Kibbuznik Merron, zit. nach: Michael Tyldesley: *No Heavenly Delusion: A Comparative Study of Three Communal Movements*, Liverpool University Press, Liverpool 2003, S. 129.

38 Vgl. „The Program of the National Kibbutz Movement of the Young Guard", in: Avraham Yassour (Hg.): *The History of the Kibbutz: A Selection of Sources, 1905-1929*, a.a.O., S. 192.

39 Yaacov Oved: „Anarchism in the Kibbutz Movement", in: *The Anarchist Communitarian Network*, siehe: http://www.anarchistcommunitarian.net/articles/kibbutz/kibbtrend.shtml, 16. Januar 2005.

40 Ebenda, a.a.O.

41 Persönliches Gespräch des Autors James Horrox mit Menachem Rosmer, Juni 2006. Vgl. dazu ebenfalls: Michael Tyldesley: *No Heavenly Delusion: A Comparative Study of Three Communal Movements*, Liverpool University Press, Liverpool 2003.

42 Shlomo Avineri: *Arlosoroff*, Peter Halban Publishers, London 1989, S. 9.

43 Ruth Link-Salinger: *Gustav Landauer: Philosopher of Utopia*, Hackett, New York 1977, S. 73.

[44] Chaim Arlosoroff, zit. nach: Shlomo Avineri: *Gustav Landauer: Philosopher of Utopia*, a.a.O., S. 104.
[45] Chaim Arolsoroff, zit. nach Shlomo Avineri, ebenda, a.a.O.
[46] Chaim Arolsoroff, zit. nach Shlomo Avineri, ebenda, a.a.O.
[47] Chaim Arolsoroff, zit. nach Shlomo Avineri, ebenda, a.a.O.
[48] Chaim Arolsoroff, zit. nach Shlomo Avineri, ebenda, a.a.O., S. 105.
[49] Jason Schulman: „The Life and Death of Socialist Zionism", in: Zeitschrift *New Politics*, Nr. 35, New York, Februar 2005, siehe: .
[50] Arlosoroff, zit. nach Jason Schulman, ebenda, a.a.O.
[51] Yosef Aharonovitch, zit. nach Jason Schulman, ebenda, a.a.O.
[52] Chaim Arolsoroff, zit. nach Shlomo Avineri, ebenda, a.a.O., S. 108.
[53] Shlomo Avineri: *Gustav Landauer: Philosopher of Utopia*, a.a.O., S. 107.
[54] Yaacov Oved: „Anarchism in the Kibbutz Movement", in: T*he Anarchist Communitarian Network*, siehe: http://www.anarchistcommunitarian.net/articles/kibbutz/kibbtrend.shtml, 16. Januar 2005, a.a.O.
[55] Sholmo Avineri: *Arlosoroff*, a.a.O., S. 10.
[56] Ebenda, a.a.O. Anmerkung des Übersetzers: Arlosoroff trat in dieser Zeit für den Dialog mit lokalen arabischen Vertretern ein, was ihm die Feindschaft religiöser Zionisten sowie der Rechten unter Jabotinsky einbrachte. 1933 führte er auch Verhandlungen mit den Nazis an der Macht, um es deutschen Juden zu ermöglichen, nach Palästina auszureisen und dabei ihr Vermögen durch Deposition auf ein Bankkonto zu behalten. Beide Verhandlungen brachten Arlosoroff Feindschaften ein. Drei Mitglieder von Jabotinskys Revisionistischer Partei wurden im Mai 1934 für den Mord verurteilt; ganz geklärt ist der Mord jedoch bis heute nicht; es gibt auch Spekulationen über ganz andere Mordmotive.
[57] Zitiert nach: Avraham Yassour: „Socialist Communal Ideas as Inspiration for the Inceptions of the Kvutza", in ders. (Hg.): *In a Kibbutz Commune (A Collection of Papers)*, University of Haifa, Haifa o.J., S. 7.
[58] Zit. nach Yacoov Oved: „Anarchism in the Kibbutz Movement", in: *The Anarchist Communitarian Network*, siehe: http://www.anarchistcommunitarian.net/articles/kibbutz/kibbtrend.shtml, 16. Januar 2005, a.a.O.
[59] Yitzhak Tabenkin, zit. nach Oved, ebenda, a.a.O.
[60] Yacoov Oved, ebenda, a.a.O.
[61] Ebenda, a.a.O.
[62] Daniel Gavron: The Kibbuz: *Awakening from Utopia*, Rowman & Littlefield, Lanham 2000, S. 46.
[63] Avraham Yassour: „Introduction. Chapters in the History of the Kvutza and Kibbutz", in: Avraham Yassour (Hg.): *The History of the Kibbutz: A Selection of Sources, 1905-1929*, a.a.O., S. 15.
[64] Avraham Yassour, ebenda, a.a.O., S. 22.

[65] Vgl. „Way of Life“, in: Website *Degania*, September 2006; siehe: http://www.degania.org.il/eng/life.htm , 5. September 2006.

[66] Avraham Yassour: „Prince Kropotkin and the Kibbutz Movement“, in: Avraham Yassour (Hg.): *In a Kibbutz Commune (A Collection of Papers)*, University of Haifa, Haifa o.J., S. 31.

[67] Avraham Yassour, ebenda, a.a.O.

[68] Yacoov Oved: „Anarchism in the Kibbutz Movement“, in: *The Anarchist Communitarian Network*, siehe: http://www.anarchistcommunitarian.net/articles/kibbutz/kibbtrend.shtml, 16. Januar 2005, a.a.O.

[69] Vgl. dazu Edward C. Corrigan: „Jewish Criticism of Zionism“, in: Zeitschrift *Middle East Policy*, Winter 1990-91, Wiley-Blackwell Publishers, Hoboken 1991, S. 94-116.

[70] Petition zitiert nach: Edward C. Corrigan: „Jewish Criticism of Zionism“, a.a.O.

[71] Albert Einstein, zitiert nach: Edward C. Corrigan: „Jewish Criticism of Zionism“, a.a.O.

[72] Vgl. dazu Tony Greenstein: „Zionism: An Antidote to Socialism“, in: Zeitschrift *Movements For Socialism*, Verlag & Ort nicht bek., März 2005.

[73] Yacoov Oved: „Anarchism in the Kibbutz Movement“, in: *The Anarchist Communitarian Network*, siehe: http://www.anarchistcommunitarian.net/articles/kibbutz/kibbtrend.shtml, 16. Januar 2005, a.a.O.

[74] Moshe Goncharok: „The Yiddish anarchist press in Israel“, übersetzt aus dem Französischen ins Englische von Jesse Cohen, vgl. die französische Website *R.A. Forum* (R.A.: Recherches anarchistes; Anarchistische Forschungen), siehe: http://raforum.apine.org/article.php3?ide_article=2368 , 16. März 2005.

[75] Elan Ezrachi: „The Quest for Spirituality amoung Secular Israelis“, in: U. Rebhun, C.I. Waxman (Hg.): *Jews in Israel : Contemporary Social and Cultural Patterns*, Brandeis, New England/USA, 2004, S. 317.

[76] Gad Ufaz: „The Shdemot Circle Members in Search of Jewish Sources“, in: D. Urian, E. Karsh (Hg.): *In Search of Identity : Jewish Aspects of Isreali Culture*, Frank Cash, London 1999, S. 136.

[77] Gad Ufaz, ebenda, S. 136, a.a.O.

[78] Gad Ufaz, ebenda, S. 133.

[79] Gad Ufaz, ebenda, S. 133f.

[80] Gad Ufaz, ebenda, S. 134.

Kapitel IV
Der Kibbuz
Die Dynamiken einer freien Gemeinschaft

[1] Joseph Lanir: *The Kibbutz Movement Survey And Data*, Yad Tabenkin, Tel Aviv 1984, S. 1.

[2] Ebenda, a.a.O.
[3] Zit. nach: „Degania, the Mother of the Kibbutzim, is 90 Years Old“, in: *Communa*, siehe: http://www.communa.org.il/dgania.htm , 20. August 2006.
[4] Zit. nach: Avraham Yassour: „Maintaining Equality in a Kibbutz Commune“, in: Avraham Yassour (Hg.): *In a Kibbutz Commune (A Collection of Papers)*, University of Haifa, Haifa o.J., S. 14.
[5] Christopher Warhurst: *Between Market, State and Kibbutz: The Management and Transformation of Socialist Industry*, Mansell, London 1999, S. 72f.
[6] Vgl. „The Communal Scene in Israel“, in: Website *Communa*, siehe: http://www.communa.org.il/e-israel.htm , 18. September 2006.
[7] Vgl. den Abschnitt „Kibbutzim: Some Facts and Figures“, in: „The Communal Scene in Israel“, in: Website *Communa*, siehe: http://www.communa.org.il/e-israel.htm , 18. September 2006, a.a.O.
[8] Ebenda, a.a.O.
[9] Melford Spiro: „Moral Postulates of Kibbuz Culture“, in: *Economic Democracy: Essays and Research on Workers' Empowerment*, Warner P. Woodworth, Sledgehammer Press, Pittsburgh 2002, S. 13.
[10] Uri Leviatan: „Relevancy of Kibbuz Experience to Society at Large“, in: Yehudit Agasi, Yoel Darom (Hg.): *Alternative Way of Life: The First International Conference on Communal Living (Communes and Kibbutzim)*, Norwood Editions, Norwood 1984, S. 63.
[11] Siehe das Kapitel „The Betanya Commune: Selections from Diaries“, in: Avraham Yassour (Hg.): *The History of the Kibbutz: A Selection of Sources, 1905-1929*, Merhavia 1995, S. 124.
[12] Avraham Yassour: „Editor's note to Josef Trumpeldor: ‚Letters and Program'“, in: ders. (Hg.): *The History of the Kibbutz: A Selection of Sources, 1905-1929*, Merhavia 1995, S. 67f.
[13] Vgl. zu diesen Modellen die Definitionen von A. Allen Butcher, in: Website *Communal Economics*, 2002.
[14] Maurice Pearlman, zit. nach George Woodcock: *The Basis von Communal Living*, Freedom Press, London 1947, S. 23.
[15] Josef Trumpeldor, zit. nach: Christopher Warhurst: *Between Market, State and Kibbutz: The Management and Transformation of Socialist Industry*, a.a.O., S. 68.
[16] Vgl. Protokoll: „A Meeting of Representatives of Kibbutz Groups: From the Meeting Minutes“, in: Avraham Yassour (Hg.): *The History of the Kibbutz: A Selection of Sources, 1905-1929*, a.a.O., S. 211.
[17] Christopher Warhurst: *Between Market, State and Kibbutz: The Management and Transformation of Socialist Industry*, a.a.O., S. 137.
[18] Vgl. Protokoll: „A Meeting of Representatives of Kibbutz Groups: From the Meeting Minutes“, in: Avraham Yassour (Hg.): *The History of the Kibbutz: A Selection of*

Sources, 1905-1929, a.a.O., S. 109.

[19] Ebenda, a.a.O., S. 109.

[20] Christopher Warhurst: *Between Market, State and Kibbutz: The Management and Transformation of Socialist Industry*, a.a.O., S. 86.

[21] Menachem Rosner, zit. nach: Michael Fischer, Brenda Geiger, Hans Toch: *Reform through Community: Resocializing Offenders in the Kibbutz*, Greenwood Press, New York 1991, S. 11.

[22] Michael Fischer, Brenda Geiger, Hans Toch: *Reform through Community: Resocializing Offenders in the Kibbutz*, a.a.O., S. 11.

[23] Christopher Warhurst: *Between Market, State and Kibbutz: The Management and Transformation of Socialist Industry*, a.a.O., S. 236.

[24] Amir Helman: „Use and Division of Income in the Kibbutz", in: Yehudit Agasi, Yoel Darom (Hg.): *Alternative Way of Life: The First International Conference on Communal Living (Communes and Kibbutzim)*, Norwood Editions, Norwood 1984, S. 50.

[25] Christopher Warhurst: *Between Market, State and Kibbutz: The Management and Transformation of Socialist Industry*, a.a.O., S. 98.

[26] Christopher Warhurst, ebenda, a.a.O., S. 134.

[27] Christopher Warhurst, ebenda, a.a.O., S. 134.

[28] Christopher Warhurst, ebenda, a.a.O., S. 134.

[29] Christopher Warhurst, ebenda, a.a.O., S. 137.

[30] Ethnographische Studien der Kibbuzim, die in den Achtzigerjahren durchgeführt wurden, wiesen darauf hin, dass die Industrialisierung weder die Sozialstruktur der Kibbuz-Mitglieder geändert hatte, noch das Bekenntnis der Mitglieder zu den ursprünglichen Idealen. Die Kibbuzim haben bewiesen, dass sie zur Absorbierung der industriellen Entwicklung fähig waren, ohne dass die inhaltlichen Prinzipien der ursprünglichen Konzepte unterminiert worden wären. Interkulturelle Studien zur direkten Demokratie in Industriebetrieben, die in Italien, Österreich, den USA, Jugoslawien und den Kibbuzim der Achtzigerjahre durchgeführt wurden, zeigten auf, dass die Kibbuz-Industrien im Vergleich zur kapitalistischen Industrie die Prinzipien der „Qualität des Arbeitslebens" besser umsetzten als jeder andere untersuchte Industriezweig. Im Ergebnis befand man die Kibbuzim als am stärksten partizipativ mit einer vergleichsweise egalitären Verteilung von Macht und Autorität sowie dem höchsten Niveau an informeller Beteiligung an der Entscheidungsfindung. Das Verhältnis zwischen den Kibbuz-Sekretär*innen und den anderen Arbeiter*innen wurde am stärksten harmonisch bewertet, wobei die Kibbuz-Sekretär*innen am offensten für neue Ideen und Vorschläge waren, gleichzeitig auch am ehesten dahin tendierten, ihrer jeweiligen Arbeitsgruppe zu helfen und sie zu unterstützen. Vgl. A.S. Tannenbaum, B. Kaucic, M. Rosner, M. Vianello, G. Wieser: *Hierarchy in Organization: An International Comparison*, 1974; sowie A.S. Tannenbaum: „Vorwort", in: U. Leviatan, M. Rosner (Hg.): *Work and Organization in Kibbuz Industry*, Norwood Editions, Norwood, S. XIII-XIX.

[31] Christopher Warhurst: *Between Market, State and Kibbutz: The Management and Transformation of Socialist Industry*, a.a.O., S. 134.
[32] Zit. nach: „Degania",in: Website *Communa*, siehe: http://www.communa.org.il/dgania.htm , 26. August 2006.
[33] Christopher Warhurst: *Between Market, State and Kibbutz: The Management and Transformation of Socialist Industry*, a.a.O., S. 137.
[34] Ebenda, a.a.O., S. 137.
[35] Melford Spiro: „Moral Postulates of Kibbuz Culture", in: *Economic Democracy: Essays and Research on Workers' Empowerment*, a.a.O., S. 138.
[36] Amir Helman: „Use and Division of Income in the Kibbutz", in: Yehudit Agasi, Yoel Darom (Hg.): *Alternative Way of Life: The First International Conference on Communal Living (Communes and Kibbutzim)*, a.a.O., S. 46.
[37] Amir Helman, ebenda, a.a.O., S. 46.
[38] Amir Helman, ebenda, a.a.O., S. 46.
[39] Christopher Warhurst: *Between Market, State and Kibbutz: The Management and Transformation of Socialist Industry*, a.a.O., S. 73.
[40] Der wichtigste Unterschied zwischen Marx und Kroptokin ist der, dass nach Marx jedes politische und soziale System direkt durch dessen ökonomische Basis bestimmt war, während Kropotkin Basis und Überbau als sich gegenseitig beeinflussend, d.h. als ein symbiotisches, interdependentes Verhältnis betrachtete.
[41] Peter Kropotkin: „Anarchist Communism", in: Roger N. Baldwin (ed.): *Anarchism: A Collection of Revolutionary Writings*, Dover Publications Inc., New York 2002, S. 52.
[42] Avraham Pavin: „The Governmental System et the Kibbuz", in: Uriel Leviatan, Hugh Oliver, Jack Quarter (Hg.): Crisis in the Kibbuz. Meeting the Challenge of Changing Times, Praeger, London 1990, S. 100.
[43] Melford Spiro: „Moral Postulates of Kibbuz Culture", in: *Economic Democracy: Essays and Research on Workers' Empowerment,* Warner P. Woodworth, Sledgehammer Press, Pittsburgh 2002, S. 142.
[44] Vgl.: „Draft for Kvutza Constitution", in: Avraham Yassour (Hg.): *The History of the Kibbutz: A Selection of Sources, 1905-1929*, Merhavia 1995, S. 181.
[45] Zit. nach: „Way of Life", in: Website *Degania*, siehe: http://www.degania.org.il/eng/life3.htm , 7. September 2006, a.a.O.
[46] George Woodcock: *The Basis von Communal Living*, a.a.O., S. 22f.
[47] Josef Blasi: *The Communal Experience of the Kibbutz*, Transaction Inc., New Brunswick, New Jersey 1986, S. 105f.
[48] Josef Blasi, ebenda, a.a.O., S. 100.
[49] Avraham Yassour: „Laws and Legalism in Kibbutz (Abstract)", in: Avraham Yassour (Hg.): *International Conference: Kibbutz and Communes, Past and Future, Abstracts of the Lectures*, Yad Tabenkin, Tel Aviv 1985, S. 28.
[50] J.F.H., zit. nach: George Woodcock: *The Basis von Communal Living*, a.a.O., S. 22f.

51 Avraham Yassour: „Laws and Legalism in Kibbutz (Abstract)“, a.a.O., S. 28.
52 Josef Blasi: *The Communal Experience of the Kibbutz*, a.a.O., S. 143.
53 Menachem Rosner, zit. nach: Michael Fischer, Brenda Geiger, Hans Toch: *Reform through Community: Resocializing Offenders in the Kibbutz*, a.a.O., S. 12.
54 Daniel Katz, zit. nach: Michael Fischer, Brenda Geiger, Hans Toch, ebenda, a.a.O., S.12.
55 Vgl. Protokoll: „Discussions in the General Assembly at Degania: Excerpts from the Meeting Minutes“, in: Avraham Yassour (Hg.): *The History of the Kibbutz: A Selection of Sources, 1905-1929*, a.a.O., S. 108.
56 Das war nicht in jedem Kibbuzim der Fall. In Degania zum Beispiel lebten die Kinder immer mit ihren Eltern zusammen.
57 George Woodcock: *The Basis von Communal Living*, a.a.O., S. 23f.
58 Dorit Friedman, zit. nach Peg Lopata: „Mothering: The Infant Daycare Experiment“, siehe: *findarticles.com*, Winter 1993; http://findarticles.com/p/articles/mi_m0838/is_n69/ai_14658169 , 30. Juni 2007.
59 Peg Lopata: „Mothering: The Infant Daycare Experiment“, ebenda, a.a.O.
60 Zit. nach: „Degania, the Mother of the Kibbutzim, is 90 Years Old“, in: Website *Communa*, siehe: http://www.communa.org.il/dgania.htm , 20. August 2006.
61 Vgl. Michael Tyldesley: *No Heavenly Delusion: : A Comparative Study of Three Communal Movements*, Liverpool University Press, Liverpool 2003.
62 Zit. nach Protokoll: „A meeting of Representatives of Kibbutz Groups: From the Meeting Minutes, in: Avraham Yassour (Hg.): *The History of the Kibbutz: A Selection of Sources, 1905-1929*, a.a.O., S. 207.
63 Zit. nach: „Draft for Kvutza Constitution“, in: Avraham Yassour (Hg.): *The History of the Kibbutz: A Selection of Sources, 1905-1929*, a.a.O., S. 180.
64 Martin Buber: *Pfade in Utopia*, Verlag Lambert & Schneider, Heidelberg 1950, S. 229f.
65 Martin Buber, ebenda, a.a.O., S. 74f.
66 Christopher Warhurst: *Between Market, State and Kibbutz: The Management and Transformation of Socialist Industry*, a.a.O., S. 70.
67 Giora Manor: „The Kibbutz: Caught Between Isms“, in: *The Anarchist Communitarian Network*, siehe: http://anarchistcommunitarian.net/articles/kibbutz/kcbisms.shtml, 16. Januar 2005.
68 Die Organisationen der *Histadrut* und der *Hashomer Hatzair* verwalteten die Buchverlage *Am Oved* und *Sifriat Poalim*, die zusammen mehr als 2000 Bücher veröffentlichten. Neben der Zeitung der Histadrut, *Davar* (Gespräch), publizierten auch die wichtigsten sozialistischen Parteien eigene Zeitungen – die der Hashomer Hatzair hieß *Al Hamishmar* (Auf der Hut), die der Ahdut Ha'Avoda hieß *LaMerhav* [Hebräischsprachige Tageszeitung der „Arbeitereinheit“; d.Ü.]. Walter Laqueur kommentiert: „Das war keine geringe Leistung. Selbst größeren und machtvolleren sozialistischen Parteien

wie etwa in Großbritannien und Frankreich gelang es nicht, ihre Tageszeitungen über längere Zeit hinweg aufrechtzuerhalten. Diese Zeitungen waren nur ein weiteres Beispiel für die Entschlossenheit und die Energieleistungen der jüdischen Arbeiterbewegung, die darüber hinaus zum besonderen Lebensstil der Mitglieder und Sympathisierenden ihrer Organisationen gehörten."

[69] Walter Laqueur: *A History of Zionism*, Schocken Books, New York 2003, S. 331.

[70] Giora Manor: „The Kibbutz: Caught Between Isms", in: *The Anarchist Communitarian Network*, ebenda, a.a.O.

[71] Giora Manor, ebenda, a.a.O.

[72] Giora Manor, ebenda, a.a.O.

[73] Giora Manor, ebenda, a.a.O.

[74] Graham Purchase: *Peter Kropotkin: Ecologist, Philosoper and Revolutionary*, Dissertation an der Universität von New South Wales, 10. September 2006, S. 242, siehe: www.library.unsw.edu.au/-thesis/adt-NUN/uploads/approved/adt-NUN20041011.094306/public/01front.pdf .

Kapitel V
Eine neue Kibbuzbewegung?
Der Kibbuz im 21. Jahrhundert

[1] Noam Chomsky: „Eight Questions on Kibbutzim: Answers from Noam Chomsky", in: *Znet Commentary*, 16. März 2005, siehe: http://www.zmag.org/Zdaily/1999-08percent5C24chomsky.htm .

[2] Vgl. Max Nettlau: *Panarchy: A Forgotten Idea of 1860*, dt. 1909, siehe: https://www.panarchy.org/nettlau/1909.de.html .

[3] Joseph Baratz: *A Village by the Jordan*, The Harvill Press, London 1952, S. 101.

[4] Henry Near: *The Kibbutz Movement. A History. Volume 1: Origins and Growth, 1909-1939*, Oxford University Press, Oxford 1992, S. 178.

[5] David Ben-Gurion, zit. nach: Zeev Sternhell: *The Founding Myths of Israel: Nationalism, Socialism, and the Making of the Jewish State*, Princeton University Press, Princeton 1998, S. 205.

[6] David Ben-Gurion, zit. nach: Zeev Sternhell, ebenda, a.a.O.

[7] Zeev Sternhell: *The Founding Myths of Israel: Nationalism, Socialism, and the Making of the Jewish State*, a.a.O., S. 205.

[8] Zeev Sternhell, ebenda, a.a.O.

[9] Zeev Sternhell, ebenda, a.a.O., S. 206.

[10] Zeev Sternhell, ebenda, a.a.O.

[11] Zeev Sternhell, ebenda, a.a.O., S. 207.

[12] Zeev Sternhell, ebenda, a.a.O.

[13] Alfredo Bonnano: *Palestine! Mon Amour*, Elephant Editions, London 2007, S. 9f.

14 Ralph Miliband, Marcel Liebman: *The Israeli Dilemma.*

15 Martin Buber: *Pfade in Utopia*, Verlag Lambert/Schneider, Heidelberg 1950, S. 8.

16 Doreen Ellen Bell-Dotan: „Anarchy in Praxis – Getting off the Ground", 20. Dezember 2007, siehe: http://www.geocities.com/dordot2001/AnarchyPraxis.htm .

17 Assaf Adiv: „Post-Zionist Israel: The rules have changed", in: *Challenge Magazine*, 20. Dezember 2007, siehe: http://www.challengemag.com/en/article_187/post_zionist_israel_the_rules_have_changed .

18 Gershon Shafir, Yoav Peled: *Being Israeli: The Dynamics for Multiple Citizenship*, Cambridge University Press, Cambridge/Boston 2002.

19 Assaf Adiv: „Post-Zionist Israel: The rules have changed", ebenda, a.a.O.

20 Eli Avrahami: „The Changing Kibbuz", 13. August 2006, siehe: http://www.kibbutz.org.il/eng/welcome.htm .

21 Eli Avrahami, ebenda, a.a.O.

22 Eli Avrahami, ebenda, a.a.O.

23 Eli Avrahami, ebenda, a.a.O.

24 Daniel Gavron: *The Kibbutz: Awakening from Utopia*, Rowman & Littlefield, Lanham 2000, S. 209.

25 Eli Avrahami: „The Changing Kibbuz", 13. August 2006, a.a.O.

26 Henry Near: *The Kibbutz Movement. A History. Volume 1: Origins and Growth, 1909-1939*, a.a.O.

27 Eli Avrahami: „The Changing Kibbuz", 13. August 2006, a.a.O.

28 Avraham Yassour: „Laws and Legalism in Kibbutz (Abstract)", in: Avraham Yassour (Hg.): *International Conference: Kibbutz and Communes, Past and Future, Abstracts of the Lectures*, Yad Tabenkin, Tel Aviv 1985, S. 29.

29 Henry Near: *The Kibbutz Movement. A History. Volume 1: Origins and Growth, 1909-1939*, a.a.O.

30 Christopher Warhurst: *Between Market, State and Kibbutz: The Management and Transformation of Socialist Industry*, Mansell, London 1999, S. 72.

31 Daniel Gavron: *The Kibbutz: Awakening from Utopia*, a.a.O., S. 260.

32 Michael Liskin: „Anarchy Rules", in: *Anarchist Communitarian Network*, Februar 2003, siehe: http://www.anarchistcommunitarian.net/articles/kibbutz/index.shtml ; zuerst erschienen in der Zeitschrift The Jerusalem Report, 10. Jg., Nr. 19, 17. Januar 2000.

33 Daniel Gavron: *The Kibbutz: Awakening from Utopia*, a.a.O., S. 272.

34 Daniel Gavron, ebenda, a.a.O., S. 262.

35 Michael Liskin: „Anarchy Rules", ebenda, a.a.O.

36 Daniel Gavron: *The Kibbutz: Awakening from Utopia*, a.a.O., S. 259.

37 Daniel Gavron, ebenda, a.a.O., S. 267.

38 Michael Liskin: „Anarchy Rules", ebenda, a.a.O.

39 James Grant-Rosenhead: „A New Kibbutz Movement", in: *Communa*, 20. August 2006, siehe: http://www.communa.org.il/newkibbutzmvt.htm .

[40] Daniel Gavron: *The Kibbutz: Awakening from Utopia*, a.a.O., S. 247.
[41] Daniel Gavron, ebenda, a.a.O., S. 246.
[42] Daniel Gavron, ebenda, a.a.O.
[43] Daniel Gavron, ebenda, a.a.O., S. 247.
[44] Daniel Gavron, ebenda, a.a.O.
[45] „Kehilla", die Homepage von Tamuz, siehe: http://www.tamuz.org.il/kehilla/ .
[46] James Grant-Rosenhead: „A New Kibbutz Movement", ebenda, a.a.O.
[47] James Grant-Rosenhead, ebenda, a.a.O.
[48] James Grant-Rosenhead, ebenda, a.a.O.
[49] „Ma'agal Hakvutzot" (Kreis aus Gruppen), *Intentional Communities*, siehe Website: http://directory.ic.org/records/?action=view&page=view&record_id=20282 , 6. September 2006.
[50] Am Anfang umfasste Ma'agal Hakvutzot (Kreis aus Gruppen) die meisten der vielfältigen neuen Formen von Gemeinschaftsexperimenten, auch die Gruppen von Tnuat Bogrim und die städtischen Kibbuzim. Die Veränderungen in jüngster Zeit führten zu einer Organisationsstruktur, die eher einen Rahmen für jene Gruppen bildet, die nicht aus der Geschichte der Jugendbewegung kommen, vor allem die städtischen Kibbuzim und die unterschiedlichen anderen unabhängigen Gemeinschaftsgruppen.
[51] Avraham Yassour: *The Withering Away Politics in Buber and Landauer's Utopianism*, Universität von Haifa/Israel, Haifa 1990, S. 10.
[52] Avraham Yassour, ebenda, a.a.O., S. 9.

Kapitel VI
Die Kibbuzbewegung und der israelische Anarchismus
Zeitgenössische Perspektiven

[1] April Rosenblum: *The Past Didn't Go Anywhere: Making Resistance to Anti-Semitism Part of All our Movements*, Selbstverlag 2007, Download über www.thepast.info .
[2] Moshe Goncharok: „The Yiddish anarchist press in Israel", übersetzt aus dem Französischen ins Englische von Jesse Cohen, vgl. die französische Website *R.A. Forum* (R.A.: Recherches anarchistes; Anarchistische Forschungen), siehe: http://raforum.apine.org/article.php3?ide_article=2368 , 16. März 2005.
[3] Moshe Goncharok, ebenda, a.a.O.
[4] Paul Avrich: „Gustav Landauer", in: *The Match!*, Dezember 1974, S. 10.
[5] Uri Gordon: *Anarchy Alive! Antiauthoritarian Politics from Practice to Theory*, Pluto Press, London 2008, S. 140.
[6] Vgl. Website: http://www.taayush.org/ .
[7] Vgl. Website: http://awalls.org/ .
[8] Vgl. Website: http://dukium.org/ .
[9] Vgl. Website: http://www.batshalom.org/ .

[10] Vgl. Website: http://www.nisped.org.il .
[11] Vgl. Website: http://nswas.org .
[12] Vgl. Website: http://newprofile.org/ .
[13] Die folgenden Passagen basieren auf einer Reihe von Interviews mit israelischen Aktivist*innen, die der Autor in Tel Aviv in den Jahren 2006 und 2007 geführt hat.
[14] Uri Gordon in einem Interview mit dem Autor, Dezember 2007.
[15] Daniel Berger: „Anti-Zionist, Revolutionary and Internationalist: Interview with Rudolf (Rudi) Segall", in: *International Viewpoint: News and Analysis from the Fourth International*, siehe: https://internationalviewpoint.org/spip.php?article676 , 3. April 2001.
[16] Christopher Warhurst: *Between Market, State and Kibbutz: The Management and Transformation of Socialist Industry*, Mansell, London 1999, S. 66.
[17] Uri Gordon: *Anarchy Alive! Anti-Authoritarian Politics from Practice to Theory*, Pluto Press, London 2008, S. 140.
[18] Bill Templer: „From Mutual Struggle to Mutual Aid: Moving Beyond the State Impasse in Israel/Palestine", in: *Borderlands E-Journal*, siehe: http://www.borderlandsejournal.adelaide.edu.au/vol2no3_2003/templer_impasse.htm, 20. Februar 2005.
[19] Parecon ist eine Abkürzung für „partizipatorische Ökonomie" – ein ökonomisches System, das vom Aktivisten und politischen Theoretiker Michael Albert sowie dem radikalen Ökonomen Robin Hahnel in den 1980er- und 1990er-Jahren entwickelt worden ist. Es benutzt die partizipatorische Entscheidungsfindung als ein ökonomisches Mittel für Prozesse der Produktion, Konsumption und Ressourcenverteilung in einer Gesellschaft. So wird dieses System als Alternative sowohl für kapitalistische Marktwirtschaften als auch für den zentralistisch geplanten Sozialismus oder eine Planwirtschaft vorgeschlagen. Parecon wird inzwischen weithin als „anarchistische Vision auf ökonomischer Ebene" betrachtet.
[20] Doreen Ellen Bell-Dotan: „Anarchy in Praxis – Getting off the Ground", siehe: http://www.geocities.com/dordot2001/AnarchyPraxis.htm, 20. Dezember 2007.
[21] Vgl. Dan Sieradski: „Rejewvenation: Checking In", in: *Orthodox Anarchist*, siehe: http://orthodoxanarchist.com/2005/10/28rejewvenation-checking-in/ .

Kapitel VII
Schlusswort
(März 2008)

[1] Vgl. Moti Bassok: „Report: Ethiopian immigrants earned half of average salary last year", in: *Haaretz* (Das Land, israelische Tageszeitung), 20. Februar 2008, siehe: http://www.haaretz.com/hasen/spages/845435.html .
[2] Tamar Rotem: „First Kibbutz for Ehiopian immigrants opens in Gedera", in: *Haaretz*, 23. Januar 2008, siehe: http://www.haaretz.com/hasen/spages/947484.html .

[3] Haim Seligman, Muki Tsur, zit. nach: Yaacov Oved: „Anarchism in the Kibbutz Movement“, in: *The Anarchist Communitarian Network*, siehe: http://www.anarchistcommunitarian.net/articles/kibbutz/kibbtrend.shtml, 16. Januar 2005.

Nachwort

Acht Jahre nach dem Erscheinen des Originals (November 2018; übersetzt aus der französischsprachigen Ausgabe von 2017; Éditions de l'éclat)

[1] Anmerkung des Übersetzers: Zu Souchy vgl. Augustin Souchy: *Reisen durch die Kibbuzim*, Trotzdem Verlag, Reutlingen 1984; sowie Augustin Souchy: „Im Lande des Kibbuz – Neue Horizonte“, Kapitel in: Augustin Souchy: *Ein Leben für die Freiheit. Politische Erinnerungen*, Trotzdem Verlag, Reutlingen 1977, S. 188-203.

[2] Anmerkung des Übersetzers: Chomsky hat sich zu diesem Thema aber auch kritisch geäußert, siehe hierzu: Noam Chomsky: *Über Anarchismus. Beiträge aus vier Jahrzehnten*, Verlag Graswurzelrevolution, Heidelberg 2021, S. 42-47.

[3] Anmerkung James Horrox: In seinen jüngsten Interviews bezieht sich Noam Chomsky nur flüchtig auf die Kibbuzim. Dagegen hat er sich mehr zu den antietatistischen Bestrebungen eines „wesentlichen Teils der Kibbuzbewegung [von vor 1948]“ geäußert, etwa über die Organisation *Hashomer Hatzair* (Der junge Wächter), die von einem Palästina geträumt habe, gegründet auf „der jüdisch-arabischen Arbeiter*innenkooperation im Rahmen einer binationalen Gemeinschaft: ohne Staat, ohne jüdischen Staat, einfach als Palästina“. Eine solche Darstellung ist heutzutage zumindest ungewöhnlich, denn die allgemeine Tendenz geht doch in die Richtung, die ersten Kibbuzim als Bausteine des künftigen israelischen Staates zu betrachten – und damit als Komplizen des unilateralen Weges hin zur letztlich unvermeidlichen Enteignung der ortsansässigen Bevölkerung. Zu den Haltungen Chomskys über diese Frage siehe: „A portrait of Chomsky as a young Zionist: Noam Chomsky interviewed by Gabriel Matthew Schivone“ (Ein Portrait Chomskys als junger Zionist. Interview von Gabriel Matthew Schivone mit Noam Chomsky), in: *New Voices*, November 2011.

[4] Anmerkung James Horrox: Vgl. zum Beispiel: „Judith Butler on Hamas, Hezbollah & the Israel Lobby“, in: *Radical Archives*, 28. März 2010, Online-Version. Es ist in diesem Zusammenhang außerdem nützlich, an folgende Erklärung des Autors Michael Neumann zu erinneren, die 2002 im anarchistischen Verlag AK Press veröffentlicht worden ist: „Wenn eine wirkungsvolle Strategie [um den Palästinenser*innen zu unterstützen] impliziert, gewisse Wahrheiten über die Juden und Jüdinnen nicht zu erwähnen, ist mir das egal. Wenn eine solche wirkungsvolle Strategie die Ermutigung eines vernünftigen Antisemitismus impliziert oder einer vernünftigen Feinseligkeit den Juden und Jüdinnen gegenüber, dann ist mir das ebenfalls egal. Und auch wenn das bedeutet, einen hinterhältigen und rassistischen Antisemitismus zu ermutigen (...), dann ist mir das noch

immer egal." Ich habe bisher nichts erkennen können, das mir den Eindruck widerlegt, dass eine solche Sicht in den anarchistischen und linksradikalen Zirkeln der USA und Großbritanniens weithin geteilt wird – und sei es nur stillschweigend –, auch wenn die Angesprochenen das immer wieder pflichtgemäß bestreiten würden.

[5] Anmerkung James Horrox: Vgl. James Horrox: *The New Israeli Socialism: An Ethnographic Study of Israel's Urban Communal Scene* (Doktorarbeit aus 2011). Einen Eindruck von der Entwicklung der städtischen Kommunen bis 2011 verschafft auch der Aufsatz: James Horrox: „City Communes in Israel", in: Zeitschrift *Communal Societies*, 31. Jahrgang, Nr 2, Herbst 2011, S. 21-44.

[6] Anmerkung James Horrox: Vgl. den exzellenten Artikel von David Hirsh „The Corbyn left: the politics of position vs. the politics of reason", veröffentlicht in *Fathom* (Faden), Herbst 2015, siehe: https://fathomjournal.org/the-corbyn-left-the-politics-of-position-and-the-politics-of-reason/ . Der Autor spricht hier von einem „negativen symbolischen Unterfangen, indem sich hauptsächlich damit beschäftigt wird, die eigene Unschuld zur Schau zu stellen." Der Artikel stellt das Aufkommen einer Fraktion der „regressiven Linken" um Jeremy Corbyn in Großbritannien dar, aber der Argumentationsgang von Hirsh könnte genauso gut auf das zeitgenössische anarchistische Milieu angewandt werden. Einen guten Überblick dazu bietet außerdem Michael Maffesolis Buch *The Time of the Tribes : The Decline of Individualism in Mass Society*, SAGE Publications, London 1996.

[7] Anmerkung James Horrox: Anton Marks aus den *Kvutzot Yovel* musste im Jahr 2002 ins Militärgefängnis, weil er während seiner Zeit des Kriegsdienstes den Einsatz im Westjordanland verweigert hatte. Er setzte dabei eine Praxis um, die im israelischen öffentlichen Diskurs von einigen bekannten Persönlichkeiten zu Beginn der Nullerjahre verbreitet wurde. Die Begründung von Marks bezog sich auf den „Brief der kämpfenden Truppen", der im Januar 2002 von 51 Reservist*innen unterzeichnet worden ist. Sie erklärten darin ihre Weigerung, „jenseits der Grenzen von 1967 kämpfen zu wollen, um nicht eine gesamte Bevölkerung zu beherrschen, zu entwürdigen, auszustoßen, auszuhungern." Die Unterzeichnenden des Briefes gründeten die Organisation *Ometz Lesarev* (Mut zur Verweigerung), welche die Kriegsdienstverweigerung aus Gewissensgründen mit einer explizit zionistischen Begründung unterstützte: „Die Verweigerung des Dienstes in den besetzten Gebieten ist Zionismus." Anton Marks erklärte mir in einem Interview: „Ich verübte meinen Militärdienst im Innern der Grenzen Israels, und zwar mit Freude. Für mich ist der Zionismus genau das. Aber ein Krieg, der Siedlerkolonien beschützt, ist kein Zionismus. Mein Gewissen sagte mir, dass ich sowas nicht machen durfte und nicht machen konnte. Es gibt hier augenscheindlich große Fragen hinsichtlich dessen, was Demokratie bedeutet. Und mir ist klar, dass Demokratie nicht nur bedeutet, von Zeit zu Zeit wählen zu gehen. Sie beinhaltet auch Werte. Die Barriere [innerhalb des Westjordanlandes; d.Ü.], die Kontrollposten, die Hauszerstörungen – das ist nicht Demokratie. Und daran teilzunehmen, ebenfalls nicht."

[8] Anmerkung James Horrox: Detaillierte Stellungnahmen zur jüngsten Entwicklung, besonders im Kvutzat Yovel finden sich bei: James Horrox: „The New Kibbutzim“, in: Zeitschrift *Communal Societies*, 32. Jahrgang, Nr. 1, Sommer 2013. Siehe ebenfalls: Yuval Dror: „The New Communal Groups in Israel: Urban Kibboutzim and Groups of Youth Movement Graduates“, in: Michal Palgi, Shulamit Reinharz (Hg.): *One Hundred Years of Kibbutz Life. A Century of Crises and Reinvention*, Tansaction, New Brunswick, New Jersey 2011, S. 315-324.

[9] Anmerkung des Übersetzers: *Eisegetisch* verstanden als Gegenteil von exegetisch, nämlich als subjektive Textinterpretation, welche die Voraussetzungen, Verzerrungen, ja sogar subjektiven Urteile eines Lesers/einer Leserin in einen gegebenen Text einbringt, ja ihm sogar aufdrängt, um sie so ans Licht zu bringen.

LITERATUR

(ergänzt durch deutschsprachige Titel von Übersetzungen; d.Ü.)

Adams, Jason: *Rethinking the Global context: Non-Western Anarchism*, siehe: www.geocities.com/ringfingers/nonwesternweb.html .

Adiv, Assaf: „Post-Zionist Israel: The rules have changed“, in: *Challenge Magazine*, siehe: http://www.challengemag.com/en/article/__187/post_zionist_israel_the_rules_have_changed .

Albert, Michael; Hahnel, Robin: *Looking Forward. Participatory Economics For the Twenty-First Century*, South End Press, Boston 1991.

„Anarchists and Jews: The Story of an Encounter“, in: *The Jewish Studies Newsletter*, Issue 9.009, März 2000: 2. Siehe: http://www.h-net.org/-judaic/newsletter/9-009p2.txt .

Avineri, Shlomo: *Arlosoroff*, Peter Halban Publishers, London 1989.

Avrahami, Eli: „The Changing Kibbutz“, siehe: http://www.kibbuz.org.il/eng/welcome.htm .

Avrich, Paul: „Gustav Landauer“, in: *The Match!*, Dezember 1974.

Baratz, Joseph: *A Village by the Jordan*, The Harvill Press, London 1954.

Bassok, Moti: „Report: Ethiopian immigrants earned half of average salary last year“, in: *Haaretz*, siehe: http://www.haaretz.com/hasen/spages/845435.html .

Beinin, Joel: „Knowing Your Enemy, Knowing Your Ally: The Arabists of Hashomer Hatza'ir (MAPAM)“, in: *Social Text*, Nr. 28/1991, S. 100-121.

Bekken, Jon: „Peter Kropotkin's Anarchist Communism“, siehe: http://flag.blackend.net/liberty/spunk/Spunk065.txt .

Bell-Dotan, Doreen Ellen: „Anarchy in Praxis – Getting off the Ground“, siehe: http://www.geocities.com/dordot2001/AnarchyPraxis.htm .

Berger, Daniel: „Anti-Zionist, Revolutionary and Internationalist: Interview with Rudolf (Rudi) Segall“, in: *International Viewpoint: News and Analysis from the Fourth International*, siehe: http://www.internationalviewpoint.org/article.php3?ide_article=676.

Blasi, Josef: *The Communal Experience of the Kibbutz*, Transaction, New Jersey 1986.

Bonnano, Alfredo: *Palestine! Mon Amour*, Elephant Editions, London 2007.

Breines, Paul: „Germans, Journals and Jews/Madison, Men, Marxism and Mosse: A Tale of Jewish-Leftist Identity Confusion in America“, in: *The New German Critique*, Nr. 20, Sonderausgabe Nr. 2: „Germans and Jews“, Frühling 1980, S. 81-103.

Buber, Martin: „Alte und neue Gemeinschaft“, in: P.R. Mendes-Flohr, P.R.: *Von der Mystik zum Dialog. Martin Bubers geistige Entwicklung bis hin zu ‚Ich und Du'*, Jüdischer Verlag, Königstein 1978, S. 183-188.

Buber Martin: *Pfade in Utopia*, Verlag Lambert/Schneider, Heidelberg 1950.

Butcher, A. Allen: „Communal Economics“, in: *Encyclopedia of Community: From the Village in the Virtual World*, hrsg. von Karen Christenson und David Levinson, Sage Publications, Thousand Oaks, C.A., 2003.

Butler, Judith: „Judith Butler on Hamas, Hezbollah & the Israel Lobby“, in: *Radical Archives*, 28. März 2010, Online-Version.

Chomsky, Noam: „A portrait of Chomsky as a young Zionist: Noam Chomsky interviewed by Gabriel Matthew Schivone“, in: *New Voices*, November 2011.

Chomsky, Noam: „Auszüge aus ‚Eine Anatomie der Macht'“, in: *Chomsky, Noam: Über Anarchismus. Beiträge aus vier Jahrzehnten*, Verlag Graswurzelrevolution, Heidelberg 2021, S. 40-60.

Chomsky, Noam: *Government in the Future*, Seven Stories Press, New York 2005.

Chorbajian, Levon: *Studies in Comparative Genocide*, Palgrave Macmillan, London 1999.

Corrigan, Edward: „Jewish Criticism of Zionism“, in: *La Revue Gauche – Libertarian Communist Analysis and Comment*, 28. August 2006, siehe: http://plawiuk.blogspot.com/2005_07_29_plawiuk_archive.html , 28. August 2006.

Cohn, Jesse: „Anarchy in Yiddish: Famous Jewish Anarchists from Emma Goldman to Noam Chomsky. Lecture on Jewish Anarchism in History“, siehe: http://www.geocities.com/CapitolHill/7404/anarchy_in_yiddish.html .

„Degania“; The Jewish Agency for Israel, Department for Jewish Zionist Education, siehe: http://www.jafi.org.il/education/noar/sites/degania.htm , 20. August 2006.

„Deganya, the Mother of the Kibbutzim, is 90 Years Old“, in: *Communa*, siehe: http://www.communa.org.il/dgania.htm .

Doubrawa, Erhard: „The Politics of the I-Thou, Martin Buber, the Anarchist“, in: Erhard Doubrawa: *Gestalt Therapy – Martin Buber, the Anarchist*, siehe: http://ourworld.compuserve.com/homepages/gik_gestalt/doubrawa.html#text , 16. März 2005.

Dror, Yuval: „The New Communal Groups in Israel: Urban Kibbutzim and Groups of Youth Movement Graduates“, in: Michal Palgi, Shulamit Reinharz (Hg.): *One Hundred Years of Kibbutz Life. A Century of Crises and Reinvention*, Tansaction, New Brunswick, New Jersey 2011, S. 315-324.

Raptis, Nikos: „Eight Questions on Kibbutzim: Answers from Noam Chomsky“, in: *Znet Commentary*, August 1999, siehe: http://www.zmag.org/Zsustainers/Zdaily/1999-08percent5C24chomsky.htm .

Eltzbacher, Paul: *Anarchism: Exponents of the Anarchist Philosophy*; übersetzt von Steven T. Byington, hrsg. von James J. Martin, Chip's Bookshop, Booksellers and Publishers, New York 1970, dt. Original Der Anarchismus, Guttenberg, Berlin 1900.

„The End of the Kibbutz Movement?“, in: *The Raven*, Anarchist Quarterly, Nr. 30, 8. Jahrgang, Nr. 2, Sommer 1995, S. 149.

Elan Ezrachi: „The Quest for Spirituality amoung Secular Israelis“, in: U. Rebhun, C.I. Waxman (Hg.): *Jews in Israel : Contemporary Social and Cultural Patterns*, Brandeis, New England/USA, 2004.

Fischer, Michael; Geiger, Brenda; Toch, Hans: *Reform through Community:*

Resocializing Offenders in the Kibbutz, Greenwood Press, New York 1991.

Frankel, Jonathan: *Jews and Messianism in the Modern Era: Metaphor and Meaning*, Oxford University Press, Oxford 1991.

Gavron, Daniel: *The Kibbutz: Awakening from Utopia*, Rowman & Littlefield, Lanham 2000.

Goncharok, Moshe: „The Yiddish anarchist press in Israel“, übersetzt von Jesse Cohen, in: R.A. Forum, siehe: http://raforum.apinc.org/article.php3?id_article=2368.

Gordon, Aaron David: *Selected Essays*, übersetzt von Francis Bunce, League for Labour Palestine, New York 1938.

Gordon, Uri: „Anarchism and Political Theory: Contemporary Problems“, siehe: http://ephemer.al.cl.cam.ac.uk/~gd216/uri/1.8_-_Nationalism.pdf .

Gordon, Uri: *Anarchy Alive! Anti-Authoritarian Politics from Practice to Theory*, Pluto Press, London 2008.

Grant-Rosenhead, James: „A New Kibbutz Movement“, in: *Communa*, August 2006, siehe: http://www.communa.org.il/newkibbutzmvt.htm , 20. August 2006.

Greenstein, Tony: „Zionism: An Antidote to Socialism“, in: *Movements for Socialism*, März 2005, siehe: http://www.movementsforsocialism.com/archive/Zionism_greenstein.htm , 16. März 2005.

Harris, Neil: „Going against the grain“, in: *Kibbutz Trends*, Nr. 46/Winter 2002, siehe: http://www.habonimdror.org.il/booklet/37.percent20trends .

Helma, Amir: „Use and Division of Income in the Kibbutz“, in: Yehudit Agasi, Yoel Darom (Hg.): *Alternative Way of Life: The First International Conference on Communal Living (Communes and Kibbutzim)*, Norwood Editions, Norwood 1984.

Hirsh, David: „The Corbyn left: the politics of position vs. the politics of reason“, in: *Fathom*, Herbst 2015, siehe: https://fathomjournal.org/the-corbyn-left-the-politics-of-position-and-the-politics-of-reason/ .

Horrox, James: „City Communes in Israel“, in: *Communal Societies*, 31. Jahrgang, Nr 2, Herbst 2011, S. 21-44.

Horrox, James: *The New Israeli Socialism: An Ethnographic Study of Israel's Urban Communal Scene* (Doktorarbeit/Thesis, Liverpool 2011).

Horrox, James: „The New Kibbutzim", in: Zeitschrift *Communal Societies*, 32. Jahrgang, Nr. 1, Sommer 2013.

„Kehilla", siehe: Tamus Homepage, http://www.tamuz.org.il/kehilla/ .

„The Kibbutz Movement", siehe: The International Communal Studies Association, siehe: http://www.ic.org/icsa/kibbutz.html .

Knowles, Rob: „Political Economy from Below: Communitarian Anarchism as a Neglected Discourse in Histories of Economic Thought", in: *Anarchy Archives*, August 2006, siehe: http://dwardmac.pitzer.edu/Anarchist_Archives/Kropotkin/Knowles.html , 28. August 2006.

Kropotkin, Peter: *Anarchism. A Collection of Revolutionary Writings*, hrsg. von Roger N. Baldwin, Dover Publications, New York 2002.

Kropotkin, Peter: *Landwirtschaft, Industrie und Handwerk*, erstv. 1899, hier Karin Kramer Verlag, Berlin 1976.

Kropotkin, Peter: *Die Eroberung des Brotes*, erstv. 1892, Edition Anares und Trotzdem Verlag, Bern/Grafenau 1989.

Kropotkin, Peter: *Gegenseitige Hilfe in der Tier- und Menschenwelt*, erstv. 1902, hier Trotzdem Verlag, Grafenau 2011.

Landauer, Gustav: *Anarchism in Germany and Other Essays*, Barbary Coast Collective, 2004

Landauer, Gustav: *Aufruf zum Sozialismus*, erstv. 1911, hier Verlag Büchse der Pandora, Wetzlar 1978.

Landauer, Gustav: „Schwache Staatsmänner, schwächeres Volk", in: *Der Sozialist*, Berlin, 15. Juni 1910, in: Gustav Landauer: *Antipolitik*. Ausgewählte Schriften, Bd. 3.1. hrsg. von Siegbert Wolf, Verlag Edition AV, Lich 2010, S. 234.

Landauer, Gustav: „Dreißig Sozialistische Thesen", in: *Die Zukunft*, Berlin, 12. Januar 1907, in: Gustav Landauer: *Antipolitik*. Ausgewählte Schriften, Bd. 3.1. hrsg.

von Siegbert Wolf, Verlag Editions AV, Lich 2010, S. 115.

Lanir, Joseph: *The Kibbutz Movement: Survey and Data*, Yad Tabenkin, Tel Aviv 1985.

Laqueur, Walter: *A History of Zionism*, Schocken Books, New York 2003.

Leichman, David; Paz, Idit: *Kibbuz: An Alternative Lifestyle*, Yad Tabenkin, Tel Aviv 1994.

Leviatan, Uriel; Oliver, Hugh; Quarter, Jack (Hg.): *Crisis in the Israeli Kibbutz: Meeting the Challenge of Changing Times*, Praeger, London 1998.

Leviatan, Uriel: „Relevancy of Kibbutz Experience to Society at Large", in: Yehudit Agasi, Yoel Darom (Hg.): *Alternative Way of Life: The First International Conference on Communal Living (Communes and Kibbutzim)*, Norwood Editions, Norwood 1984.

Link-Salinger, Ruth: *Gustav Landauer in Historical Transmission*, American Academy for Jewish Research, New York 1975.

Link-Salinger, Ruth: *Oeuvres Gustav Landauer*, American Academy for Jewish Research, New York 1976.

Link-Salinger, Ruth: *Gustav Landauer: Philosopher of Utopia*, Hackett, New York 1977.

Liskin, Michael: „Anarchy Rules!", in: *The Anarchist Communitarian Network*, siehe: http://www.anarchistcommunitarian.net/articles/kibbutz/index.shtml .

Lockman, Zachary: *Comrades and Enemies: Arab And Jewish Workers In Palestine 1906-1948*, University of California Press, Berkeley 2004.

Lopata, Peg: „Mothering: The Infant Daycare Experiment", in: *findarticles.com*, Winter 1993, siehe: http://findarticles.com/p/articles/kibbutz/index.shtml .

Löwy, Michael: *Redemption and Utopia. Jewish Liberation Thought in Central Europe*, The Athlone Press, London 1992.

Löwy, Michael: *Erlösung und Utopie: Jüdischer Messianismus und libertäres Denken – eine Wahlverwandtschaft*, Karin Kramer Verlag, Berlin 1997.

Löwy, Michael; Sayre, Robert: *Romanticism Against the Tide of Modernity*, übers. von Catherine Porter, Duke University Press, Durham 2001.

Lunn, Eugene: *Prophet of Community: The Romantic Socialism of Gustav Landauer*, University of California Press, Berkeley 1973.

Maffesolis, Michael: *The Time of the Tribes: The Decline of Individualism in Mass Society*, SAGE Publications, London 1996.

Manor, Giora: „The Kibbutz: Caught Between Isms", in: *The Anarchist Community Network*, siehe: http://anarchistcommunitarian.net/articles/kibbutz/kcbisms.shtml .

Margulies, Hune E.: „Dialogue and Urbanism: On Buber, Naess, Spinoza and the Question of Diversity", in: *The Martin Buber Homepage*, siehe: http://buber.de/material/urban.

Marshall, Peter: *Demanding the Impossible: A History of Anarchism*, Harper Collins, London 1992.

Maurer, Charles B.: *Call to Revolution: The Mystical Anarchism of Gustav Landauer*, Wayne State University Press, Detroit 1971.

Melnyk, George: *The Search for Community: From Utopia to a Cooperative Society*, Black Rose Books, Montréal 1985.

Meyers, Nechemia: „Urban Communes – Kibbutzim Strike Root in Israeli City", in: *Zionism and Israeli Information Center*, siehe: http://zionism-israel-com/city_communes_kibbutz.htm .

Miliband, Ralph; Liebman, Marcel: *The Israeli Dilemma. A Debate between Two Left Wing Jews*, Merlin Press, London 1967.

Near, Henry: *The Kibbutz Movement: A History*, Band 1: Origins and Growth, 1909-1939, Oxford University Press, Oxford 1992.

Oved, Yaacov: „Anarchism in the Kibbutz Movement", in: *The Anarchists Communitarian Network*, siehe: http://www.anarchistcommunitarian.net/articles/kibbutz/kibbtrends.html .

Pavin, Avraham: „The Governmental System of the Kibbutz", in: Leviatan, Uriel; Oliver, Hugh; Quarter, Jack (Hg.): *Crisis in the Israeli Kibbutz: Meeting the Challen-*

ge of Changing Times, Praeger, London 1998.

Pavin, Avraham: *The Kibbutz Movement. Facts and Figures 2006*, Yad Tabenkin, Tel Aviv 2006.

Purchase, Graham: *Anarchist Society and ist Practical Realisation*, See Sharp Press, San Francisco 1990.

Purchase, Graham: „Peter Kropotkin: Ecologist, Philosopher and Revolutionary", Doktorarbeit an der University of New South Wales, 2004, siehe: www.library.unsw.edu.au/~thesis/adt-NUN/uploads/approved/adt-NUN20041011.094306/public/01front.pdf.

Reinharz, Shulamit: „An Urban Kibbutz in Jerusalem", in: *The Jewish Advocate*, siehe: http://www.thejewishadvocate.com/this_weeks_issue/columnists/reinharz/?content_id=2834.

Rosenblum, April: *The Past Didn't Go Anywhere: Making Resistance to Anti-Semitism Part of All our Movements*, siehe: http://pinteleyid.com/past-read.pdf .

Rotem, Tamar: „First Kibbuz for Ethiopian immigrants open in Gedera", in: *Haaretz*, siehe: http://www.haaretz.com/hasen/spages/947484.html .

Ruppin, Arthur: „The Picture in 1907: Address to the Jewish Colonization Society of Vienna", in: *Zionism and Israel Information Center*, 1907, siehe: http://www.zionism-israel.com/Arthur_Ruppin_1907.htm .

Sayre, Robert; Löwy, Michael: „Figures of Romantic Anti-Capitalism", in: *New German Critique*, Nr. 32/Frühling (Spring) 1984, S. 42-92.

Scholem, Gershom: *Von Berlin nach Jerusalem. Jugenderinnerungen*, Suhrkamp, Berlin 2016.

Schulman, Jason: „The Life and Death of Socialist Zionism", in: *New Politics*, Neue Reihe, Nr. 35/2003, siehe: http://www.wpunj.edu/newpol/issue35/schulman35.htm.

S.F.: „Reflections on Utopia", in: *Freedom*, London, 24. März 1962.

Shafir, Gershon; Peled, Yoav: *Being Israeli: The Dynamics of Multiple Citizenship*, Cambridge University Press, Cambridge 2002.

Sieradski, Dan: „Rejewvenation: Checking In“, in: *Orthodox Anarchist*, Oktober 2005, siehe: http://orthodoxanarchist.com/2005/10/28rejewvenation-checking-in/ .

Augustin Souchy: „Im Lande des Kibbuz – Neue Horizonte“, in: Augustin Souchy: *Ein Leben für die Freiheit. Politische Erinnerungen*, Trotzdem Verlag, Reutlingen 1977, S. 188-203.

Souchy, Augustin: *Reisen durch die Kibbuzim*, Trotzdem Verlag, Reutlingen 1984.

Souchy, Augustin: *Vorsicht Anarchist! Ein Leben für die Freiheit. Politische Erinnerungen*, Trotzdem Verlag, Reutlingen 1982.

Spiro, Melford: *Kibbutz: Venture in Utopia*, Harvard University Press, Cambridge/Boston 1972.

Spiro, Melford: „Moral Postulates of Kibbutz Culture“, in: Warner P. Woodworth (Hg.): *Economic Democracy: Essays and Research on Workers' Empowerment*, Sledgehammer Press, Pittsburgh 2002.

Sternhell, Ze'ev: *The Founding Myths of Israel: Nationalism, Socialism, and the Making of the Jewish State*, übers. von David Maisel, Princeton University Press, Princeton 1998.

Templer, Bill: „From Mutual Struggle to Mutual Aid: Moving Beyond the Statist Impasse in Israel/Palestine“, in: *Borderlands*, E-Journal, 2. Jg., Nr. 3/2003, siehe: http://www.borderlandsejournal.adelaide.edu.au/vol2no3_2003/templer_impasse.htm.

Tyldesley, Michael: *No Heavenly Delusion: A Comparative Study of Three Communal Movements*, Liverpool University Press, Liverpool 2003.

Ufaz, Gad: „The Shdemot Circle Members in Search of Jewish Sources“, in: D. Urian, E. Karsh (Hg.): In Search of Identity : *Jewish Aspects of Isreali Culture*, Frank Cash, London 1999.

Vallier, Ivan: „Production imperatives and communal norms in the kibbutz“, in: R.M. Kanter (Hg.): *Communes: Creating and Managing the Collective Life*, Harper and Row, New York 1973.

Ward, Colin: „Gustav Landauer“, in: *Anarchy*, 5. Jg., Nr. 1/Januar 1965.

Ward, Colin: „Editor's Postscript" in: Peter Kropotkin: *Fields, Factories and Workshops Tomorrow* (1898), Freedom Press, London 1974.

Warhurst, Christopher: *Between Market, State and Kibbutz: The Management and Transformation of Socialist Industry*, Mansell, London 1999.

„Way of Life", in: *Kibbutz Degania Aleph,* siehe: http://www.degania.org.il/eng/life.htm.

Woodcock, George: *Anarchism: A History of Libertarian Ideas and Movements,* Pelican Books, Aylesbury 1963.

Woodcock, George: *The Basis of Communal Living,* Freedom Press, London 1947.

Yassour, Avraham: „Gustav Landauer: The Man, the Jew and the Anarchist", in: *Ya'ad*, Nr. 2/1989, siehe: http://www.waste.org/~roadrunner/ScarletLetterArchives/Landauer/Yassour_Gustav_Landauer.htm .

Yassour, Avraham (Hg.): *Gustav Landauer on Communal Settlement: Exchange of Letters*, University of Haifa, Haifa/Israel 1990.

Yassour, Avraham (Hg.): *The History of the Kibbutz: A Selection of Sources, 1905-1929*, Publikation des Kibbutz Merhavia, Merhavia 1995.

Yassour, Avraham (Hg.): *International Conference: Kibbutz and Communes, Past and Future, Abstracts of the Lectures*, Yad Tabenkin, Tel Aviv 1985.

Yassour, Avraham (Hg.): *In a Kibbutz Commune (A Collection of Papers)*, University of Haifa, Haifa/Israel, o.J.

Yassour, Avraham (Hg.): *Martin Buber's Social and Cultural Philosophy*, New Harmony, Indiana 1993.

Yassour, Avraham: „The Withering Away Politics in Buber's and Landauer's Utopianism", Vorbereitungspapier für die Internationale Konferenz: „Utopia – Imagination and Reality", Haifa, Januar 1990.

Z.H.: „Collectives Volontaires en Israel", in: *Noir et Rouge*, Cahiers d'études anarchistes communistes, Paris, Dezember 1962.

REGISTER

Namen, Organisationsnamen, Namen von Kibbuzim, historische Ereignisse, Begriffe

A

B

C

D

E

G

H

I

J

K

L

M

N

O

P

R

S

T

U

V

W

Y

Z

NOAM CHOMSKY ÜBER ANARCHISMUS

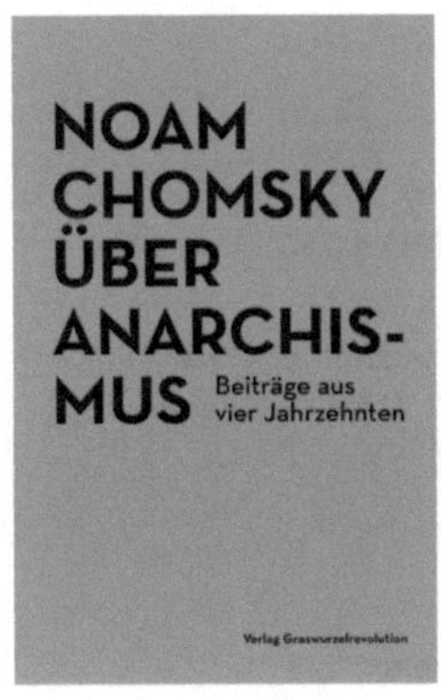

Noam Chomsky

Über Anarchismus
Beiträge aus vier Jahrzehnten

Ausgewählt, übersetzt und kommentiert von Rainer Barbey

246 S. | 17,90 Euro | ISBN 978-3-939045-42-7

Noam Chomsky (geb. 1928) ist einer der bekanntesten und einflussreichsten Intellektuellen unserer Zeit. Seit frühester Jugend beschäftigt er sich mit dem Anarchismus und bekannte sich stets zu libertären Idealen als Teil seiner gesellschaftspolitischen Ziele. Dieser Band versammelt zentrale Vorträge, Interviews und Essays aus Chomskys jahrzehntelanger Auseinandersetzung mit der anarchistischen Tradition, die gleichzeitig immer auch Beiträge zu aktuellen politischen Diskussionen gewesen sind.

Es geht dabei u. a. um eine Verankerung des libertären Denkens in der Aufklärung, um eine Entgegensetzung von klassischem Liberalismus und spätkapitalistischem Liberalismus, um den Zusammenhang von Sprache und Freiheit und um eine Verteidigung der Kollektivierungen in der spanischen Revolution sowie sozialstaatlicher Errungenschaften. Die Texte zeigen, dass der Anarchismus für Chomsky eine universelle Geisteshaltung ist, die für alle Bereiche des menschlichen Zusammenlebens Bedeutung besitzt.

»Sobald jemand illegitime Macht erkennt, herausfordert und überwindet, ist er Anarchist. Die meisten Menschen sind Anarchisten. Mir ist egal, wie sie sich nennen.«
Noam Chomsky

www.graswurzel.net

ANARCHISMUS
THEORIE · KRITIK · UTOPIE

Achim von Borries / Ingeborg Weber-Brandies (Hg.)

Anarchismus – Theorie · Kritik · Utopie

Mit Texten u. a. von Godwin, Proudhon, Bakunin, Kropotkin, Malatesta, Landauer, Rocker, Goldman, Voline, Read, Goodman, Souchy

Bearbeitete Neuauflage

425 S. | 22,80 Euro | ISBN 978-3-939045-00-7

Dokumentiert und kommentiert wird die libertäre Tradition vom Beginn des 19. Jahrhunderts bis in die jüngste Vergangenheit. Die theoretischen Grundpositionen der AnarchistInnen wie auch ihr bedeutender Anteil an der Sozialistischen Bewegung, an der Russischen Revolution und am Spanischen Bürgerkrieg werden aufgezeigt. Porträts der wichtigsten VertreterInnen des Anarchismus runden die bearbeitete Neuauflage dieser umfassenden Textsammlung ab, die differenziert die komplexe Entwicklungsgeschichte des Anarchismus nachzeichnet und seine meist unterschlagenen konstruktiven Tendenzen deutlich macht. Das Prinzip Hoffnung der anarchistischen Utopie bleibt unverzichtbar, wenn wir uns nicht einer resignativen Kapitulation vor den Trägheitskräften des Bestehenden und ebensowenig der destruktiven Dynamik eines ungehemmten Neoliberalismus ausliefern wollen!

»›Anarchismus – Theorie, Kritik, Utopie‹ dürfte die beste deutschsprachige Anarchismus-Anthologie sein, die es heute gibt.«

Horst Stowasser in: Graswurzelrevolution, Oktober 2007, Nr. 322

www.graswurzel.net